大风起兮云飞扬

说说历史上那些帝王们

姜若木◎编著

中国华侨出版社

·北京·

图书在版编目（CIP）数据

大风起兮云飞扬：说说历史上那些帝王们 / 姜若木编著 .
—北京：中国华侨出版社，2012.9（2024.1 重印）
ISBN 978-7-5113-2777-2

Ⅰ . ①大… Ⅱ . ①姜… Ⅲ . ①帝王—生平事迹—中国—古代
—通俗读物 Ⅳ . ① K827=2

中国版本图书馆 CIP 数据核字（2012）第 184292 号

●大风起兮云飞扬：说说历史上那些帝王们

编　　著：姜若木
责任编辑：崔卓力
版式设计：丽泰图文设计工作室 / 桃子
经　　销：新华书店
开　　本：710 mm×1000 mm　1/16 开　印张：16.75　字数：238 千字
印　　刷：三河市嵩川印刷有限公司
版　　次：2012 年 9 月第 1 版
印　　次：2024 年 1 月第 3 次印刷
书　　号：ISBN 978-7-5113-2777-2
定　　价：48.00 元

中国华侨出版社　北京市朝阳区西坝河东里 77 号楼底商 5 号　邮编：100028
发 行 部：（010）64443051　　　传　　真：（010）64439708
网　　址：www.oveaschin.com　　E – mail：oveaschin@sina.com

如果发现印装质量问题，影响阅读，请与印刷厂联系调换。

前 言

　　"皇帝"一词，最早见于我国上古文化典籍《书》（《尚书》），其中《周书·吕刑》曰："皇帝哀矜庶戮之不辜"；又云："皇帝清问下民鳏寡有辞于苗。"在我国古代，帝王是一个国家的最高统治者，拥有法制定权、行政决策权和军事指挥权等，权力至高无上，唯我独尊。

　　历史上把君主称为"皇帝"，是从秦始皇开始的。在此之前，中国的最高统治者称"王"或单称"皇"和"帝"。公元前221年，秦王嬴政灭掉六国，平定天下。嬴政自认为这是亘古未有的功业，甚至连三皇五帝也比不上他，如果不改变"王"的称号，"无以称成功，传后世"，于是为了显示自己的"丰功伟绩"。嬴政决定兼采"帝"号，称为"皇帝"，以显示自己的尊贵。

　　秦始皇在中国建立第一个统一的多民族的专制的中央集权的封建国家，在我国历史发展的长河中，树立起一块新的里程碑，其功绩是前无古人的。但是，秦始皇横征暴敛，农民被迫把收获物的三分之二上交赋税，还要负担沉重的徭役，被征去修阿房宫、陵墓、筑长城达200多万人。秦始皇的暴政，最终给自己种下覆灭的恶果。

　　秦始皇统治后期，更加残酷地剥削人民。在暴政的压迫下，人民群众纷纷揭竿而起反抗秦的残暴统治。这其中有一位农民起义军头领——刘邦，也就是后来的大汉开国皇帝汉高祖。他审时度势，暗中积蓄自己的力量，推翻暴秦，打败项羽，建立了强盛的西汉王朝。

　　汉武帝刘彻是汉高祖刘邦的重孙子，他雄才伟略，是一位可与秦

始皇相提并论的皇帝。西汉在武帝时达到了鼎盛时期，在"文景之治"打下的经济繁荣、府库充盈的基础上，汉武帝在政治、经济、军事等方面采取了一系列改革措施，加强了专制的中央集权；在书写汉代历史最光彩夺目的篇章的过程中，他大胆改革选官制度，不拘一格选拔人才，并知人善任，各方面人才层出不穷，极一时之盛。所以，很多人称他是一位有雄才大略又能善于用人的盛世君主。

天下大势合久必分，分久必合。在中国历史上，一个朝代无论如何辉煌，到头来总免不了被其他的朝代代替，这就是自然规律。朝代的更替，随之而来的是产生更多的皇帝，这些皇帝都有各自的特点。无论他们是什么样的人，一旦成为皇帝，作为一个国家、一个政权的最高统治者，他们的身上就会笼罩着传奇的色彩。帝王头上虽然闪耀着让人仰慕的光环，但也存在着征战杀伐、巩固统治、帝王权术、暴政驭民等许多不为一般人所知的方方面面。

中国历史从轩辕黄帝到辛亥革命一声吼，推翻帝制，前后约五千年，共出了三百多位帝王。本书以全新的视角、理性的思维、翔实的史料和过硬的考证，寻根究底，探幽发微，以十位比较有代表性的皇帝为例，为大家揭开帝王们的神秘面纱，让读者近距离去了解这些帝王。

第一章

纵横天下，千古一帝——秦始皇

　　秦始皇（前259—前210），姓嬴，名政，生于邯郸（今属河北）。秦朝建立者、杰出的政治家、军事统帅。首位完成中国统一的秦王朝的开国皇帝，后人称之为"千古一帝"。秦始皇顺应历史发展潮流，即位以后消除内乱，发展生产，在不到十年的时间内吞并诸侯，统一了中国，建立了第一个统一的多民族的中央集权的封建国家和一套政治、文化等方面的制度。中国的历史，从而烙上了嬴政的印迹。

　　奇货可居 …………………………………………………… 003

　　铲除异己 …………………………………………………… 006

　　广纳贤士 …………………………………………………… 009

　　强化皇权 …………………………………………………… 013

　　焚书坑儒 …………………………………………………… 017

　　始皇暴政 …………………………………………………… 019

　　寻求长生 …………………………………………………… 022

第二章

布衣帝王，千秋伟业——刘邦

　　刘邦生于公元前256年，沛郡丰邑人（今江苏丰县），他在兄弟四人中排行第三，他的父母都是普通得不能再普通的老百姓。他领导农民起义军推翻了秦朝的统治，又经过"楚汉战争"打败了项羽，建立了强盛的西汉王朝。接着又用七年的时间，平定了彭越、英

布等异姓王的叛乱，巩固了统一。汉高祖刘邦"以布衣提三尺剑取天下"，纵观他的一生，其成功的经验无不闪耀着智慧的光芒。

出身布衣 …………………………………… 027

始起大事 …………………………………… 037

鸿门之宴 …………………………………… 040

项羽封王 …………………………………… 043

重农抑商 …………………………………… 050

高祖终寿 …………………………………… 058

第三章

英武霸主，雄才伟略——汉武帝

公元前 140 年，汉景帝驾崩，太子刘彻登基，是为汉武帝。也许这位刚满 16 岁的少年天子自己都没有预料到，他对这片疆土的统治竟然长达 54 年。汉武帝雄才伟略，青史流芳，是一位可与秦始皇相提并论的人物。秦始皇一统天下，以其"书同文，车同轨"等一系列制度的创行而奠定了二千年封建社会的政治制度。汉武帝则以其"罢黜百家，独尊儒术"的文化政策同样对中国产生了深远的影响。

登基称帝 …………………………………… 067

父祖厚遗 …………………………………… 070

阳儒阴法 …………………………………… 072

强化皇权 …………………………………… 074

武帝北伐 …………………………………… 078

与民争利 …………………………………… 082

转变方针 …………………………………… 084

雄才大略 …………………………………… 088

第四章

隋朝开皇，圣人可汗——杨坚

杨坚出生于官僚门第，周武帝时袭爵隋国公。辅佐周宣帝时渐夺大权，公元581年周称帝，定都长安。称帝后，他进行了一系列改革，基本上确立三省六部制。作《开皇律》维护封建统治，规定"输籍定样"扩大剥削对象，建置仓廪，开通漕路，增强国力，开皇八年下诏伐陈，攻占建康，俘获陈后主，结束西晋末年以来近四百年的分裂局面，再创历史一统。开创了辉煌的"开皇盛世"。

官运亨通 ·· 093

控制朝政 ·· 095

登基称帝 ·· 098

隋朝新制 ·· 101

一统天下 ·· 105

恶习难改 ·· 108

畏惧皇后 ·· 110

第五章

盛世明主，辉耀千古——李世民

唐太宗李世民是唐代杰出的军事家、政治家，唐朝第二代皇帝。在位23年，奉行大治天下的治国方针，励精图治，锐意进取，使唐王朝迅速地达到了天下大治的局面。开创贞观之治盛世留下文治武功英名，"唐宗宋祖，一代天骄"，唐太宗李世民被奉为封建明君的典范。他曾起兵反隋，战功赫赫，后发动玄武门之变登上了皇位。唐太

宗知人善任，相信"兼听则明，偏信则暗"。他在位期间，唐朝经济开始繁荣，国力强盛。

唐朝建立 …………………………………………… 115

大胜二薛 …………………………………………… 117

收复河东 …………………………………………… 119

逐鹿中原 …………………………………………… 120

退刘黑闼 …………………………………………… 122

贞观之治 …………………………………………… 123

以德治国 …………………………………………… 124

吏治有方 …………………………………………… 126

谏臣魏征 …………………………………………… 128

虚心纳谏 …………………………………………… 130

误服丹药 …………………………………………… 132

第六章

黄袍加身，一世枭雄——赵匡胤

赵匡胤出生在一个军人家庭。他自幼练武，爱好骑射，并摔打出一身的好武艺。长大后投身于郭威的旗下。后来，郭威拥兵自重，在将士们的要求下，废汉隐帝，建立后周。此时的赵匡胤由于拥立有功，提升为禁军军官，后受郭威义子柴荣信任，提升为开封府马直军使。后来赵匡胤权力日盛，发动政变，"陈桥兵变，黄袍加身"，兵不血刃登上帝位，不仅统一了大半个中国，而且治国有方。

艰苦磨难 …………………………………………… 137

黄袍加身 …………………………………………… 140

杯酒释兵权 ………………………………………… 145

先南后北 …………………………………………… 148

重文轻武 ………………………………………… 152

死亡之谜 ………………………………………… 155

第七章

东方战神，一代天骄——成吉思汗

蒙古族是我国西北强悍的少数民族之一，长期过着游牧生活。11世纪末，蒙古孛儿只斤部落的贵族铁木真的力量逐渐强大起来。1206年，铁木真即大可汗位，取号为成吉思汗。成吉思汗统一了大漠南北，建立了军事奴隶政权，开始了大规模的对外扩张，征战欧洲。一代天骄——成吉思汗的英名不仅在中华大地闻名遐迩，就是在欧亚大陆也广为流传。

长于逆境 ………………………………………… 159

崛起扩张 ………………………………………… 163

蒙古帝国 ………………………………………… 169

征服异族 ………………………………………… 172

蒙古西征 ………………………………………… 175

病死军中 ………………………………………… 180

第八章

乞丐皇帝，治隆唐宋——朱元璋

朱元璋出身贫苦佃农，家境贫寒，从小就饱尝生活的苦难。他目睹国事日非，预感天下大乱即将到来，他立志勤学，广交朋友，以待时而动。后来，朱元璋参加了郭子兴的红巾军，深得郭子兴赏识。

朱元璋英勇善战，招贤纳士，整肃军纪，善用谋略，最终成为明朝的开国皇帝。朱元璋拥有秦始皇的英明与残暴、汉高祖的用人智慧、唐太宗的民本思想、宋太祖的专制集权，有些方面甚至超过前人。

出身贫寒 ……………………………………… 185

网罗名士 ……………………………………… 187

登基称帝 ……………………………………… 193

强化皇权 ……………………………………… 198

依法治国 ……………………………………… 201

休养生息 ……………………………………… 205

第九章

一代明君，仁者风范——康熙

清康熙皇帝爱新觉罗·玄烨是我国封建社会后期一位具有雄才大略和远见卓识的政治家和军事家，也是中国历史上在位时间最长的一位皇帝，他君临天下六十一载，励精图治，勤奋不懈。他一生除鳌拜、平三藩、视察黄河、疏通漕运、任用良将、东收台湾、北定疆界、与蒙古诸王结盟、西征葛尔丹、汲取汉文化，发展民族经济，推行富国强民的政策措施，完成统一中华、振兴中华的大业。康熙的一生充满传奇和辉煌。

康熙登基 ……………………………………… 213

集中帝权 ……………………………………… 214

整饬吏治 ……………………………………… 217

广纳人才 ……………………………………… 219

重视农业 ……………………………………… 221

功过是非 ……………………………………… 222

学而不倦 ……………………………………… 223

勤勉为政 ……………………………………… 225

储君之争 ……………………………………… 226

第十章
十全老人，一代雄主——乾隆

乾隆皇帝姓爱新觉罗，名弘历（1711—1799），是清朝入关后的第四代皇帝，也是我国历史上知名度很高的帝王之一。他继承父祖业绩，励精图治，为清朝统治的巩固和中国社会的进步，为我国多民族国家的发展和形成作出了重要贡献，使清王朝成为当时世界上最强大的国家之一。乾隆皇帝与他祖父康熙皇帝共同创建了名垂史册的"康乾盛世"，是我国历史上一位年龄最长、文治武功兼备的杰出的政治家和军事家。

身世谜团 ……………………………………… 231

励精图治 ……………………………………… 233

重农务本 ……………………………………… 237

广拓疆土 ……………………………………… 241

乾隆南巡 ……………………………………… 245

禅让皇位 ……………………………………… 250

第 一 章

纵横天下，千古一帝
——秦始皇

秦始皇（前259—前210），姓嬴，名政，生于邯郸（今属河北）。秦朝建立者、杰出的政治家、军事统帅。首位完成中国统一的秦王朝的开国皇帝，后人称之为"千古一帝"。秦始皇顺应历史发展潮流，即位以后消除内乱，发展生产，在不到十年的时间内吞并诸侯，统一了中国，建立了第一个统一的多民族的中央集权的封建国家和一套政治、文化等方面的制度。中国的历史，从而烙上了嬴政的印迹。

奇货可居

秦始皇出生在战国时代。这一时期的兼并战争比春秋时更为激烈和残酷，规模也更大。各大国都拥有雄厚的武装力量，三晋、齐、燕各有带甲之士数十万人，秦、楚两国各有"奋击百万"。作战时往往是大量出动。战国末，秦、赵长平之战，赵国出兵 40 余万。秦为了灭楚，动员兵力达 60 余万人之多。春秋时的大战，有时数日即告结束，战国时则短者要数月，长者可以旷日持久达数年。战争中消耗的人力、物力更是惊人，有时一次战役中被斩首的士兵便达数万乃至数十万。正如《孟子》所说："争城以战，杀人盈城；争野以战，杀人盈野。"战争的残酷性由此可见一斑。而一次大战损耗的物资则是"十年之田而不能偿也"。

正是在这样的背景下，各国都意识到，单靠武装力量很难达到兼并别国的目的，运用外交手段，联络盟国的策略开始提到各国政治家的议事日程上来。

公元前 266 年，正值秦始皇的曾祖父秦昭王在位。宰相范雎提出了"远交近攻"的外交方针，得到昭王采纳。秦昭王一面大力进攻与秦接壤的韩、魏二国，一面通过与赵结盟来破坏三晋的联合。按当时惯例，成盟之后要互送人质，用来表示信任。人质往往由国君的儿子或孙子充当，故又称"质子"。秦、赵两国成盟后，秦始皇的父亲子楚便被作为质子送到了赵国。

子楚是秦昭王的孙子，太子安国君的儿子。安国君名柱，妻妾众

多，仅儿子就有 20 多个，子楚排行居中。子楚的母亲名夏姬，安国君不喜欢她。母亲不受宠，而他自身又非长子，所以子楚便被充作了质子。子楚到了赵国首都邯郸后，秦国无人问津，赵国也就不把他当回事，以至于生活窘迫，受人歧视，成为一个流落异国的寒酸公子。

也是子楚命不该绝，就在此时他遇到了一位名叫吕不韦的投机商人。此人从事投机生意多年，往来于各国都市，贩贱卖贵，成为战国时期的著名商人，人称"阳翟大贾"。由于商业投机受政局影响甚大，所以吕不韦在多年的经商生涯中也练就了敏锐的政治眼光。因此，吕不韦一见到子楚便立即发现了他的投资价值。

吕不韦对秦国宫闱的内幕了如指掌。他知道安国君最宠爱的姬妾是华阳夫人，但美中不足的是华阳夫人没有儿子。如能通过游说华阳夫人扶持子楚得到王位，那自己能够可以"定国立君"之功大发一笔政治财。

吕不韦的投机心理从他与其父亲的谈话中可以看得一清二楚。

吕不韦问父亲："耕田能够获利多少？"

"获利十倍。"父亲回答。

"如果投资经营珠宝呢？"

"获利百倍。"

"如果投资政治，立君王、定国家，又能获利多少？"

"那就无法计算了。"

父亲的回答更坚定了吕不韦做这笔政治投机生意的决心。

吕不韦不愧为一位有气魄的投机商人，他一次就拿出 1000 金，500 金交给子楚，让他改善处境，广交宾客；500 金用于采购珍奇玩物，自己带上去游秦国。

吕不韦到秦国后，不是直接求见安国君和华阳夫人，而是先拜访了华阳夫人的姐姐。吕不韦使出浑身解数，把子楚吹得天花乱坠。说子楚胸怀大志，是一个抱负远大的青年；说子楚身居异国，日夜思念的是安国君和华阳夫人，常说"夫人就是子楚的天"，往往到深夜还在流泪，不能入眠。这些近似肉麻的吹捧通过华阳夫人姐姐之口传到华阳夫人的耳中，加上一份厚礼，逗得华阳夫人心花怒放，对子楚顿时好感大增。

吕不韦巧妙地利用了华阳夫人的弱点，通过华阳夫人姐姐的攻关，终于为子楚取得了秦国的王位继承权，而吕不韦则被请为扶助子楚的师长。

从秦都返回邯郸的吕不韦，踌躇满志，与子楚广交天下豪杰，只等子楚坐上王位，再大展宏图。

然而，天有不测风云，秦、赵关系这时却发生了突变。昭王四十五年，秦攻占韩的南阳（今河南沁阳一带），使韩和其上党郡隔绝。郡守冯亭便以上党郡降赵。秦、赵为争夺上党郡便发生了有名的长平之战。公元前261年，赵派大将廉颇坐镇长平（今山西高平）抗拒秦军。廉颇深沟高垒，固守不出，秦军欲进不能，两军形成长期相持的局面。

这种对抗的态势，对子楚的生命安全和吕不韦的政治投资构成了直接威胁。

吕不韦在苦闷中选取了一位能歌善舞、国色天香的赵国女子同居，姑娘出身邯郸富豪，史称赵姬。有一天子楚去拜访吕不韦，一见到赵姬便情有独钟，当场提出索取要求。吕不韦正为局势搅得心情烦躁，且知赵姬刚刚怀孕。面对子楚的无理要求，虽心里恼怒异常，但想到自己的全部家当都押在了此人身上，为一个女子得罪子楚太不值得。况且赵姬腹中若为男儿，如此移花接木，岂不可一箭双雕？于是便爽快地将赵姬送与子楚。赵姬便隐瞒身孕，转而和子楚同居。

秦昭王四十八年正月，赵姬生下一子，即为后来的秦始皇帝嬴政。因他生于赵都邯郸，故以赵氏为姓，又因正月出生，便起名为正，又作政。赵政归秦后才改秦姓嬴。生子之后，赵姬也被子楚立为夫人。

嬴政出生时恰逢长平大战刚刚结束。一年前的七月，秦用反间计使赵王换掉大将廉颇，改用纸上谈兵的赵括为帅。赵括冒进，因而被秦军切断补给线。赵军断粮46日后突围没有成功，全部降秦。结果40万赵国降兵悉数被秦将白起坑杀。到十月，秦军稳定上党局势后，又分兵两路，攻城略地，直逼赵都邯郸。为了遏制秦军锐势，赵国只得

委曲求全，割地求和。但是这种和平关系仅仅维持了数月，第二年九月，秦军便又发起了对赵国的攻势，兵锋直指赵都邯郸。次年九月，秦军完成了对邯郸的包围，随即在秦将王龁指挥下向邯郸发起强攻，邯郸危在旦夕。赵王念及新仇旧恨，即打算杀死子楚以解对秦的切齿之恨。值得庆幸的是，子楚在赵王行动前得到了消息，即与吕不韦商讨对策，吕不韦不惜花重金向守军行贿才使子楚逃出邯郸，回到秦军阵中。

子楚只身逃走，留下嬴政母子，赵王随即又打算杀赵姬母子。由于赵姬系邯郸富豪之女，颇有势力，母子二人在娘家的淹护下才躲过杀身之祸。

邯郸一役，因晋、楚、魏出兵救赵，秦国落了一个无功而返的结局。此后，秦赵关系缓和了长达 20 余年。这期间赵国为取悦秦国，便于昭王五十六年将赵姬母子送归秦国。这时昭王已逝，继位的便是安国君，是为秦孝文王，华阳夫人当仁不让地成了王后，子楚也就成了太子。

历史似乎格外青睐嬴政。秦孝文王正式即位 3 天便死了，接着便是子楚继位，是为秦庄襄王。但是庄襄王也命不长，即位仅 3 年也去世了。庄襄王三年，13 岁的少年嬴政顺顺当当地登上了秦国王位。

真可谓：不韦投资，嬴政受益。

铲除异己

秦王嬴政从继位到亲政，其间经历了 9 年时间。这期间秦国政权便落在了母亲赵太后和相国吕不韦的手中，这两大与君权对立的政治集团的势力得到了恶性膨胀。

一个是吕不韦的吕氏集团。吕不韦在庄襄王继位时做了相国，被封为文信侯，并得到洛阳 10 万户的食邑。秦始皇继位后，其势力又得到进一步扩张，而且还攫取了作为国君长者的"仲父"尊号。更为嚣张的是，吕不韦还招养门客 3000 人，著写《吕氏春秋》，目的就是企图在秦始皇亲政后,使其仍然按照吕不韦的意图去统一和治理天下。

《吕氏春秋》反对君主独裁，主张君道无为，天下为公，德治教化，华夏一统。这些观点显然与秦始皇皇权至上的思想是根本对立的。但已经利令智昏的吕不韦已不可能认识到这一点，他甚至把《吕氏春秋》公布于咸阳城门，声称谁能改动一字便可得赏千金。吕不韦的自负和狂妄，对秦始皇不能不说是一个强烈的刺激。

另一个是以赵太后为首的后党集团。赵太后在丈夫死后，耐不住寂寞，与吕不韦旧情复燃，隔三岔五便要做些旧时勾当。是时秦始皇已渐通人道，吕不韦恐事情败露，祸及自身，便为自己找了一个名叫嫪毐的替身，荐给赵太后。此人本是一个市井无赖，为人刁钻，且巧舌如簧，侍奉太后没多久便把太后哄得晕头转向。不久，赵太后怀孕了，为避人耳目，干脆假借神灵指引要隐居避人，便移居雍地（今陕西凤翔）故宫，两人在此日夜鬼混，先后生下两个私生子。这时赵太后对其更是倍加宠爱，除了自己所掌政务全部交与其决断，还将其封为长信侯，把山阳（今太行山东南地区）作为他的封地，把河西（今陕西东南部）和太原 (今山西中部) 二郡更为国。嫪毐倚仗太后权势，为所欲为，不仅大肆挥霍国家财富，而且广泛搜罗党羽，图谋不轨，许多朝廷重要官员都投靠到他的门下。

面对两大政治集团的弄权示威，秦王在亲政前表面上一直采取了隐忍的策略，暗地里却做好了扫除两大障碍的充分准备，表现了一个英明君王的高超的斗争艺术。

秦王九年（前 238），按秦国制度，秦王到秦故都雍城的蕲年宫举行加冠典礼。嫪毐乘机矫秦王御玺和太后玺发动暴乱，企图进攻蕲年宫，杀死秦王。秦王早有戒备，立即命令相国昌平君等人率军平叛，活捉嫪毐。九月，将其车裂，诛灭三族。其同党骨干 20 余人都枭首示

众，舍人被判处徒刑，受案件牵连的 4000 余家全部夺爵流放蜀地。

对生母赵太后秦王也毫不留情，两个私生子皆被处死，她自己则被隔离在雍城阳宫监视居住。对此群臣纷纷进谏，认为君主断绝母子私情有违国统人伦。对大臣的进谏，开始秦始皇一概拒绝，并下令：凡为太后求情者一律斩首。结果进谏者一连被杀 27 人。最后还是足智多谋的客卿齐人茅焦用激将法说服了秦始皇。

秦王问："你没看见台阶下积的死尸吗？"

茅焦从容不迫地答道："臣闻天上有 28 宿，阶下现在才死 27 人，我来就是想凑足 28 宿之数，并不惧死。臣闻活着的人不可忌讳死，当国君的人不可忌讳亡国。忌讳死就不可以得生；忌讳亡就不可以得存。生死存亡是圣明君主急欲知道的，难道陛下就不想知道吗？"

秦王问："你这是何意？"

茅焦说："陛下酿成大错，难道还不自知？隔离生母，有不孝之行；处死谏士，有暴君之举。如天下人知道此事，就会逃离秦国，无人愿为秦效力，臣恐怕秦会亡国，暗为陛下担心。我的话已完，请陛下杀我吧！"

秦王大概考虑到自己刚刚亲政，如果连自己的母亲尚且不能容纳，确实容易招致天下人误解，这才接受了茅焦的劝告。

秦王的雄才大略还表现在他对吕氏集团的处理上。

事件已经牵扯到吕不韦，秦王也早已感到了吕氏集团对自己君权的威胁，但秦王并没有一鼓作气乘机铲除吕氏集团。秦王这样处置是有道理的，吕氏不比嫪毐，他辅佐先王继位，又任相国多年，在秦国根基深厚，如操之过急，难免欲速则不达。

秦王十年，秦王根基已稳，于是开始逐步解决吕氏集团的问题。他先是免去了吕不韦的相国职位，将其轰出咸阳，赶到封邑洛阳居住。一年后又果断决定置吕氏于死地，以绝后患，派人去洛阳逼吕不韦服毒自尽。吕不韦死后，他的家人不分男女老幼，悉数籍没官府为奴，宾客或驱逐出境或削夺爵位，还有的流放边郡。

秦王亲政不久，顺利铲除赵太后、吕不韦两大敌对势力，巩固了君权，为其实现统一大业奠定了坚实的基础。

广纳贤士

秦王嬴政在秦国局势稳定后，立即展开了统一全国的准备工作。

实际上在战国七雄中，秦国是唯一能够担负起统一全国历史使命的国家。

秦自秦孝公任用商鞅经过变法，成为新型的地主阶级政权的一百多年来，变法的政策始终沿袭不变，经过六代先王的努力，疆域不断扩大，国家日益富强。到昭王末年，属于三晋的上郡、河东、上党、河内、南阳等地都被秦攻占。秦南面有巴蜀以及汉中郡、黔中郡、巫郡。疆域之大，六国没有能与之匹敌者。尤其是中原的不少经济、文化先进的地区大都为秦攻占，大大增强了秦的实力。而这时关东六国势力已大大削弱，像韩、魏两国甚至已向秦称臣，秦国对六国的斗争已取得了决定性的胜利。

秦王嬴政正是在这样一个历史关头，接过了先王手中未竟的事业。

雄心勃勃的秦王嬴政并不比他的先王逊色，而且更懂得"得人才者得天下"的道理。

为了广泛搜罗完成统一大业的文武骨干，秦王求贤若渴，甚至到了低三下四的地步。

例如有一个名叫尉缭的人，对兵法研究造诣很深，秦王十年（前237）吕不韦罢相后来秦。秦王接见他，与他交谈后深感人才难得，非常重视他，不仅常在一起吃饭，连衣服也共同穿用，对其亲密无间，形同好友。而尉缭却对人讲："秦王这个人，高鼻子，长眼睛，鸷鸟

胸脯豺狼声。这种人缺乏恩惠，心如虎狼，失意时容易谦卑，得志就会轻易吃人。我是布衣百姓，但秦王见到我往往低声下气，如果秦王真的得到天下，天下人就都成了他的奴虏了。不能与他长期相处。"并打算逃走。秦王知道后仍执意挽留，且委以重任，让其担任国尉，主管秦国军事。

秦王嬴政的人才政策，吸引了大批有识之士投奔到秦国。当时，秦王嬴政的文武骨干约有20余人。其中王翦、王贲、蒙武、蒙恬都是将门世家，善于用兵，能征惯战；顿弱、姚贾能言善辩，机敏过人，精于从事和组织间谍活动；而尉缭和李斯则是足智多谋的得力谋士。

秦王嬴政不仅爱惜人才、尊重人才，而且善于纳谏，这也是他的人才政策得以顺利实施的基础。

当时，六国对秦国的攻势已渐感难以招架，韩国为了消耗秦国力量，迟滞秦对韩的进攻，把水利专家郑国作为间谍派遣入秦，以实施"疲秦"之计。郑国通过游说秦王，在关中兴建了浩大的水利工程——郑国渠。秦王十年，工程尚在进行中，郑国的间谍身份暴露，由此秦王嬴政对客籍人产生了疑心，怀疑其中间谍大有人在，便在宗室大臣的煽动下下了"逐客令"，驱逐国中一切客籍人，李斯也在其中。李斯行至途中，给秦王嬴政上了一封措辞慷慨激昂的谏书，列举了客卿对秦国历史的巨大贡献，指出了客卿对秦国统一事业的重要作用。秦王深感有理，于是收回成命，急忙派人追回李斯，不仅官复原职，而且进一步重用。

秦王嬴政在完成了人力、物力的准备后，立即迈开了统一六国的步伐。

在统一六国的过程中，除了继续奉行"远交近攻"的既定战略，又采取了尉缭制定的间谍战分化瓦解、各个击破的方针。这套方针有效地瓦解了各国的抵抗，秦的统一大军已势如破竹。

秦王嬴政首先选取了最弱小的邻国韩国作为进攻目标。秦王十四年，韩王献地称臣。秦王十七年，秦军攻韩，俘韩王安，尽取韩，将其设为颍川郡，韩国灭亡。

秦王十八年，秦兵分两路，趁赵国发生严重饥荒之际，大举攻赵，一举攻破赵都邯郸，俘获赵王。赵公子嘉带数百人逃到代郡（今河北蔚县一带），自立为代王。此时秦王嬴政已32岁，自9岁离开邯郸，时光虽过去了20多年，但童年往事仍记忆犹新。对外婆家的仇人，秦王下令一律坑杀，并下令秦军乘胜追击代王。贵为一国之君的秦始皇，连童年时代的仇人都不肯放过，其性格中残暴的一面已经暴露无遗。

秦国对赵国的强大攻势，极大地震撼了燕国。燕太子丹也曾作为质子入秦，刚从咸阳逃回，对秦虽恨之入骨，但又深知燕国倾尽全力也绝不是秦军的对手，便想物色一个勇士出使秦国，乘秦王接见时劫持住他，逼其退还从诸侯那里抢占的土地；如不成，则乘机杀死他，也能达到搞垮秦国消除秦军兵临城下的危险。燕太子丹找来找去，找到了卫国人荆轲。

秦始皇像

荆轲经不住燕太子的苦苦哀求，终于答应接受其重托。出发前，要在易水（今河北境内）河畔祭路神，太子和众宾客一身素白赶来送行，荆轲的好友、筑琴演奏师高渐离为他奏出了悲壮的曲子，荆轲不由得和着曲子唱起歌来："风萧萧兮易水寒，壮士一去兮不复还！"一曲歌罢，荆轲义无反顾地带着自己的副使秦舞阳登车启程了。

到秦国之后，荆轲立即给秦始皇的宠臣、负责贵族子弟教育管理的蒙嘉送上了一份厚礼，请他向秦王通报燕国使者来降秦的消息。蒙嘉向秦王报告说："燕王愿归降我国，因为慑于大王虎威，不敢亲自来进降表，便派使者献上秦国叛将樊于期的头颅和燕国督亢（在今河北涿县东）的地图，听候大王的命令。"秦王听后十分高兴，传令在咸

阳宫接见燕国使者。荆轲捧着装有樊于期头颅的盒子走在前面，秦舞阳捧着地图匣跟在他的后面。来到殿前的台阶时，秦舞阳吓得脸色苍白，浑身发抖，殿上的大臣都觉得十分奇怪。荆轲回头向秦舞阳笑了笑，上前向秦始皇请罪说："他是北方蛮夷，没有见过世面的乡下人，从来没有见过天子，因此非常害怕，希望大王宽恕他，让他完成出使使命。"秦始皇对荆轲说："那就把他拿着的地图送上来，让我看一看。"荆轲立即取过地图献给秦王。秦王高兴地打开卷轴，地图展开到最后，一把锋利的匕首露了出来。荆轲左手拉住秦始皇衣袖，右手抓起匕首就刺。秦王大惊，一跃而起，扯断衣袖后就拔佩剑，不料剑插得紧，急切之间抽不出来。荆轲追来时，秦王只得围着柱子跑。事情发生得太突然，大臣们惊慌失措，一时不知如何是好。秦国法律规定，大臣侍立殿上时不准携带任何兵器，手执兵器的甲士又只能站在殿下，没有秦王的命令不敢上殿。因此大臣们只好徒手和荆轲搏斗。这时旁边的侍从大声提醒："大王背剑！大王背剑！"得到提醒的秦王边跑边把剑推到背上，这才拔出剑来迎击荆轲，只一个回合，便砍断了荆轲的左腿。荆轲见自己已成废人，又把匕首向秦王抛去，匕首重重地打在铜柱上，没有刺中秦王。秦王立即上前一阵乱砍，荆轲身上八处受伤。自知大事难成，靠着柱子大笑起来。左右侍卫随即一拥而上，杀死了荆轲。

荆轲刺秦王未果，燕太子弄巧成拙，反而激怒了秦王，加快了攻燕的步伐。秦王二十年，秦王派王翦、辛胜大举攻燕，虽有燕、代联军联合抗秦，仍被秦军破于易水之西。次年，秦又征发大军支援王翦，大败燕军，攻破燕都蓟城（今北京），燕王逃向辽东。秦将李信穷追不舍，在衍水（今辽河流域）击败太子丹军，燕王被迫杀太子丹，献头颅向秦军求和。但仅过四年，秦将王贲攻陷燕的辽东，俘燕王喜，燕国灭亡。

秦王二十二年，秦将王贲率军攻魏，掘引黄河、鸿沟，水淹魏都大梁（今河南开封），三个月后，大梁城破，魏王假被俘，魏国灭亡。

秦王二十三年，秦王派李信、蒙武率兵 20 万南下灭楚，大败而回，后采纳王翦建议，令其率军60万伐楚，用时3年，灭亡楚国。

秦王二十六年，长期屈服于秦、企图苟且偷安的齐国，被王贲大军一举突破，齐王建被俘，齐国灭亡。

从秦王十七年灭韩开始，到秦王二十六年止，历时10年，秦王嬴政终于完成了统一全国的大业。

强化皇权

公元前221年，秦国历经一百余年的变法图强，终于在秦始皇的统治下达到了鼎盛时期。自战国以来封建诸侯长期割据的局面结束了，一个以咸阳为首都的幅员辽阔的统一国家出现在世界东方。这个国家的疆域，东至海，西至甘青高原，南至岭南，北至河套、阴山、辽东。

为了显示封建统一国家最高统治者的至上权威，表示秦的统治将万世一系、长治久安，统一战争结束伊始，秦王嬴政即着手进行集中权力的活动。他自忖功盖三皇、五帝，便兼采传说中三皇、五帝尊号的"皇""帝"二字，宣布自己为这个封建统一国家的第一个"皇帝"，称"始皇帝"，后世子孙世代相传，递称二世皇帝、三世皇帝……以至千秋万世。为了确立皇帝至高无上的地位，他还制定了一整套尊君抑臣的朝仪和文书制度。秦始皇的这些活动，把中国封建社会的历史推向了一个崭新的阶段。

秦始皇强化皇权的具体措施主要包括以下几个方面。

一是在制度上确立皇权地位。皇帝是帝国首脑，整个帝国都是属于他的，其地位和权力至高无上，朝廷和地方主要官吏都由皇帝任免。

皇帝自称为"朕",命为"制",令为"诏",行使权力的凭证是玉玺。只有皇帝的印才可称为玺,只有玺才能使用玉料,玉玺与朕、制、诏一样,都是皇帝的专擅之物,不许臣民使用。皇帝名号和权位确定后,皇帝的至亲也随之各建尊号。父亲曰"太上皇",秦始皇定名号的当年就追尊庄襄王为太上皇;母亲曰"皇太后",正妻曰"太后"。秦始皇还命令博士官,参照六国礼仪,制定了一套尊君抑臣的朝仪。皇帝高高在上,群臣听传令官之令趋步入殿拜见皇帝;群臣上书奏事,一律要采用"臣某昧死言"的格式。为了充分行使自己的权力,秦始皇每天都在夜以继日地拼命操劳,白天断狱,夜晚批文,并给自己规定,批不完一石公文(秦代公文使用竹简木牍,一石为120斤,合今约60市斤)绝不休息。

二是正确处理了中央和地方的关系。周代以来,一直沿袭下来的封国建藩的制度,与专制皇权和国家统一是不相容的,必须加以改革。公元前221年,丞相王绾建议封皇子为燕、齐、楚王,得到群臣赞同。廷尉李斯力排众议,主张废除分封制,全面推行郡县制度。秦始皇接受李斯的建议,决定实行郡县制。把全国分为三十六郡,以后又陆续增至四十余郡。这些郡完全听命于中央和皇帝,是中央政府辖下的地方行政单位,中央集权的政治制度从此确立了。

在朝廷内部,秦始皇将战国时期的官制加以调整和扩充,建成了一套适应封建国家需要的新的行政机构。在这个机构中,中央设丞相、太尉、御史大夫,即三公。丞相掌政事;太尉掌军事;御史大夫是丞相的助手,掌图籍章奏,监察百官。担任御史大夫官职的人一般是皇帝的近臣和耳目,起着钳制丞相的作用。三公以下,是分掌具体政务的九卿,分别是奉常、郎中令、卫尉、太仆、廷尉、典客、宗正、治粟内史和少府。奉常是礼教官,掌管宗庙礼仪。郎中令是传达、警卫官,掌管皇帝的传达和安全警卫。卫尉是皇宫卫队长,掌管皇宫守卫。太仆是皇帝的仆从长官,主要掌管皇帝的车马。廷尉是最高司法官,主要掌管刑法和审理重大案件。典客是外交官,主要掌管外交和国内少数民族事务。宗正是维护皇室利益的官职,掌管皇室宗族事务。治粟内史是最高财政官，掌管全国赋税收入和财政开支。少府是皇帝的私人财务官，掌管山海湖泊税账、宫廷手工业和皇室私财。

地方行政机构分郡、县两级。郡设郡守、郡尉、监郡御史。监郡御史直属中央的御史大夫。郡守作为一郡最高行政长官，直属中央政府管辖。郡尉是郡守的助手，并兼管郡中军务。监郡御史肩负监察职责。郡以下设若干县，万户以上设县令，不足万户设县长。县令、县长受郡守管辖。下有县尉管县中军务，有县丞协助县令、长并兼管司法。县下有乡，乡设三老掌管教化，啬夫掌赋税诉讼，游徼掌治安。乡以下还有亭、里，亭设亭长，里有里正。居民的最基层组织是什和伍。十家为什，有什长；五家为伍，设伍长。什伍互相监督，有罪连坐。

为保证这套制度的顺利实施，秦始皇还进行了相应的物质准备和具体措施的制定。

首先是迁徙富豪，把天下豪富12万户迁到咸阳，使六国贵族失去反抗的社会基础和物质基础，便于帝国控制和监视；其次是没收兵器，把民间兵器全部没收，集中到咸阳销毁，铸成了钟座和12金人，从而剥夺了反抗的武器；第三是毁坏城防，秦始皇下令将六国首都城郭和边城关塞一律拆毁，消除了分裂势力的割据凭借；第四是修筑驰道，以咸阳为中心，一条向东通今河北、山东的海边；一条南通今两湖、江浙等地；一条北通今内蒙古。驰道宽50步，路基夯实，道旁每隔3丈种松树一棵。除三条主要驰道外，通岭南有"灵渠"和"新道"，通西南山险地区则修了"五尺道"，纵贯南北东西的交通网，大大便利了秦帝国中央对全国的控制。

统一之初，各地沿用旧制，法规制度处于极端混乱状态。对此，秦始皇也采取了相应的措施，颁布执行了各项统一法规。首先是颁布了统一法律。商鞅变法时，采用魏国李悝所著的《法经》作为秦国法律的蓝本，制定了《秦律》，秦始皇统一六国后，把秦律颁布全国执行，结束了战国时代各国法律条文不一致的状况。秦律具有苛刻严明的特征，对于"治吏"尤为重视，大量条文是针对官吏制定的，官吏

犯法，罪加一等，绝无宽恕的余地。所以秦的吏治严明，官吏鲜有贪污受贿的，也不敢玩忽职守，办事效率较高。

除法律之外，秦始皇还采取了许多统一措施，诸如统一度量衡、货币，简化和统一汉字等，史称"车同轨，书同文"，这些都对统一帝国的巩固和发展起了巨大作用。

在国家疆域方面，秦始皇于统一后派大将蒙恬北攻匈奴，解除匈奴对秦朝北部边境的威胁。接着便在那里设置34县，移民开垦，并大规模修筑长城作为帝国的北疆。长城西起陇西临洮（今甘肃岷县），东至辽东碣石（今大同江附近），延绵万里，成为举世闻名的奇迹。对"南越"居住的岭南广大地区，秦始皇也进行了征服和统一。五岭山高水险，交通不便，为了解决军粮运输，秦始皇在今广西兴安县北开凿了灵渠（又名兴安运河），灵渠沟通湘、漓二水，使长江和珠江两大水系连接起来。统一岭南后，秦始皇设置南海、桂林、象郡，作为帝国南部边郡，并徙民戍守，与越杂居。北筑长城和南戍五岭两项大功告成，就大体上划定了秦朝东到辽东，西至陇西，北至阴山，南至南海的空前辽阔的帝国疆域。

秦始皇不但建立了这一套专制主义中央集权的统治机构和制度，而且还采用了战国时期阴阳家的终始五德说，来宣扬秦朝统治的正统性。终始五德说认为，各个相袭的朝代以土、木、金、火、水五德的顺序进行统治，周而复始。秦得水德，水色黑，所以秦的礼服、旌旗都用黑色；与水德相应的数是六，所以符传长度、法冠长度各为六寸，车舆宽六尺。水德主刑杀，所以政治统治力求严酷，无"仁恩和义"。与水德相应，历法以亥月即十月为岁首，等等。秦始皇还确立了一套与皇帝地位相适应的复杂的祭典以及封禅大典，不许臣民僭越。秦始皇在咸阳附近仿照关东诸国宫殿式样营建了许多宫殿，并修造富丽宏伟的阿房宫。在他看来，这些宏伟的建筑不但是天下一统的象征，而且"端门四达，以制紫宫"，俨然是人间上帝的居处。他还在骊山兴建陵寝，"以水银为百川、江河、大海，机相灌入，上具天文下具地理"。这些措施，除了满足奢欲，还和他采用皇帝的名号一样，是要表示他在人间的权力无所不包，与上帝在天上的权力相当，从而向臣民灌输皇权神秘的观念。神秘的皇权观念，是封建主义中央集权制度的思想基础。

皇权的加强和神秘化，郡县制的全面推行，都体现了专制皇权的官僚机构的建立，从而大大巩固了地主阶级的专政。

焚书坑儒

为了维护国家统一，秦始皇同各种分裂割据势力进行了长期激烈的斗争。

秦国统一六国后，原六国封建贵族的分裂倾向十分强烈。为了防止割据局面出现，秦始皇除了采取销毁民间兵器、迁徙六国贵族富豪、拆毁原六国防御工事、修建四通八达的驰道等行政措施，还同六国贵族的分裂割据思想和政治倾向进行了不屈不挠的斗争。

一是发布了"焚书令"。针对当时一些代表六国分裂势力利益的儒生、方士，引证《诗》、《书》、百家语等著作，"入则心非，出则巷议"，大肆攻击统一政权的状况，秦始皇接受丞相李斯建议，于秦始皇三十四年果断发布"焚书令"，规定：史官将《秦记》以外的史书全部烧毁，除博士官掌管收藏以外，天下所有《诗》、《书》和诸子百家书籍，一律送到郡中烧毁。有敢谈论《诗》《书》的人杀头，以古非今者灭族。官吏知情不报者同罪，令下 30 日不烧者即判刑。但医药、卜筮和农书可以保存。焚书令颁布后，全国各地便展开了一场大规模的"焚书"活动。

二是对顽固坚持分裂倾向的儒生、方士从肉体上予以消灭。

焚书令发布后第二年，为秦始皇寻求仙药的方士卢生和侯生为了

取宠秦始皇，说秦始皇只要能做到行无踪、去无影，不让人知道自己居住的地方，他们便可为秦始皇寻到长生不老之药。两个方士本是吹牛说大话，但秦始皇却是一个虔诚的有神论者，对此笃信不疑。为了实现方士的要求，便下令在咸阳方圆200里内的200多所离宫别馆之间全部修上复道和甬道，每处放置固定器物和美女，秦始皇居住何处，随心所欲，如有人泄露行踪，定斩不饶。有一次，秦始皇住在梁山宫，恰巧从山上望到丞相的车队招摇过市，便说了几句不满意的话。有好事者给丞相通风报信，不慎让秦始皇得知。始皇认为这是暴露了他的行踪，下令追查。由于无人敢于承认，秦始皇便将当时所有在场的人一律斩首。

秦始皇煞费苦心，很快便满足了方士的要求，可方士的大话却很快露了馅。卢生和侯生拿不来仙药，为了给自己开脱，竟加入抨击秦始皇、诽谤统一政权的行列，说秦始皇刚愎自用，迷恋权势，任用酷吏，乐于刑杀，这种人不能为他求仙药。大骂一通后又相约逃之夭夭。

秦始皇一向待二方士甚厚，两人竟然背叛了他，这使他对居住在咸阳的所有方士、儒生都产生了怀疑，便派御史大夫着手调查，结果发现有犯禁者460多人。对于这些顽固不化，仇视统一政权，坚持分裂割据思想的方士、儒生，秦始皇毫不手软，把他们全部坑杀于骊山深谷。

这就是历史上有名的焚书坑儒事件。

焚书坑儒对古代文献的保存和学术思想的传播造成了一定的损失，但在当时的历史条件下，统一与分裂的斗争已日趋激烈，秦始皇用这种手段打击复活的封建贵族的分裂倾向，又是具有十分积极意义的事件。

始皇暴政

秦始皇的事业，是在残酷剥削压迫人民的前提下，在短短的十几年中完成的，秦的统治具有疾政暴虐的特点。

十几年的兼并战争，对民力的消耗可想而知。《战国策》说一次大战的物资消耗已是"十年之田不能偿"，何况十几年征战！但秦始皇没有意识到这一点，兼并战争的节节胜利，早已冲昏了他的头脑，他开始变得忘乎所以了。于是穷奢极欲，大兴土木，横征暴敛。

秦始皇对土木工程有着浓厚的兴趣。早在统一战争进行时，每灭一国，必命人绘制该国宫殿图样，在咸阳仿造。统一后，还曾打算扩建苑囿，西起雍、陈仓（今陕西凤翔、宝鸡一带），东至函谷关（今河南灵宝东北），面积广阔，气势恢宏。后因秦始皇身边的侏儒优旃巧妙进谏，秦始皇方才作罢。这一苑囿虽未扩建，但秦始皇却到处建离宫别馆，仅首都咸阳方圆 200 里内就有宫殿 270 座，关中有行宫 300 处，关外有行宫 400 多处。

在秦始皇兴建的土木工程中，要数阿房宫和骊山墓的规模最大。

阿房宫的准确尺寸如今已无从知晓。据史书记载，它的前殿东西宽 500 步（约合今 700 米），南北长 50 丈（约合今 115 米），上面可坐一万人，下面可竖 5 丈大旗。殿门用磁石做成，以防刺客暗携兵器入内。殿门前排列没收民间武器铸成 12 个铜人，各重 24 万斤（约合今 6 万多千克）。这项庞大的工程，常年用工 70 多万人，没等建成，秦始皇去世，后来项羽挥兵入关将其放火焚烧，大火连烧三月未灭。

骊山墓是秦始皇为自己准备的陵寝，从他一即位就开始修建，统一后又扩大规模，常年使用刑徒 72 万人。

在秦统一后的十几年中，秦始皇还维持了一支庞大的军队，建立了一个庞大的官僚机构，进行了大规模的战争，完成了巨大的国防建设。为了动员人力和筹集费用，大大增加了租赋和力役的征发，以致达到了"力役三十倍于古，田租口赋盐铁之利二十倍于古"的程度。据估计，当时当兵服役的壮丁远远超过 200 万人，占壮年男子的三分之一以上。于是便出现了"男子力耕，不足粮饷；女子纺绩，不足衣服，竭天下之财以奉其政"的严重局面。

为了维护自己的统治，秦始皇又企图通过推行严刑峻法来镇压反抗力量。

始皇三十六年（前 211），东郡（今河南濮阳一带）落下一块陨石，

骊山圆罐

有人在石头上刻下一行字"始皇帝死而地分"。秦始皇得知后下令追查。由于一直查不出刻字人，居然下令将陨石周围居民全部处死。秦始皇的残暴统治已经达到了登峰造极的地步。

到秦始皇统治的后期，人民已是举手犯法，投足触律，成千上万的无辜百姓被罗织罪名投入苦役。据史书记载，战国末人口数约 1000 万左右，而当时仅投入骊山墓修建工程的刑徒即达 72 万人。有人形容为路上行人半数为囚，秦国已变成了一座地地道道的人间炼狱。

哪里有压迫，哪里就有反抗。压迫愈烈，反抗愈甚。

秦始皇的暴政，激起了社会的普遍仇恨。从普通黎民百姓到六国贵族，对秦始皇皆恨之入骨。

老百姓用自己的方式发泄对秦始皇的怨恨。在陨石上刻字一事前面已经提到。就在"陨石事件"发生的同年秋，秦始皇的使者从关东返回咸阳，夜间经过华阴的平舒道时，遇上一个拿璧的人。此人自称得到了 8 年前秦始皇沉江的玉璧，就以神鬼身份前来诅咒秦始皇。他

对使者说："为我把这块璧送给周武王。"又说，"今年祖龙死。"说完竟如鬼神般消失在夜幕中。这件事明显是怀有不满情绪的百姓所为，使者报告秦始皇后，始皇也知是不祥之兆，认为祖龙代表自己，武王曾经伐纣，纣是暴君，给武王送璧预示有灾难降临。但秦始皇并未因此警觉，而是迷信鬼神，卜了一卦了事。

六国贵族则用恐怖活动来发泄心中的仇恨。仅统一之后，就先后组织了三次暗杀行动。

始皇二十九年（前218），韩国贵族后裔张良求得力士，专门制造了120斤重的铁锥，埋伏在博沙浪（今河南中牟北）中狙击秦始皇，因误中副车，刺杀失败。

始皇三十一年（前216），秦始皇身着便服，与4名武士行走在咸阳的街道上，深夜至兰池时，突遇一股民间刺客，情况相当危急，武士拼死相救，秦始皇方才得以脱险。

接下来，壮士荆轲的故友、击筑乐师高渐离隐姓埋名进入秦宫。不巧被人认出，并报告了秦始皇。秦始皇爱惜高渐离高超的击筑技艺，并没有处死他，但却毁掉了他的双眼，仍留在宫中击筑。日久天长，秦始皇渐渐放松警惕，高渐离又得到了接近秦始皇的机会。于是他便在演奏前把铅装于筑中，当靠近秦始皇时，突然举筑砸向秦始皇。可惜的是，由于高渐离双目失明，一筑没有击中，刺杀遂告失败。高渐离被秦始皇诛杀。

秦始皇在平定天下的过程中不失为一代英明君王，但他在治理国家的过程中，却是一个十足的暴君、昏君。

面对人民日益激烈的反抗，秦始皇的长子扶苏也向他进谏说："天下初定，远方的黔首还没有安下心来。诸位先生都宗法孔子，陛下重法绳之，臣恐天下不安，望陛下三思。"秦始皇连儿子的忠告也听不进去，不仅怒斥扶苏，还将他轰出咸阳，赶到北边的上郡（今陕西榆林东南）去做监军。

就这样，秦始皇在完成统一事业的同时，也一步步加速了秦王朝的覆灭。所以西汉时的贾谊谈到秦代"群盗满山"的情况时说："秦

皇帝身在之时天下已坏矣，而弗自知也。"

寻求长生

秦始皇一生极好巡游。早在统一战争中，他就到过洛阳、邯郸以及楚国的郢、陈等地。统一之后，更是兴趣大增。仅在其称帝的十二年中，全国性的大巡游就进行了四次，足迹踏遍了全国的山山水水。

统一之初，秦始皇的出游主要还是出于政治目的。天下初定，他急欲了解六国的社会状况、风土人情，以便制定国策。同时也想借出游炫耀皇帝的功德和威风。这个时期，他的巡视地点还多是边关和要塞。如始皇二十七年（前220），出于防御匈奴的需要，秦始皇巡视了西北边郡陇西和北地二郡。越过鸡头山（位于今六盘山中段），由回中（今甘肃华亭）返回咸阳。巡游途中，秦始皇到处刻石留言，极尽张扬之能事。据《史记》记载，秦始皇于巡游中前后共立刻石8块，其中载有文字的就有6块。分别是《泰山刻石》《琅琊刻石》《之罘刻石》《东观刻石》《碣石刻石》《会稽刻石》。刻石的主要内容，无非是为秦始皇歌功颂德，宣扬统一政权的优越性和既定国策的正义性。

秦始皇后期的出游，则已大都带有迷信色彩。秦始皇是一个虔诚的有神论者，对神的存在坚信不移，总梦想自己有朝一日也能加入神的行列中，做个长生不老的仙人。由于传说中神仙多出现在东海，所以秦始皇便总想借巡游之机，得遇神仙，求取长生不老之药。

从统一的第三年起，秦始皇就开始了大规模的巡游活动，前后出游四次。每次出游，凡是传说中的神仙登岸点，他都是不辞劳苦，跋山涉水，不到不罢休。先后一临碣石（今河北昌黎），两登成山（今山东成山角），三次到达琅琊和芝罘。

求仙若渴的秦始皇，雇有大量方士。出游中，每到一地，即派众方士为他访仙求药。这些方士大都是心术不正的吹牛能手，他们抓住了秦始皇的心理弱点，大加欺骗。一会儿说神仙在海中，一会儿说神仙在山上。哄得秦始皇每次都是满怀希望而来，万般沮丧而归。

始皇三十一年（前216），秦始皇又开始了他一生中最后一次巡游。之前，他派去关东的使者，返途中于华阴夜遇"山鬼"。为了避灾，秦始皇卜了一卦，卦象显示，利于出游。于是他便决定再次巡游，一来冲冲晦气，二来也念念不忘他心驰神往的神仙世界。"山鬼"诅咒或许已经使秦始皇意识到自己终归不免一死，所以他更希望这次出巡能够如愿以偿地找到长生不老之药。

君臣一行从咸阳出发后，首先来到南方的云梦（今洪湖、洞庭湖一带），在九嶷山祭祀了虞舜。后又顺江东下，由丹阳（今安徽当涂东）登陆，来到钱塘（今浙江杭州），绕道向西120里渡江登上会稽山，在山上祭祀了大禹。祭罢大禹，又在山上刻石留念。下山后，经吴中（今江苏吴县）北上。秦始皇一行从江乘（今江苏镇江）渡江，一直沿海边向北，直达琅琊。秦始皇总希望能在海边有所收获，或遇仙人或得仙药，便沿着海岸一路走下去，直走到被称为天尽头的成山角，仍一无所获。看看求仙无望，求药不得，秦始皇心情无比沮丧，只得决定返回咸阳。连日的旅途劳累，加上失望的打击，走到平原津（今山东平原附近）就病倒了。

当时，随秦始皇出游的有左丞相李斯、中车府令赵高、秦始皇的少子胡亥等人。其时虽然秦始皇病危，但由于他厌恶死亡，忌讳"死"字，所以谁也不敢向他问及后事。不过，随着病情加重，秦始皇自知死到临头，于是给在北边监军的长子扶苏留下玺书，让他速赴咸阳主持丧事，并立嘱由扶苏继承帝位。玺书封好后，放在中车府令赵高处，还没来得及交与使者，行舆至沙丘平台（今河北广宗西北），秦始皇就病逝了。时为始皇三十七年七月。秦始皇从登上王位算起，在位37年，称王25年，称帝12年，终年50岁。

丞相李斯见秦始皇死于途中，唯恐留在咸阳的诸公子争夺皇位继

承权和天下叛乱，便采取了保密措施，把秦始皇的遗体放在可以躺卧的车中继续前进。然而，天气日益炎热，尸体臭味扑鼻。为掩盖尸臭，李斯命令从官每车载一石鲍鱼。就这样，行舆大队浩浩荡荡，一路臭气熏天，返回咸阳。归途中，赵高策动政变，他勾结李斯篡改秦始皇遗嘱，扶立少子胡亥继承帝位，并派人逼死扶苏。回到咸阳后，胡亥继位，是为秦二世皇帝。

九月，为秦始皇举行了隆重葬礼，安葬于骊山墓。这项秦始皇动用70多万人力，历时10余年修建的巨大墓葬工程，此时总算派上了用场。骊山墓坟高50丈，遍植树木，形如大山。墓室极深，下穿三泉，灌铜液阻挡泉水。墓室顶部用珠宝设日月星辰之像，底部用水银作江河湖海之势。上具天文，下具地理，机械转动，巨烛照明，室内排列百官次位，布满奇珍异宝。又以能工巧匠设置机械弩矢，有人穿墓近室，弩矢自发，射杀窃贼。秦始皇陵现在位于陕西临潼县东5千米的下河村附近，坟高55.05米，周长2000米，历经2000余年，保存完好，倒也不枉始皇煞费苦心一番。

第 二 章

布衣帝王，千秋伟业
——刘邦

　　刘邦生于公元前256年，沛郡丰邑人（今江苏丰县），他在兄弟四人中排行第三，他的父母都是普通得不能再普通的老百姓。他领导农民起义军推翻了秦朝的统治，又经过"楚汉战争"打败了项羽，建立了强盛的西汉王朝。接着又用七年的时间，平定了彭越、英布等异姓王的叛乱，巩固了统一。汉高祖刘邦"以布衣提三尺剑取天下"，纵观他的一生，其成功的经验无不闪耀着智慧的光芒。

出身布衣

秦庄襄王三年，沛县（今江苏沛县东）丰邑（今江苏丰县，当时属沛）中阳里村，生活着一户姓刘的农民，主人刘公，主妇刘氏。刘家世代务农，加上刘公夫妇吃苦耐劳，所以世虽艰难，依靠祖上留下来的田亩，却也过着一种自给有余的日子。

普通的人家，普通的人，然而一件神秘的事情却降临到了他们的身上。

一天，刘氏因事外出，因走路时久，自感脚下乏力，恰到泽旁堤上一柳树下，于是坐下小息。谁知困意袭来，正当似睡非睡之时，忽见一披甲神人从天而降，立在身旁，略停片刻，便向自己走来……以后之事，就昏然不觉了。

刘公在家，见妻久出不归，心中惦念，正要离家相迎，见天色突变，一时乌云密布，电闪雷鸣，四处一片昏暗。刘公更加着急，忙拿了雨具，奔出家门，向大泽方向赶去。临近大堤，远远看见妻子坐在一棵树下，对天气的变化没有任何反应，更奇的是妻子周围的云雾越积越浓，云雾中金光浮动，好像有蛟龙腾跃。见此，刘公惊恐万分，不敢前往，停步观望。不久，云气渐散，天气转晴。刘公忙跑到妻子身旁，见她睡意方解，问起刚才情况，她只说："我走路乏了，在此休息，蒙眬中见有一金甲神人来到身边，以后的事情就记不清楚了。"刘公听后，心中暗暗称奇，忙扶起妻子走回家中。

不料刘氏从此有孕，十月怀胎，一朝分娩，产下一个男婴来。此婴高鼻长颈，左腿上长有七十二颗黑痣。他，日后就是我国历史上第一个布衣帝王——刘邦。

传说中华民族是龙的民族，中华子孙是龙的子孙。龙为玉帝的臣子，能腾云上天，能翻身入海，能布云行雨滋润人间。所以，中国古代帝王，都将自己和龙联系在一起，称作真龙天子，再加上史家的附会杜撰，造成了一种神圣不可侵犯的权威。尤其像刘邦这样一位出身布衣的皇帝，上述史书中的记载，不仅冲淡了他的贫贱出身，还罩上了一种天播龙种、治理人间、君权神授的天命理论色彩。

刘邦，原名刘季，为排行最小之意。称帝后，才将"季"改成了"邦"（以下均称刘邦）。刘邦同母兄弟三人，长兄伯，次兄仲，两人自懂事起，就随父亲在田间劳作。刘公一家数口，就靠土地为生。经过风的吹打，泥土的熏陶，农家耕、播、耘、灌、收、打、扬、储等活计，刘公样样拿得起，成了村里有名的庄稼能手。刘公夫妇为人忠厚，乐于助人，和邻里关系极好，尤其和同村一户姓卢的人家往来更为密切。说来凑巧，在刘邦出生的当天，卢家也喜添贵子，取名卢绾。两家同日得子，更有说不出的高兴。两子百天之日，乡邻们都备了酒肉前来贺喜，刘、卢两家也各设了酒席相待，在喜庆的气氛中度过了一天。

光阴如梭，一晃刘邦、卢绾长到十几岁了。一个夏日的傍晚，卢公拿着把扇子，拍打着身上的汗水，向刘家走去。刚迈进刘家的大门，迎面碰上正要出门的刘公，两人就站在院子里说起话来。

"刘公，邦儿、绾儿都十几岁了。我们绾儿不是在家淘气，就是随着邦儿这个孩子头儿到处野跑，我想……"

"想备些学资送子就学。我正要出门找你，也为此事。"

于是两人相视，哈哈大笑起来。

数日之后，刘邦、卢绾被送到同一先生门下就学。从此，二人步入了求学之路。课上学些诗书文章，课下仍免不了追逐打闹。几年过去了，二人的才学虽不算出众，但也学会了诌诗著文，而且结下了深厚的友情。

但他们绝不会想到，早年的学业、友情，为他们共赴沙场，统一江山打下了牢固的基础，也不会想到，几十年之后，一个变成了帝王，一个变成了臣子，少年时的友谊转变成了君臣之礼。

刘邦20岁时，已长得一表人才，方颜圆目，长颈隆鼻，身长七尺八寸。读了几年书，加上刘公对小儿的偏爱，此时的刘邦外不下田，内不顾家，每日饭后四处闲逛。时伯、仲都已有了妻室，天长日久，哥哥们没说什么，可嫂子们的怨言就出来了，什么"大家出力养懒汉呀！""坐吃山空耗家财呀！"太公耳闻心亮，怪就怪邦儿越大越不争气。索性分家，让伯、仲携妻眷迁出另过，刘邦没娶妻留在身边。

家分了，但刘邦并没有从分家中吸取教训，习性仍旧不改，还在外边交了几位酒肉朋友，不是在外边胡混，就是把朋友带到家中来吃喝。为此，刘公经常劝诫刘邦，然而，劝语犹如耳边风，刘邦左耳听进右耳出，不起任何作用。太公急了，一次把将要出门的刘邦拦在室内。

"季儿，你不能老这样东游西逛、不务正业。"

"正业，什么是正业，您指的是种庄稼？"

"不种庄稼你吃什么？老父已一大把年纪，还能供你吃几年？"

"您放心，不要看我现在这样，到时我会挣给您吃的。"说完，刘邦拂袖就走，气得刘公须髯乱颤、周身抖动，指着刘邦的背影吼道："你有本事就挣个家业给老子看看。"

旧习难改，有时气得刘公不让他归家，刘邦自有他的办法，不是到朋友处借宿，就是到哥嫂家吃住，虽然嫂子不欢迎，但碍于情面也不好说什么。不久，长兄伯不幸病亡，其妻带着儿子信孤寡度日，刘邦不管嫌憎与否，照往不断。

一天，时当晌午，刘邦约了几位朋友到大嫂家吃饭。他们刚进大门，正在做饭的大嫂望见了，心中感到十分厌烦，自己孤儿寡母，柴米油盐来之甚难，小叔子自来吃不算，还带来一些狐朋狗友。自己越想越心酸，不觉落下泪来。她转身拭泪，忽然看见一口空锅，于是计上心来，忙拿起炊具刷锅，故意弄出声响。

刘邦携友进门后，忽然听到刷锅声，后悔来晚。几位朋友倒也知趣，相继辞去。刘邦送走朋友后，来到厨房一看，饭、菜还有大半锅，

正在冒着热气。此时刘邦才知，大嫂怨恨自己至极，长叹一声，转身离去。

天意人难测，人生多坎坷。刘邦行为虽不端，但其嫂如知将来他称帝，也不会为了一顿残羹剩饭，耽搁了自己儿子被封侯。

公元前221年，秦王政吞并了六国，在咸阳登上了始皇帝的御座。战争打出了和平，江山实现了一统。而这时的刘邦，也已经步入了他的第二十七个春秋。在这历史的大转变时期，他看到了什么？他想到了什么？他又想做什么？

务农？对此他不屑一顾。

如此游荡下去？他不甘心也不情愿。

"做点什么呢？"

于是，他找来了兄弟们。大家七言八语商量了半天，最后一致劝他学习吏事。他本会诌诗作文，头脑又很聪颖，学吏当然不费什么事。经托人求友，不久，他便当上了泗水亭长。这个职务，既可吃俸禄，又可我行我素，刘邦何乐而不为。当了亭长，就有差事，于是刘邦结识了一班县吏，如萧何、曹参、夏侯婴等人，尤其是萧何，熟谙法律，为县中有名的刀笔吏。他们办事路过泗水亭，刘邦都设宴款待，每当饮到畅快时，就海阔天空，无所不言。一来二往，刘邦虽形骸外露，但他们都感到刘邦不是等闲之辈，是个可交的朋友。

大千世界，凡能成大事者，都有一批志同道合的朋友，从古到今，都是如此。萧何等人结交了刘邦，便被带入了历史的激流，成为刘邦成就帝业最基本的班底。

为了便于公事，也为了和这些朋友交往，刘邦索性搬到了亭中，反正自己独身一人，除父母外，也没有太多的牵挂。自交上了这批朋友后，刘邦也不怕公事中出些小的差错，因为他知道，即使有些小问题，他的朋友们也会替他在县衙中周旋，将大事化小，小事化了。

一天，日头刚落，夏侯婴来到亭中，刘邦将他让进屋后，问：

"老弟风尘仆仆，去办什么差事？"

"唉！去追捕一名逃犯，没想到这小子还真有一套功夫，经过厮打，还是被他跑掉了。"夏侯婴显得有些丧气。

"下次叫着大哥，他就跑不掉了。"

"大哥也会拳脚？"

"还马马虎虎。"

"算我夏侯婴看走了眼，咱们院中练两手？"

二人说着话来到院中。夏侯婴摆好架势，拳中带着风，直向刘邦右胸捣来。刘邦见拳即到胸口，突向左一闪，然后伸出右掌，在夏侯婴右背上用力一推，只见夏侯婴直向前蹿去，一头撞到了不远处的一棵柳树上，顿时头破血流。刘邦忙走过去，将夏侯婴扶进屋内，包扎好伤口，这才连声说：

"一时失手，请老弟谅解。"

"没想到大哥拳脚功夫这么好！只一回合就叫愚弟吃了亏。"

岂料，此事被亭中一卒见到，第二天就告到了县廷。按照秦律，差官犯禁，应当重裁。县令马上将刘邦传到廷府，升堂理案。县令看着跪在堂下的刘邦，问：

"刘邦，你如何将夏侯婴打伤的？"

"回大人话，夏侯婴昨天确在下吏处喝过酒，但没发生打斗之事。"刘邦一口否认。

"传夏侯婴堂下回话。"县令发话。

夏侯婴头上带着伤，被传入堂上，跪在了地下。

"夏侯婴，刘邦是如何将你打伤的？"县令问。

"回大人话，下吏昨晚因酒后误撞树上所伤，非刘邦所打。"夏侯婴也一口否认。"

县令素知刘邦、夏侯婴二人关系不错，明知夏侯婴在为刘邦开脱，但苦无实据，于是把一腔怒气全发到了夏侯婴身上，判他供词不实，杖其数十，入狱一年。

刘邦虽被开脱，但看着遍体鳞伤的兄弟，内心难忍，眼泪直流。他恨那个无端告状之人，更觉秦律的严酷。好在夏侯婴身体健壮，不久，伤已痊愈，随之也被保释出狱了。但在刘邦心中，却留下了对夏

侯婴的感激之情。

刘邦自当上亭长后，差事还很忙，但也时常忙里偷闲外出酗酒取乐。他和朋友们常去的酒肆有两个，均为妇人所开：一个叫王媪酒肆，一个叫武负酒肆。这两个酒肆虽为女流所办，由于接人待物还周到，酒肆的生意还很红火。刘邦有时自往独酌，有时携友共饮，所以早与酒肆主人成了熟人。人熟好办事。当刘邦囊中羞涩时，便向她们赊酒喝，一来刘邦是老主顾，二来只要刘邦在肆中，喝酒的客人都比平日多，计算一天所赚的钱，往往是平常的几倍，所以，刘邦赊多少，她们就给多少。

一次，刘邦在王媪肆中饮得烂醉，时已天晚，客人散尽、王媪走过去本想叫醒他让他离去，不料，在离他数尺之远时，见他头上有金龙闪烁，令人不能走近。王媪大惊，慌忙走开，随他在肆中睡了一夜。

第二天，王媪将其所见告诉了武负，武负说也见到过这种情况。这两个女人心知此人日后必贵，所以年底结账时，将刘邦所赊的酒钱一笔勾销，不再向他索要。

刘邦身显金龙，纯为史家附会。一次偶然的机会，使他真的见到了当时的真龙天子——秦始皇。

县令要选一名差吏来往咸阳办事，这差事就交给了刘邦。

临行，众吏都来送行，各拿出三百钱送他作路费，而萧何交给他五百钱。此情刘邦一直记在心中，直到登上帝位。

走完了乡间小路，迈进了咸阳城的大门。

刘邦开了眼界。城内街道平整、纵横交错。官邸富宅建筑各异，幢幢相连一眼望不到头，虽然也有低矮的市民住房片片相接，但还是比乡间百姓住房好出许多。大街上人来车往，权贵乘车，富人骑马，市民们匆匆赶路，担担提篮的小贩们夹杂其间，还有那身着各色服装的女人们，更加引人注目。

刘邦路过一个市场，场内各种货物齐全，人流如水，叫卖声、讨价声混成一片，显示出一片繁华景象。

刘邦来到了办事官府的门前，从这里可以看到连绵数里、巍峨雄伟的阿房宫。这就是秦朝之都，真龙天子的居住之地！

刘邦失去了往日的平静，陷入了沉思：这里如此富有，家乡是那么贫穷；这里如此繁华，家乡是那么冷清；就是家乡的姑娘和这里的女人相比，也显得那么土气。我为什么不能生活在这里？一种莫名其妙的冲动使他挺直了腰板，迈进了府廷的大门。

办完了公事，他没有立即返乡。

在停留的最后一天，他漫步街头浏览市容，忽然人群骚动起来，"皇帝巡行都市了！"纷纷向中心大街涌去。刘邦也随着人群飞跑，但他还是落在了后面。皇帝的车队过来了。刘邦随人们跪在了地上，顺人群缝隙望去，只见彩旗遮日，卫队成阵，将秦始皇的銮驾团团围住，徐徐向前移动。这威严的气氛、显赫的声势震慑住了黑压压的人群，也冲击着刘邦的自尊，他感到一片茫然，失去了自我。

皇帝的车队过去了，沸腾的人声使他又回到了现实。他活动了一下跪麻的双腿，站起身来，用羡慕、向往的眼光望着远去的銮驾，忽然感到自己和那车队相距并不太遥远，一股壮志豪情自内心涌起，随口说出："大丈夫当如此矣！"话一出口，他才意识到咸阳岂是乱语之地，于是大步走开。

刘邦返回了家乡，可心却留在了咸阳，这次所见所闻，在他脑海中成了甩不开、抹不掉的影像。

为了排遣心中的烦闷，他经常外出酗酒，有时天晚了，索性就宿在相好的女人家中，整夜不归。

在想什么呢？想咸阳？想秦始皇？还是想女人？

朋友们急了，想为他介绍个女人，好牵住他的心。但刘邦的所作所为，谁家的姑娘敢嫁给他？俗话说，有缘千里来相会，无缘对面不相识。

时近傍晚，萧何忽然急火火地来找刘邦，把他拉到无人之处对他说："前几天，县令那里来了一位重客，是单父（今山东单县）人，名吕公。听说是为避仇而来，现就住在县城中，按礼我们应择日相贺，不知你意下如何？"

"我虽贫寒，但礼不能失，届时一定前往。"刘邦说完哈哈一笑。

到了约期，刘邦不带分文，践约前往。他进了城，找到吕公住处，见门前已排列了许多车马，知今日前来相贺的人员不少。但他毫无怯意，昂头挺胸，大步而入。院内已积人不少，时萧何站在厅口，见刘邦到来，便向大家宣布："贺礼不满千钱者，请厅下坐！"刘邦听后，微微一笑，要来笔墨，在礼单上写下"万钱"二字，请人上报。吕公见众单中，唯刘邦贺礼最重，于是亲自迎出厅来，将刘邦引入上座。两人坐定，吕公见刘邦身高八尺，龟背斗胸，长颈龙颜，不同凡人，更加相敬。旁边的萧何素知刘邦，料他无钱，怕他当众出丑，小声对吕公说道："刘邦小吏，好说大话，恐贺单不实。"吕公明明听见，但仍目视刘邦，不加理睬。

酒肴齐备，吕公将刘邦引入首席。刘邦也不推辞，坦然就座，然后众人依次坐定。贺辞完毕，酒宴开始。刘邦本喜杯中物，今日酒醇菜香，如何不喝，便与众人杯盏交错开怀痛饮，好不痛快。酒足饭饱后，众人相继告辞，刘邦也想起身告退，但吕公以目相示，所以刘邦坐着未动。

吕公送完客人，把刘邦迎入内室，说出了刘邦意想不到的一番话。

"老夫自年轻就喜给人看相，至今经我看过相的人也不知有多少，但没有一个比得上你，望你好自为之。不知你已成婚否？"

"多蒙先生看重，下吏至今还未成婚。"

"如此更好，老夫愿将小女嫁给你为妻，不知你意下如何？"

这真是"踏破铁鞋无觅处，得来全不费功夫"，这样天降的好事刘邦怎能不答应，忙翻身下拜，行过大礼。两人商定婚期后，刘邦便告辞退出。

吕公送出刘邦，进入内室，便将许女之事告诉了老妻。不料妻子听后满脸怒气。

"听你常说娥姁生有贵相，必配贵人。县令与你是挚交，多次向你提婚，你都不答应，为何偏偏许配给刘邦？"

"这不是你们女人应知道的事，我断不会看错人，不会误了女儿的终身。"

两人争吵了好几天，妻子终究争不过丈夫，心中虽然不愿意，但还是忙着为女儿准备嫁妆。

刘邦把喜讯带回家中，把刘太公夫妇乐坏了。"刘邦要成亲了！"这消息不胫而走，很快传遍了全村。人们议论纷纷，有人说："这是太公上辈子修来的福分！"也有人说："也不知哪家姑娘瞎了眼，会嫁给刘邦这个无赖汉。"说归说，做归做，还是有不少人跑到刘家帮助操持。在太公夫妇的安排下，把个新房布置得里外新：新铺新盖新用具，窗户上还贴上了几个吉祥物。

转眼到了婚期，太公派人送去了彩礼。刘邦在一班朋友的簇拥下，赶着彩车热热闹闹来到吕家迎亲。

吕公夫妇将女儿娥姁里外装束一新，送上了彩车。刘邦拜过岳父岳母，赶起彩车将新人迎回家中。

家中已是万事俱备，见新娘到来，便由两个女子将娥姁扶下车来，与刘邦行过交拜礼，再拜过父母、谢过客人，就被送入了新房。

这个娥姁，就是刘邦第一位明媒正娶的妻子，大汉开国皇后——吕雉。

几年之后，吕雉相继为刘邦生下了一儿一女，男孩就是日后的孝惠帝刘盈；女孩就是日后的鲁元公主。

刘邦家本就不富裕，他又常年在外，所得俸禄还不够他一人挥霍。对此，吕雉苦在心中，当初老父将自己许给刘邦，说他日后必贵，时至今日，也不知他贵在何处，富在哪方？只得嫁鸡随鸡，嫁狗随狗，整日带着两个孩子在几亩田园中辛苦劳作。月月风吹日晒，年年霜打雨淋，流逝的岁月，使吕雉变成了一个地地道道的农妇。

一个夏天的上午，天气异常炎热。吕雉带着两个孩子在田间割草。她热得满身是汗，把刚割好的一堆青草抱到田边路旁。一个老翁不知何时来到旁边。吕雉见他满头汗水，须髯皆白。

"天气真热，敢向夫人讨口水喝，不知有否？"老翁对吕雉说。

吕雉见他偌大年纪，顿生怜悯之心，忙将水罐送到他的面前。

"请老丈自用！"

老翁喝完水把碗放下，抬起头来端详了吕雉好一会儿，脸上显出惊奇之色。

"老夫自幼学相，小夫人脸透神光，声含凤音，今后必当大贵。"

此时，两子见母与人语，也跑过来观看。老翁看着来到跟前的一双儿女，连称："贵相，也是至贵之相！"他用手抚摸着刘盈的头，对吕雉说：

"恕老夫直言，自古言：母以子贵。夫人之贵，必应在此子身上。今日有幸得见夫人母子，多有打扰，就此告辞！"

说完，老翁顺路往西，飘然而去。

老翁已走，吕雉发愣，心情再难以平静，正准备携子归家，恰刘邦休假回家路过这里。吕雉便把刚才之事向刘邦说了一遍。刘邦听说老翁刚走，就迈开大步向西追去。

老翁正走间，忽见有人追来，便停步相候。

待刘邦跑近，上下仔细打量了一番，未等刘邦开口，老翁便说：

"君相大贵，如我料不错，田旁母子定是尊眷。"

"正是，多谢老丈美言。"

"母子所贵，皆因足下，望好自为之。"

"如日后真如老丈所言，邦绝不忘今日。"

"看相为人，不言酬谢。在此别过。"说完转身即走了。

史书上有这样一段记载：

"至刘邦称帝，派人寻觅，没有音讯，只得作罢。"

在人世间，相术难相信，机遇却是真。凡在世之人，都有机遇，抓住，可能成事；失去，则一事难成。俗话说，时势造英雄。但必须识时势，知机遇，且为之奋斗的人，才能成为英雄。刘邦出身布衣，行遭不齿，但他心存咸阳，崇拜秦始皇，从本质讲，渴望由贫困变成富贵，由贱位迈入权门。时势在哪里，机遇又在哪里呢？

始起大事

在秦始皇执政的晚年，全国政局已处于极不稳定状态。秦始皇征讨匈奴、建筑长城而征用大批人力、物力，加上原先进行的修驰道、修宫室以及骊山陵的工程，使政府原有的人力根本不足派用，只好由民间征调大量的劳役。

这一次，沛县接到征调劳役的命令后，县令不敢怠慢，立刻编造名册，并决定派遣一名亭长负责领队的工作。这次的劳役是建筑骊山陵，是件非常艰险的工作，加上大家对过多的劳役反感颇深，因此负责领队是件危险的差事，万一有人逃亡，领队也要连坐论罪。

在考察了所有亭长的领导能力后，县令认为只有刘邦压得住阵脚。县令的命令刘邦当然不敢违抗，只好硬着头皮带领征调的五百多人出发了。

没有想到走出县城才三十多里，刘邦就发现少了好几个人。原来，那些比较机灵的人，便趁刘邦不备，偷偷地溜了。虽然发现有人逃跑，无奈监管的人员太少，山路又崎岖复杂，所以很难加以搜捕。这时的刘邦束手无策，只能佯装不知，继续领着剩下的人往前走去。

接下来，逃亡的人越来越多，刘邦害怕了，他担心这样下去，到咸阳时恐怕只剩下他一个人了。这如何是好呢？如交不了差，身为押送官员，只能是死路一条。怎么办？与其坐以待毙，不如干脆好事做到底，把这些人全放了吧。

一天晚上，刘邦把那些役夫手上和身上的绳索解开来，然后对他们说："现在你们自由了！都各自逃命去吧，想回家的，可以回家，但不能声张，回家后也要找个安全的地方躲起来，等事情平息了后再出头露面。"

役夫们听了之后，心里都非常高兴，对刘邦也十分感激，但他们仍不敢相信，因为按照当时的法律，这样做肯定会受到严刑惩罚的。所以有人就问刘邦："我们走了，官府追究起来，你怎样办呢？"刘邦回答说："你们走后，我当然也要找个地方躲起来。"

后来，就有一些人逃跑了，但也有一些人被刘邦的仁义所感动了，反而没有走，他们都表示，愿永远跟随着刘邦，不管逃到哪儿，大家都在一起。刘邦同样被这些役夫感动了，他领着大家往深山里走。这一方面是为了避免消息走漏后会被官方逮捕；另一方面是进入山区也比较容易找到吃的东西，存活机会较多。

由于对山中道路不熟，刘邦总是派一名机警的役夫在前面探路。

刘邦像

这样做，一来可以探路，二来可以侦察一下情况，以免因人数太多被别人发现，惹出麻烦来。这天，负责探路的那名役夫还没走出多远，就慌慌张张地赶回来，对刘邦说："亭长，前面有一条巨蛇，盘踞在小路上，从蛇身上踏过去，是很危险的。您看，我们是不是从别的地方绕过去。我察看了一下，如果从别的地方走，那又要绕十多里路，这样到天亮时就很难保证我们能进得了大山了。如果在天亮前进不了大山，被人发现就很危险了……"

刘邦说："不过是一条蛇，有什么可怕的，让我过去看看！"

刘邦拔出佩剑，领着大家继续向前走。走不多远，果然见一条巨蛇盘踞在路上，刘邦二话不说，挥剑向巨蛇砍去。巨蛇猛地跃了起来，尾巴向刘邦横扫过来。刘邦又劈又砍，巨蛇终于被杀死了。

杀了巨蛇，刘邦又领着大家继续往前走。不一会儿那位负责探路的役夫又跑回来报告，说前边有位老妇在痛哭。刘邦领着大家赶过去一看，果然见到了那个哭泣的老妇，刘邦就上前问老妇缘何如此悲伤，老妇回答说："我的儿子被人杀了哟！我的儿子是白帝之子，刚才躺在路上睡觉，想不到却被赤帝之子给杀了！"

刘邦听了，刚想安慰她几句，老妇却突然消失得无影无踪了。这使大家深感惊奇，他们仔细琢磨着老妇的话，最后都认为老妇说的白帝之子，就是那条被斩杀的蛇；而赤帝之子，无疑便是斩蛇英雄刘邦了。于是刘邦在这些役夫心中的形象更加神圣了，他们坚信刘邦一定能做一番大事业，所以更加坚定了永远跟着刘邦的决心。

公元前209年，陈胜、吴广揭竿而起，率领起义军攻占了陈以后，自立为王，建号"张楚"。当时，各郡县的民众纷纷杀掉秦朝的官吏来响应陈胜。沛县的县令害怕了，觉得与其被人杀掉，还不如率人造反，就想以沛县来响应陈胜，萧何和曹参当时都是县令手下的主要官吏，他们劝县令说："您是秦朝的官吏，却要率沛县人背叛秦朝，百姓未必会听您的。可以把本县流亡在外的人召集回来，能得到几百人，有了这些人百姓就不敢不听您的了。"县令觉得有理，便让刘邦的妹夫樊哙去把刘邦找回来，刘邦便带人往回赶。后来县令却又后悔了，害怕刘邦回来会抢了自己的位置，弄不好还会被刘邦所杀，等于是引狼入室。所以，他命令将城门关闭，还准备捉拿萧何和曹参。萧何和曹参闻讯赶忙逃到了城外。刘邦将信射进城中，鼓动城中的百姓起来杀掉出尔反尔的县令，大家一起保卫家乡。百姓对平时就不太体恤他们的县令很是不满，杀了县令后开城门迎进刘邦，又推举他为沛公，领导大家起事。刘邦便顺从民意，设祭坛，自称是赤帝的儿子，领导民众举起了反秦大旗。这时的刘邦已经48岁了。

鸿门之宴

秦末农民战争中还有一支强大的力量，这就是原来楚国贵族的后代项羽和叔叔项梁，他们在吴中（今江苏的吴县）起兵，兵力很快达到了近万人。同时，其他被秦国灭掉的六国贵族后裔们也纷纷起兵，加入了灭秦的行列。

在陈胜被车夫庄贾杀死后，项梁便拥立了楚怀王的孙子做了楚王，定都盱眙（今江苏盱眙），后来和章邯率领的秦军展开了激战，开始几次都取得了胜利，因此项梁更加骄横狂妄，别人的话也听不进去，结果被得到援兵的章邯偷袭，大败被杀。章邯在项梁死后，觉得楚国不会再构成大的威胁，于是将主要精力转向了赵国。赵国受到攻击又向楚国求救，楚王在和众将商议之后便决定兵分两路去增援赵国。一路由宋义和项羽率领北上，直接救援，一路则由刘邦率领西进关中，牵制秦军，策应北路援军。楚王和众将士约定，谁先入定关中谁就做关中之王。但大家都对做王没抱什么大的希望，因为当时的秦军还很强大，将领们都不愿意冒险西进和秦军决战。项羽为了给叔叔报仇，要求和刘邦一起西进关中，但遭到大家的一致反对，大家觉得项羽做事比刘邦要残忍得多，而且又年轻没有经验，刘邦则是个长者，宽厚仁慈，威望较高，所以，最后决定只让刘邦一人领兵西进关中。

开始时，刘邦进军也不太顺利，但经过几次战役，刘邦步步西进，最后终于兵临城下，到达了咸阳东边不远处的灞上（今西安东）。秦王子婴见大势已去，只得献城投降，将玉玺亲手交给了刘邦，秦王朝至此灭亡。

刘邦进入咸阳之后，以为自己与诸侯有约定，便以"关中王"自居。看着富丽堂皇的宫殿，刘邦留恋不舍，准备在宫中住下，享受享受。他的手下大将樊哙劝他注意天下还没有平定,别忘了秦的前车之鉴。刘邦根本听不进去,樊哙又厉声斥责说:"秦宫奢丽,正是败亡的根本,请您立即还军灞上!"刘邦竟然显出了其无赖的本色,央求樊哙说:"我觉得困倦,你就让我在这里歇一宿吧!"樊哙见自己说不动刘邦,只好出去找来了张良。刘邦架不住张良深明大义而又百折不挠的劝说,才出了秦宫,回到军中,并将军队撤退到了灞上。

刘邦还军灞上之后,便召集各县的父老豪杰,和他们约法三章:杀人者死,伤人及盗抵罪,其他秦朝的苛刻法制一律废除。秦人大悦,唯恐刘邦不能留在秦地为王。有人对刘邦说:"秦国这地方有天下十倍那么富,地形也险要。听说秦朝大将章邯投降了项羽,项羽封他为雍王,做秦地的王。他如果来了,您就做不成关中王了。不如派兵把守函谷关,不让诸侯的兵进来,您征集关中的兵来补强自己就可以了。"刘邦听信了他的话,就派兵把守函谷关。

汉代官印

项羽在打败章邯之后,也领兵直奔关中而来,争夺做关中王的资格。等到了函谷关,见刘邦不但已经平定了关中,而且还派兵把守函谷关,不由得大怒,立即命令英布领兵攻下了函谷关,然后领兵四十万直奔咸阳,驻扎在了戏下(现在的陕西临潼东北的戏水西岸)。

刘邦的部将中有个曹无伤,见项羽对刘邦不满,便想借机讨好项羽,求得个封王封侯什么的,便暗地里派人向项羽挑拨说:"沛公刘邦想在关中做王,然后让子婴做宰相,自己将秦的财物都纳入私囊。"项羽听后大怒,项羽的谋士范增劝项羽趁机灭掉刘邦这个对手,项羽便大飨士卒,准备第二天攻击刘邦。

当时项羽和刘邦的实力悬殊很大,项羽有兵四十万,号称百万,刘邦有兵十万号称二十万,项羽又勇猛无敌,战事一起,结果肯定是刘邦失败。于是,发生了历史上著名的鸿门宴的故事:项羽的叔叔项

伯和刘邦的谋士张良很要好，他知道项羽要攻击刘邦，连夜潜入其营中找到张良，让他赶紧逃走，以免被杀。张良却说不能丢下刘邦，就去问刘邦："沛公真的要背叛项羽吗？"刘邦说有人告诉我，只要不让诸侯的兵进来，我就可以尽有秦国的地方为王了。张良问他："你认为能抵挡住项羽吗？"刘邦沉默了好久，才说："当然不能，现在怎么办呢？"张良于是硬拉着项伯去见刘邦，刘邦设盛宴招待项伯，还和他在酒宴上约定为亲家。他对项伯说："我自从入关之后，没敢占有丝毫财物，将吏民进行登记造册，把府库封存起来，就是等着将军来的。我之所以派兵把守函谷关，并不是阻止将军入关，而是为更好地守好关中地区，也防止强盗入侵。我和将士们日夜都盼望将军你们能早点来，怎么会有造反之心呢？请您回去务必向项羽将军说明此事，消除误会。"项伯满口答应，然后对刘邦说："将军你明天一定要到我们的营帐亲自向项羽说明情况，当面赔礼才能得到项羽的原谅。"刘邦听了连忙答应。项伯当天夜里就返回了军营，他对项羽说："因为沛公先行进入关中，为我们扫除了入关的障碍，我们这才能顺利地通过函谷关，沛公是有功劳的人，我们不应该猜疑他，应该真诚相待。"项羽听了，便决定不再进攻刘邦。

第二天，刘邦如约来到了项羽的军营，只带了樊哙、张良和一百名精锐亲兵。到了项羽的大帐所在地鸿门，当面向迎接他的项羽赔礼道歉。项羽请刘邦入内赴宴，在酒宴上，范增多次以目示意项羽除掉刘邦，项羽却犯了妇人之仁，假装看不见。范增又让项庄在席间借舞剑为名，想趁机刺杀刘邦，又被项伯用身体保护住了刘邦，这就是成语"项庄舞剑，意在沛公"的由来。刘邦借上厕所的名义中途离开宴席，回到了大营，从而逃过了这一劫，他回到军中后立即处死了险些置他于死地的小人曹无伤。

项羽封王

项羽放了刘邦，却毁了咸阳。

几天以后，楚军进入咸阳。繁华的都市，宏伟的宫殿，撩起了项羽的恨、妒之心。

他下令屠城，把降王子婴及其秦廷宗室，全部斩杀于市曹。那些失去束缚的楚兵，如鬼魅横行，杀人、放火、抢商肆。往日喧闹的咸阳城，变成了一个屠场，到处血迹，遍地尸骸。

他下令打开府库、宫室，将其中珍宝财物，及秦宫妇女，全部运出，除部分赏赐将士外，大部分用车、船东运彭城。

他还下令，不管什么华宫丽殿，还有那三百余里的阿房宫，全部烧毁。于是今日焚这处，明日烧那处，整个咸阳地区，烟火蔽天，日夜不绝，大火足足烧了三个月，方才熄灭。

咸阳地区，本是富庶之乡。自秦国建都于此，又花费了多少财物，动用了多少人力，才创造出秦末这种繁盛景象。

项羽一把剑，一把冷酷的剑；楚军一把火，一把无情的大火，给咸阳，给咸阳豪杰百姓，带来了极大的劫难。

遭到洗劫后的咸阳，宫殿成为焦土，府库变为瓦砾，百姓逃亡街巷空，野外到处见新坟，真是满目疮痍，惨不忍睹。

项羽看了，也感凄凉，但他制造这种悲剧时，为什么又表现得那样疯狂？

疯狂来自仇恨，来自亡国灭族对秦廷的报复。

项羽，对秦国灭楚，怀有国恨；对项燕战死，项梁被杀，怀有家仇。这些埋于心底的国恨家仇，在他掌握了兵马后，不断通过凶悍嗜杀的性格付之行动，于是，就造成了项羽屠襄城、坑秦卒、毁咸阳、

杀子婴、掠财宝、焚秦宫等暴虐行为。

项羽的残暴，激起了秦地百姓的不满和仇恨，也成为导致他最后失败的重要因素。对此，民国时期的著名历史学家、演义作家蔡东藩先生说得尤为精彩：

"以若所为，求若所欲，安往而不败亡耶？秦之罪上通于天，羽且过之，故秦尚能传至二世，而羽独及身而亡。"

咸阳被毁，恨意已消，项羽便有了东归之意。一天，在帐中与众将谈起此事，韩生力劝项羽留驻关中，并说："关中有山河之险，四塞之阻，土地肥沃，乃是天府之国。若在此定都，必可成就霸业！"

项羽乃故楚之后，乡土观念极重，而且秦宫都已被他烧毁，到处残垣断壁，遂摇首道："富贵不归故乡，好似衣锦夜行，何人知晓？我已决计东归，请勿再多言！"

韩生见项羽如此英雄志短，难解人意，当即告退，走出帐外后对旁人说："我闻里人说，楚人如沐猴而冠，今日果然相验，才知此言不虚！"

韩生说时无意，但听者有心。不久，此话传到项羽耳中。项羽大怒，下令烹死了韩生。

关已破，秦已灭，欲东归，但善后之事如何处置？项羽召来诸将商议：

"我将领兵返楚，沛公仍驻灞上，将如何待之？"

范增进言："昔时，将军与沛公受命西进，今秦已灭，不如报知怀王，令他改过前约，将沛公徙往别地，以绝后患！"

众将都感范增之言有理，项羽于是修书一封，遣使者日夜兼程，奔赴彭城。

不久，使者返回，递上怀王书信。项羽打开一看，信中写有"如约"二字，顿生怒意，遂对众将说道："天下方乱，群雄并起之时，我项家权立楚王之后，以仗义伐秦。今灭秦而定天下，是我项家叔侄及其诸君，苦战三年而取得的。怀王本一牧竖，无任何战功，怎可一人专断分封王侯？诸君以为如何？"

众将本畏项羽，知他兵权在握，已不把怀王放在心中，遂沉默不语。

项羽岂能不知诸将的心理，更何况，他本亡国贵族，裂土割据观念，在他心中早已根深蒂固。他以诸侯起兵，灭秦后，他当然要论功分封王侯。于是，他又对众将说道："话虽如此，怀王毕竟是楚地之主，但他不可再用王号，否则，诸君今后又将如何称谓？不如尊他帝号，我等方可为王为侯！"

众将随项羽南征北战，谁不指望日后能封王列侯。项羽几句话，切中了大家心理，众将这才同声称是。

公元前206年一月，项羽颁令关中：尊怀王为义帝，并以"古之帝王，地方千里，必居上游"为据，决定将义帝迁往江南，都于郴（今湖南郴县），并立即派人往报彭城。

项羽对待怀王，如理家中事。"怀王者，吾家所立耳"，目的是"假立诸侯后以伐秦"。现暴秦已灭，兵权在握，怀王已无多少可用之处，且彭城乃楚地富足之邑。为此，不安置楚怀王，项羽又官在何位，身居何处？如怀王驯服，还可活命，可这位亡楚之后，天生自主意识极强，终被项羽暗中所杀。

让怀王称帝容易，分割事难。从陈王发难，到入关灭秦，前后三四年，齐、楚、燕、韩、赵、魏，均已复国。项羽帐下有功之士，也不难加封，唯沛公不好处置。项羽无奈，找来范增求教："我欲分封诸侯，别人都好办理，只刘邦不知将他封往何处？请君为我一决。"

范增本为鸿门一事恼项羽，但看项羽来召，仍以国事为重，来见项羽。听项羽又谈起刘邦，顿时来了精神："将军不杀刘邦，本已失策，今日又想加封于他，就更加错上加错了！"

项羽见范增又提起旧话，忙解释道：

"君之苦心，羽岂能不知？但刘邦无大罪，无故杀他，定会引来人心不服，况且怀王仍令如约，种种为难，还望足下谅解！"

范增听项羽如此说，心中闷气消了不少，献计道："既然如此，我看不如封他王蜀。蜀地山高路险，易进难出。秦时，常将犯人徙往

蜀中，就是这个道理。若刘邦入蜀，就如牢中禁人，笼中关鸟，控制他就极易了。况且，蜀中也为关中地，封他蜀王，也算是如约了。"

"一石二鸟，此计甚妙！"项羽连连称赞。

"此计虽妙，如刘邦出蜀，又将如何防范？还望详告。"项羽又问。

范增眼望项羽，开口说道："这有何难！将军再将汉中之地一分为三，分封给章邯、司马欣、董翳，使其阻住蜀道，防刘邦外出。章邯等三人，都是秦廷降将，自归顺，将军不歧视，今又加封为王，他们必感恩效力。如此，就是将军东归，也可放心无忧了。"

范增一席话，将项羽心中难点全解。二人越谈越投机，日渐中午，仍未谈完，项羽遂令设宴，款待范增，又派人唤来项伯作陪。三人边饮边议。太阳偏西时，才将诸将分封之事议定。

二月，项羽欲封众将之事，已人人皆知。最关心此事的是沛公。

沛公自鸿门宴后，严令部下，不准与楚军发生冲突。不久，项羽屠咸阳，杀子婴，焚秦宫的消息陆续传来。关中气氛骤然紧张，沛公下令，各营将士，不分昼夜，一律马不卸鞍，人不脱甲，以防不测事件发生。沛公白天近观难民，夜晚遥望大火，真是心急如焚，但苦于力弱，只能眼睁睁看着关中繁华，一处处化为灰烬。

及分封王侯的消息传到灞上，沛公、张良忙派人前往项伯处打探口风。项伯遂将欲封沛公为蜀王之意转告了来人。来人回报沛公，沛公闻后大怒："项羽仗势逼人，上背怀王，下失信于我，我虽力单，也要与他决一死战！"

周勃、灌婴、樊哙等，见沛公激昂如此，也摩拳擦掌，欲领兵前去厮杀。

萧何、张良在侧，见群情激奋，忙上前止住，萧何劝道："不可盲动！蜀中虽恶，但能王蜀地，总比前去送死为强。"

沛公闻言，忙道："去讨伐项羽，难道就是去送死？"

萧何解释道："羽众我寡，百战百败，难道不是去送死？汤武曾事桀纣，因时机未到，不得不以屈求伸。蜀中虽恶，公先王其地，爱民纳贤，积财养兵，然后还定三秦，再图霸天下，如此不是更好吗？"

沛公听了，怒气稍解，又转问张良："君意如何？"

"何言甚是，彼强我弱，不可逞匹夫之勇，先图安身，再寻进取。现在，乘项羽未正式分封之前，不如厚赂项伯，使他言好于项羽，求封汉中地。"

沛公素知张良深谋远虑，听他也如此说，只得照计行事，取出珍宝金币，派人私赠项伯。项伯已暗助沛公，再助一次，又有何妨！于是为沛公往说项羽。项羽见叔父说情，便依了项伯，把汉中之地加封给沛公，且改蜀王为汉王。

数日之后，项羽筹备完结，召属将及各路诸侯汇集鸿门，颁布了分封王侯的命令。被封诸王如下：

沛公为汉王，得巴（今四川西部）、蜀（今四川东北部）、汉中（今汉水上游，陕西秦岭以南一带）之地，都南郑（今陕西南郑县）。

章邯为雍王，得咸阳以西之地（今陕西西南部，甘肃东部），都废丘（今陕西兴平县东南）。

司马欣为栎阳狱掾时，曾有德于项梁，被封为塞王，得咸阳以东之地（今陕西东南部），都栎阳。

董翳因劝章邯降有功，封为翟王，得上郡之地（今陕西北部），都高奴（今陕西延安县东）。

魏王豹因领兵随项羽入关，但项羽想占魏地，故徙豹为西魏王，得河东之地（今山西西南部），都平阳（今山西临汾县南）。

张耳嬖臣申阳，先下河南郡（即秦三川郡），于河迎项羽，封为河南王，得河南之地，都洛阳（今河南洛阳东北）。

韩王成，仍占旧地（今河南中、南部，湖北北部），都阳翟。

赵将司马，平河内（今河南黄河以北），有战功，封为殷王，都朝歌（今河南淇县东北）。

当阳君英布，楚军大将，封为九江王，都六（今安徽六安县北）。

番君吴芮，率百越参战，又从入关，封为衡山王，得今湖北东部、湖南全部及广东北境之地，都邾（今湖北黄冈县西北）。

怀王柱国共敖，领兵击南郡有功，封为临江王，得南郡之地，都

江陵（今湖北江陵县）。

燕将臧荼，从楚救赵，随从入关，封为燕王，得今河北北部之地，都蓟县（今北京西南）。

故燕王韩广，徙为辽东王，得今辽宁全部，河北东北部之地，都无终（今天津蓟县）。

齐将田都，随项羽救赵入关，封为齐王，得今山东中部之地，都临淄（今山东临淄）。

故齐王田市，徙为胶东王，得今胶东之地，都即墨（今山东平度县东南）。

故齐王建之孙田安，在项羽引军渡河时，攻下济北数城，领兵降项羽，故封为济北王，得山东西部之地，都博阳（今山东泰安东南）。

赵相张耳，从项羽入关，封为常山王，得今河北中部，山西中、东部部分地区，都襄国（今河北邢台西南）。

故赵王歇，徙为代王，得代地（今山西、河北的北部），都代（今河北蔚县）。

项羽自封为西楚霸王，据梁、楚九郡之地，都彭城。

众将闻令，心情各异，然都惧项羽强悍，各自领封回营。有几位老将未走，对项羽说："齐地田荣，也属首起抗秦之将，将军为何不封？张耳、陈余都有功于赵，今封耳为王，余为何不封？还有番君部将梅鋗，战功颇多，也没见封……"

项羽闻话有责怪自己之意，已感不快，但细想又觉得他们所说颇有道理，于是不待他们说完，便插话道："田荣数负叔父，又不肯随楚击秦，故不封，君等多说无益！陈余、梅鋗确有些功劳，听说陈余现在南皮（今河北东南部），就封他南皮三县；封梅鋗十万户侯。"

四月，分封已毕，诸王先后离开戏亭，各赴其国。

沛公即为汉王（以下称汉王），也整顿兵马，准备就国。因感张良功劳，特赐其金百镒，珠二斗。张良本是轻财重义之人，将所赐全部转赠给了项伯。

车辚辚，马萧萧，旌旗展，楚军行。项羽衣锦还乡。他得意之极，以为从此便可号令诸侯，称霸天下。

他错了！楚军还未到彭城，战火又燃了起来。他分封的诸侯开始作乱了。

分封制起自西周，到秦统一全国前，延续了将近千年的历史。这其间，它展现过瞬间的辉煌。但不久，周天子失去了权威，各诸侯纷纷独立，为了扩大领地，掠夺人口，他们相互征伐，破坏了国家的统一、经济的发展，给百姓带来了长期的沉重的灾难。公元前221年，秦始皇打败了六个诸侯国，统一了中国，建立起中国历史上第一个统一的中央集权的封建国家，这是历史的一大进步。

然而，秦朝只存在了十几年就灭亡了，它所创建的中央集权制，虽代表了历史的发展趋势，但相比于沉淀了近千年的分封观念，其影响程度不那么深，其影响范围也没那么广，反映在像项羽这样旧贵族阶层身上，更是如此。

所以，在秦廷灭亡后，项羽怀着复仇的心理，从头脑中所固有的分封观念出发，把全国分成了十八个诸侯国，将历史又拉向了倒退。他既然实行的是分封制，那么历史上所形成的分封制的弊端——各诸侯国首先为了自己的利益，也将继承和延续下来。为此，战火又燃就不难理解了。

即使分封诸侯，项羽所施行的也是强权政治，任人唯亲，分得极不公平。如他不守约，将刘邦封往巴、蜀；他"欲自取梁地"，将魏王豹徙往河东；田荣、陈余为起兵较早之人，但荣因"数负项梁"，余因未随入关，一个未封，一个只得三县。如此等等，必然引起这些人不服。

六月，田荣杀市于即墨。遂整顿军马，自立为齐王。

此时，彭越尚在巨野，已有士卒万余人，无所归属。

田荣见其兵可用，遣人往见彭越，授予将军印绶，供给粮草甲兵，令其西攻济北王田安。

七月，彭越领兵杀田安于博阳。田荣遂并三齐。

此时，张耳已到常山。赵将陈余虽闲居南皮，但日日渴望出山为

王。当听说项羽封耳为常山王，封己只三县之地时，不禁大怒，说："我与张耳，功劳相当，为何封耳为王，而封我为三县之侯呢？项羽实在待人不公，我要这区区三县又有何用？"

其属下张同、夏说见陈余恼怒，遂劝道：

"君息怒！田荣也未被封，但近闻他已力并三齐，自立为齐王。我等力弱，难成大事，不如借田荣之力，以图我等立足之地。不知君意如何？"

陈余听后，连称良策，遂令二人往说齐王田荣。

再说项羽，分封的命令颁布不久，就已闻田荣相叛，及回到彭城，忙令萧公角领兵往讨。但不久，便被彭越杀败。项羽正欲亲征，忽闻关中又乱。此时，项羽已经无法掌控事态的发展了。而随着刘邦势力的增强，一场旷日持久的楚汉之争即将上演。

重农抑商

经过长时间的楚汉对峙，刘邦即皇帝位，建立了汉朝，取得胜利。

刘邦做了皇帝后，施行了一些措施恢复发展。在经济上，刘邦采取的是重农抑商，奖励耕战的政策。

自秦二世元年（前209）至汉五年（前202），连续八年的战争，再加上天灾，给社会生产带来了极大的破坏，物价飞涨，民不聊生，"凡米百五千，人相食，死者过半"，及"天下既定"，百姓已粮枯财尽。百姓的贫困，造成了朝廷的供给不足，当时的刘邦，都配备不齐四匹一色的马，王侯将相也只得乘牛车出入。为此，刘邦称帝后，为医治战争创伤，恢复社会经济，发展农业生产，采取了一系列重农措施。

发展生产，首先要解决生产力的问题，而生产力的重要组成因素是劳动力——人。那么，汉初劳动力的情况又是如何呢？

"天下初定，故大城名都散亡，户口可得而数者十二三，是以大侯不过万家，小者五六百户。"

可见，汉初人口损失之大。

汉七年（前200），刘邦北征匈奴归来，路经曲逆（今河北完县东南），他登城四望，见房屋连片，范围十分广阔，遂惊叹道："此县真大呀！朕行遍天下，唯洛阳能与之相比。"

说完，转身询问御史："曲逆有多少户口？"

御史答道："秦时有三万余户，因多年战乱，百姓多已逃亡，今仅存五千余户。"

汉初人口，和秦时相比，减少的数量何止过半！那么，这些减少的人数又到哪里去了呢？除战乱、天灾死亡外，有相当部分，为避战祸而躲入了深山大泽。

刘邦为解决劳动力的问题，推行了如下政策：

一是招集逃亡劳动力。汉五年（前202）五月，刘邦称帝不久，立即颁下"复故爵田宅"之诏，诏说："诸侯子在关中者，复之十二岁，其归者半之。民前或相聚保山泽，不书名数，今天下已定，令各归其县，复故爵田宅，吏以文法教训辨告，勿笞辱。"

诏中明文规定，凡因战乱、天灾避难于山林、大泽中的百姓，都号召他们返回故土，恢复他们的爵位，归还他们的田地和房屋，使他们安顿下来，发展农业生产。

诏令还明确规定各地官吏，要宣传和做好这项工作，对散于各地的难民，只能说服，不能强迫，更不准打骂和驱赶。

诏令所指，多为确有田宅可归者，其中除部分中、小地主外，多为有自己田、宅的自耕农，也就是秦时的"黔首"。

秦始皇统一中国后，更民名为"黔首"，实行的是"黔首自实田"的封建土地所有制。所以，这些人均为土地私有制的受益者，对秦时的农业发展，起到了很大的推动作用。秦末暴政，楚、汉战争，使这

种情况遭到严重破坏，汉初经济处于十分困难之中。

刘邦的"复故爵田宅"令颁布以后，很快得到实行，在郡县的努力下，大批难民逐渐返回家园，充实了农村劳动力，极大地推动了农业的生产。到汉景帝时，社会经济已呈现出初步繁荣的景象。

二是解放奴婢。刘邦的"复故爵田宅"令还规定：

"民以饥饿自卖为人奴婢者，皆免为庶人。"

诏中的"免"，即为释放，"庶民"，即为自由民。这就是以官方文件的方式，解放奴婢，承认他们自由民的身份。然而，汉初所存在的奴婢，除"以饥饿自卖为人奴婢者"外，更多的是奴隶制遗留下来的。像陈涉起义军中有一支由吕臣领导的苍头军，秦时称奴隶为苍头，很显然，这是一支由奴隶组成的军队。可见，秦时仍普遍存在着奴隶。

释放奴婢，是解决农业劳动力的又一措施，刘邦看到了这一点，故颁诏释放奴婢，这就使大批劳动力从当时官吏、豪杰、商贾家中挣脱出来，走上农业生产第一线。这些被释放出来的奴婢，如果耕战有功，还可以获爵奖田，这就进一步调动了他们的生产积极性。

三是鼓励百姓生育。汉七年（前200）春，汉政府规定："民产子，复勿事二岁。"

老百姓生了孩子，可免除徭役二年。这是鼓励百姓生育，促使劳动力增长的有力措施。

"秦时全中国人口约二千万左右，被征发造宫室坟墓共一百五十万人，守五岭五十万人，蒙恬所率防匈奴兵三十万人，筑长城假定五十万人，再加上其他杂役，总共不下三百万人，占总人口百分之十五。"如此巨大的民力损耗，再加上秦末、汉初的天灾、人祸，至刘邦称帝时，全国人口已不足秦时的一半，城郭被毁，土地大量荒芜。在这种情况下，以免除徭役刺激人口的增长，也是一个行之有效的办法。

四是大赦囚徒，以补充社会劳动力。刘邦从称帝到去世，在位七年。在这七年中，多次颁布大赦令：

汉五年（前202）一月，颁布大赦令说：

"兵不得休八年，万民与苦甚，今天下事毕，其赦天下殊死以下。"

汉六年（前201）十月，刘邦智擒韩信后，又大赦天下，令说：

"天下既安，豪杰有功者封侯，新立，未能尽图其功。身居军九年，或未习法令，或以其故犯法，大者死刑，吾甚怜之。其赦天下。"

汉十一年（前196）一月，刘邦平定陈狶后，再"大赦天下"。

汉初，监狱中的犯人多得惊人，大部分是秦二世时被关起来的农民、奴隶，少数为汉初违法的罪犯。刘邦通过大赦令，把除死罪以外的囚徒一律放出，这不仅有利于社会安定，也为农业发展提供了一批劳动力。

在解决劳动力的同时，为调动农民的生产积极性，推动社会经济尽快好转，刘邦还采取了"十五而税一"的"轻田赋"政策。汉朝廷明确规定："量吏禄，度官用，以赋于民。"

根据官员的俸禄、各级政府的开支，确定所收赋税的数量。这确实在一定程度上减轻了农民的负担，大大地促进了汉初农业经济的发展。

然而，仍不断出现地方官、诸侯王多收赋税，以献朝廷的现象。对此，刘邦于汉十一年（前196）二月，又颁布了"省赋令"。

"欲省赋甚。今献未有程，吏或多赋以为献，而诸侯王尤多，民疾之。令诸侯王、通侯常以十月朝献，及郡各以其口数率，人岁六十三钱，以给献费。"

诏令以人口为准，规定"给献费"，有力限制了诸侯王和地方官的擅自增税。

汉初这种节约开支、"轻徭薄赋"政策，起于社会经济遭到严重破坏之时，是汉廷为迅速恢复经济所采取的一项让民措施，这和秦时"收泰半之赋"相比，农民确实减轻了不少负担，得到了一定实惠。

刘邦重农，也奖战，以鼓励老百姓从军戍边。凡在战争中立有战功的，大可封侯，小可拜官，就是普通士卒，也可赐与爵位，减免赋役。

楚、汉战争期间，刘邦为了奖励耕战，于汉二年（前205）二月规定："蜀汉民给军事劳苦，复勿租税二岁。关中卒从军者，复加

一岁。"

并于同年下令开放"故秦苑囿园池，令民得田之"。

这项规定无疑会得到巴、蜀及关中百姓的拥护，为刘邦打败项羽创造了条件。

楚、汉战争结束以后，刘邦下诏"兵皆罢归家"。为鼓励这些复员的吏卒从事农业生产，于汉五年（前202）五月，刘邦接连颁布了"以有功劳行田宅"和"复从军吏卒"两道命令：

"军吏卒会赦，其亡罪而亡爵及不满大夫者，皆赐爵为大夫。故大夫以上赐爵各一级，其七大夫以上。皆令食邑，七大夫以下，皆复其身及户，勿事。"

又令："七大夫、公乘以上，皆高爵也。诸侯子及从军归者，甚多高爵，吾数诏吏先与田宅，及所当求于吏者，亟与。"

诏令规定，按军功大小，从军长短，给复员吏卒以不同的待遇。

凡从军的军官、士卒，有因犯罪而被赦免了的，或无罪而失去爵位的，以及爵位不到大夫的，一律赐与大夫爵位。原来在大夫以上的，都加爵一级，并令食邑。第六级爵位以下的，都免除本人及全家的徭役赋税。

汉十一年（前196）六月，刘邦又规定："士卒从入蜀、汉、关中者皆复终身。"

汉十二年（前195）三月，刘邦逝世前再次下诏："入蜀汉定三秦者，皆世世复。"

这些从军吏卒原来的社会地位都是比较低的，赐爵后，他们的政治地位提高了，经济上的待遇也相应改善了。不仅调动了他们返乡后的生产积极性，也成为汉初政权的有力支持者。

对生还的军吏如此，对战死的将士，刘邦也采取了带有人道色彩的抚恤政策。

汉四年（前203）八月，刘邦下令："军士不幸死者，吏为衣衾棺殓，转送其家。"

汉八年（前199）十一月，刘邦针对在平叛过程中阵亡的将士，又下令："令士卒从军死者为骪，归其县，县给衣衾棺葬具，祠以少牢，长吏视葬。"

这种做法，也是刘邦奖励耕战政策的重要环节。对战死的将士，不是弃之山野，而是由官方给予厚葬，这是封建人道主义的一种体现。俗话说：礼葬死人，激励活人。这不仅可鼓励活着的将士更加英勇杀敌，也可使死者的家属得到安慰，从而获得他们的理解、支持。

在奖励耕战的同时，刘邦对商业则采取的是抑制、打击政策。

工商业在奴隶社会，是由官方控制的，称为"工商食官"。随着奴隶社会的灭亡、封建社会的建立，不少失去权力的旧贵族、豪强见从商有利可图，便纷纷"好贾趋利"，转为经商。这不仅促使了商业人口的增加，也推动了全国商业经济的发展。利之所在，人人眼红。不少巨商大贾的暴富，吸引了不少新兴地主、甚至政府官吏，他们有的弃农从商，有的和商人勾结起来，投机取巧、囤积居奇、或以放高利贷的方式，不择手段，牟取暴利。很多农民因此丧失土地，卖儿鬻女，偿还债务，甚至重新沦为奴隶。

封建经济是以农业为基础的，自给自足的自然经济。商业的膨胀，富商大贾的放纵，不仅使封建土地所有制受到损害，也影响了官府的税收。这就形成了商人与农业争人争地、与政府争财争利的局面。同时，耕战政策的实施也遇到了严重的阻挠和干扰。因此，封建政权一旦确立，就必须推行重农抑商的政策。"重农"，就是重视、发展农业；"抑商"，就是打击商人，抑制商业的发展。

秦始皇时，富商巨贾虽遭到一定打击，但仍大有人在：有赵人卓氏，"用铁冶富"。秦并赵后，迁徙卓氏。卓氏见被迁人中，有不少以钱财贿赂官吏，求徙近处。唯卓氏愿远迁临邛（今四川邛崃），他说："我听说汶山之下，土地肥沃，灌溉方便，永不发生饥荒。且市场发达，易于商贸。"

及到临邛，遂依铁山冶炼，货倾滇、蜀之民，家至巨富，有仆僮千余人。

还有梁人孔氏，以冶铁为业。秦灭魏，迁孔氏于南阳（今河南南

阳市）。不久，又重操旧业，"连车骑，游诸侯，以资给之，兼通商贾之利"，乃得游闲公子之名。他所赚的钱，远远超过所馈赠之资，成为当地巨富。

这些人虽遭打击，但在秦时仍有一定市场。他们乘当时"徭役繁兴"，"被征发人困急，重利盘剥，夺取田宅子女"，使百姓苦不堪言。

到了楚汉战争期间，富商大贾的活动更加频繁起来。他们操纵物价，任意暴涨，米一石贵至五千至一万钱，马一匹贵至一百金，百姓"人相食"，而他们则以此致富。

当时有一任氏，为秦督道仓吏。秦灭之后，豪杰皆争取金玉，而任氏独窖藏粮食。楚、汉相持荥阳之时，百姓无法耕种，米涨至一石万钱。豪杰无粮可食，遂以金玉换取任氏的粮食，任氏由此致富。

到了汉初，"海内为一，开关梁，弛山泽之禁，是以富商大贾周流天下，交流之物莫不通"。他们乘汉政权初建立之际，设立市场贩卖奴隶，"连车骑，交守相"，勾结官吏，从事商业投机。据史书记载，凡诸侯王所在之地，往往为商贾集中地区：

齐地依山临海，产布、帛、鱼、盐，"其中具五民"。"五民"，指士、农、商、工、贾。

邹、鲁之地，虽地小人众，但"好贾趋利，甚于周人。"

越、楚之地，"通鱼、盐之货，其民多贾"。

颍川、南阳之民，性本纯厚，自秦末徙民于此之后，遂"俗杂好事，业多贾。"

就连陈豨叛乱时所任用的将领，如王黄、曼丘臣等人，也都是过去的商人。

这些遍及各地的商贾，上连官吏，下欺百姓，"大者倾郡，中者倾县，下者倾乡里"，他们凭借手中的财力，与汉政权争地、争利，严重阻碍了农业的发展，威胁着中央集权的统治。

刘邦出身布衣，起自社会下层，对商人的猖獗、百姓的苦难，及商业对农业生产的侵害、中央政权的威胁，看得十分清楚。称帝后，他也仿效秦始皇，采取了对商人进行打击、对商业进行抑制的政策。

主要措施有四：

一是降低商人的社会地位。汉八年（前199）三月，诏令："贾人毋得衣锦绣绮縠，操兵，乘骑骑马。"

以四不，即商人不准穿丝织品，不准持兵器，不准乘车骑马，不准为官，削弱商贾在社会上的地位，达到控制他们的目的。

二是从法律上规定，不准商贾买卖奴婢。汉五年（前202）五月，刘邦下令，凡商人买饥民子女做奴婢的，要无偿释放。限制了商贾对人口的控制。

三是加重对商贾的税收。汉四年（前203）八月，刘邦"初为算赋"，算赋（人丁税）规定：凡十五岁至五十六岁的男子，每人每年上交一算（百二十文），而商贾则要多交一倍。以加重税收的方式，从经济上加重对商人的打击。

四是迁徙富商巨贾于关内。汉五年（前202），刘邦下令，将大批楚、齐之地的豪门贵族徙往关内。其中不乏巨商大贾。这不仅加强了对他们的控制，也在一定程度上促进了关内经济的发展。

为了保证上述政策得到实施，刘邦对秦以来的"什伍法"进行了修改和补充，在全国实行了编户制，对劳动力和财产进行注册，严禁户口外流。这种编户制度，是汉初农村基层的一种组织形式，同时也用来加强对人口的控制，限制商人的活动、商业的膨胀。

刘邦这一系列强本弱末、重农抑商、奖励耕战的政策，促进了汉初社会经济、尤其是农业经济的发展，稳定了社会秩序，巩固了新建的封建政权。

高祖终寿

汉十二年（前195）春，高祖箭伤稍愈，忽闻卢绾谋反的消息，不禁大怒，以致旧疮迸裂，流血不止。御医好不容易用药将血止住，但疼痛难忍，高祖辗转榻上，不能入睡。遂微合二目，陷入沉思：

"东征英布，自己身体欠安，本欲令太子领兵出行，但吕后从中阻拦，使我不得不带病出征。岂料，又临阵中箭，伤势严重。如免去此行，又怎能至此？害我者，实乃吕后……"

"陛下龙体可见好？"吕后携太子进来问疾，打断了高祖的沉思。

高祖见是吕后母子，不由气往上涌，双目圆睁，叱道："朕至此，全是你母子所害，你们明为问疾，心盼朕死！快快退下，朕不愿见到你们！"

吕后在与戚姬争斗之中，虽采取的是舍夫保子之策，但高祖毕竟是自己的丈夫，见高祖病成这样，岂有不心疼之理，遂携太子前来探望，不想遭到高祖的叱骂。因怕引起高祖伤口恶化，只得带着太子刘盈悄悄退出。

三月，高祖病情突然加重，疮流脓血，高烧不退，卧于榻上，时昏时醒。

寝宫内，戚姬守护，暗自落泪。

寝宫外，御医会诊，但苦无良方。

吕后闻高祖病情加重，也赶来探视，见了御医道："陛下病情到底如何？你等要说实话。"

吕后于宫中素来威严，众医见问急忙跪倒，齐道："臣等日夜侍于寝宫，多次会诊，已将最好之药用上，但陛下至今不见好转，照此下去恐凶多吉少。"

要救高祖，还要靠众医，所以，吕后将态度放缓，问道："不能眼看陛下病情日益加重，不知众位有何良策，能救陛下于垂危之际？"

众臣一时难以回答，沉默片刻，其中有一人说道："臣等学艺不精，愧对陛下，但天下能人甚多，皇后何不下诏，召天下神医入宫，如此，陛下之病还望有救。"

吕后觉此话有理，遂下令征召天下名医，凡能治好高祖之病者，升爵、封官、重赏。

数日之后，吕后寻得一位良医，带入高祖寝宫，恰逢高祖清醒。此医走到榻前，查过伤口，接着为高祖诊脉，良久，方诊视完毕，退至一旁。高祖问："朕病还可治否？"

来医道："陛下旧伤未愈，又添新疮，且积时已久，又因盛怒而迸裂，虽难治愈，但还可一试！"

高祖闻言，不禁骂道："我以布衣提三尺之剑，取得天下，不料一病如此，岂非天命？我命在天，天令我死，即使扁鹊重生，也无能为力，还谈什么'一试'呢！"

说罢，不令医治，传令左右，赐来医黄金五十斤，命其退去。

吕后见此，上前相劝，高祖只是闭目不理，吕后无奈，也只好作罢。

吕后走后，高祖心知自己已时日不多，该到安排后事的时候了。遂传令左右，召萧何、张良、叔孙通、张仓等重臣入宫议事。高祖强起坐于榻上，面对众臣道：

"朕已病入膏肓，恐难以治愈。众卿随朕经百战而夺得天下，今朕一病不起，所虑唯日后天下生变，愿众卿同力共辅太子，勿使刘氏天下易于他姓之手。"

高祖面色灰白，说话无力，与昔日驰骋沙场的高祖，判若两人。众人闻言观貌，已感高祖来日不多，遂齐跪地上应道："陛下不必担心，臣等将尽全力辅佐太子，以安刘氏天下！"

高祖闻言，与众臣相约："此后非刘氏不得封王，非有功不得封侯，如违此约，天下共诛之！"

　　汉十二年（前195）四月二十五日，高祖于长乐宫中，瞑目而崩。享年五十三岁。高祖自称汉王时改元，汉五年称帝，又经八年，总计在位十二年。

　　刘邦是我国历史上一位较有作为的帝王。他出身布衣，但怀有大志；放荡不羁，但颇有才干。他自秦末起事，中经八年的浴血奋战，灭秦廷，败项羽，结束了群雄割据、四分五裂的局面，继秦始皇之后，建立起了我国历史上第二个统一的多民族的中央集权的封建国家。

　　称帝后，他依靠在长期征战中形成的领导集团，借鉴秦朝经验，建汉制，定朝仪，打击割据势力，兴农抑商，发展经济，使汉初政权得以巩固，奠定了大汉数百年的基业。

　　但他诛杀功臣，是不足称道的，他对吕后的野心认识不足，消灭了异姓王。他又分封了同姓王，想依靠血缘关系加强统治，给他之后的西汉政权，埋下了隐患。

　　高祖病危之时，吕后就在身侧，及驾崩，吕后虽然十分悲伤，但考虑更多的，是如何保住自己和太子的权势。她沉思了片刻，忽然心生一条毒计，当即下令，封锁后宫，严禁高祖驾崩之事外泄，违者尽诛三族。然后，令人往召审食其入宫议事。

　　这审食其，与高祖同乡，本无甚才干，但长得眉清目秀，能言善道。高祖起事后，其常随左右。高祖离乡时，因考虑到家中无人照料，遂用其为舍人，让他代理家务。高祖走后，家政由吕后主持，因审食其善于迎合，逐渐得到吕后信任。及高祖兵败彭城，审食其和太公、吕后一起，被项羽所掳，一拘三年，为此更得吕后喜爱，亲如一家。直到鸿沟定约，才得脱囚归汉。高祖称帝后，分封功臣，因吕后从中斡旋，高祖也深感他保护家属有功，于是封其为辟阳侯。

　　审食其闻召，急忙来到宫中。吕后视其为心腹，见其到来，便直言道："现陛下已驾崩，你知否？"

　　审食其听后，大惊，遂道："臣不知，皇后有什么吩咐，臣将效犬马之力！"

　　吕后道："今陛下驾崩，本应颁布遗诏，举行国丧，但朝廷众将，均为先主旧臣，如闻陛下归天，必各怀异志，不肯屈事太子。为此，我已下令，秘不发丧，欲以陛下病重之名，召众臣入殿受嘱，事先在殿中伏下甲兵，将其尽数斩杀，你看此计行否？"

审食其听后，心中大吃一惊，但仔细一想，吕后行事向来毒辣、果断，所以今出此计，也不足为怪，再说诛尽功臣，与自己也没有坏处，当即答道："皇后所虑极是，但此事上关天下，下关性命，千万谨慎行事，否则后果不堪设想！"

审食其退后，吕后心中难安，她虽欲尽诛功臣，但此事上关天下安危，下关吕氏命运，不得不三思而后行。在当时众臣中，除审食其外，得她信任者，就只有娘家之人了。在高祖称帝后，吕氏被封侯者共有三人，即临泗侯吕公，周吕侯吕泽，建成侯吕释之。其中她最赏识的是次兄释之，于是她又将释之传来商量此事。

吕释之才干平平，倚吕后之势才得以封侯，平时无所事事，常与人斗鸡走马，以此取乐。他虽知吕后权欲之心颇重，但听完她的计谋后，也不禁被惊得目瞪口呆。只得说认真考虑后再作答复。

一晃高祖驾崩已经三日。时，正值四月，天气渐暖，再不举丧，尸身将会腐败。吕后决心难下，急得寝食不安。

后宫被封锁，众臣只知高祖病重，不知现下如何。欲入宫探视，又多被卫士挡回，只得每日围于宫前，议论纷纷。

吕释之返回家中，苦思难于决策，只得借酒浇愁。这日，正在家中独饮，忽侍者来报，说郦寄求见。

汉并天下瓦当

这郦寄，是曲周侯郦商之子，素与释之相善，常在一起跑马斗鸡。近日闻高祖病危，又见宫门紧闭，群臣议论，便跑到释之处探听消息。

吕释之听郦寄到来，忙令传入。郦寄迈进大厅，见释之脸色困乏，

坐于几旁独酌，不知发生了什么事。因是知己，便不拘礼节，坐于吕释之对面，也举杯相陪。默饮几杯后，郦寄忍不住问道："有何烦事，能难住吕公？"

是时，吕释之已喝得有些醉意，伸过头来低声道："你有所不知，朝中将出大事……"

郦寄正欲听下文，吕释之却不说了。郦寄遂站起身来，边给吕释之斟酒，边用话引道："公所说的大事，莫非是陛下病危？"

吕释之举起杯来，一口饮尽，应道："什么病危，陛下已驾崩三日了！"

郦寄正欲给吕释之添酒，闻话猛然一惊，追问道："什么，陛下已经归天？那为什么还不颁布遗诏，立嗣举丧？"

吕释之瞪起充满醉意的双眼，看着郦寄惊慌的神态，苦笑道："我就全跟你说了吧，皇后欲保太子之位，找我与审食其商量，欲借陛下病危之名，尽诛朝中功臣。我就是为此事忧虑。"

说完，略停片刻，又补充道："你我知己，我才告诉你，切不可外泄！"

说着，站起身，摇摇晃晃步入内室。

郦寄闻言，如遭天雷轰顶，愣在当场，半响才醒悟过来，忙趋步而出，径直返回家中，将此事告诉了他父亲郦商。

郦商本席地而坐，闻后愕然惊起，一把揪住郦寄，叱道："你又到哪里胡混，听来此等流言？"

"此事千真万确，儿从建成侯处听来，父亲不信，可亲自去问。"

郦商闻后，放开郦寄，自思道："从吕释之口中说出，看来此事不假，人们常说，最毒不过妇人心！吕后出此毒计，自家安危放在其次，恐会引起天下大乱，但又如何制止呢？"

他沉思了片刻，遂迈步出门，直往辟阳侯宅而去。见了审食其，令其屏去左右，方拱手一礼，说道："足下大祸将临，如何还安居如此？"

审食其心怀鬼胎，闻言大吃一惊，忙问："君此话从何说起？"

郦商道："陛下归天已有四日，宫门封锁，秘不发丧，欲借名诛杀诸将。试问果能实现吗？现灌婴统领大军驻守荥阳，陈平又奉令往助灌婴，周勃又代樊哙于燕地，这些都是佐命之臣，如闻朝内诛杀诸将，必然引兵往西，来攻关中，又有谁能抵挡住他们？到那时，诸将外攻，朝臣内叛，皇后太子，不亡何待？足下素为皇后心腹，谁人不晓，众将必疑足下参与同谋，试问，足下家族性命还能保全吗？"

审食其闻言，吓出一身冷汗，忙推脱道："我实不知此事，外边有此流言，我定当禀明皇后。"

郦商知审食其与吕后关系非同一般，必往报吕后。说完，告辞退出。

审食其细思郦商所言，确有道理，多亏此计未行，否则自家性命休矣！郦商走后不久，他便匆匆往谒吕后，将郦商所言及自己所虑向吕后复说了一遍。

吕后闻言，知计谋外泄，如按计行事，风险过大，只好作罢，她叮嘱审食其道："你速往曲周侯处，就说这是流言，不可轻信，且切勿再传。"

审食其奉命，往告郦商。商本意为安社稷，知危难已过，怎肯再说，当即令食其回报吕后，尽请放心。

至此，高祖已驾崩四日有余。吕后既然已消除诛杀功臣之心，遂将高祖龙体安放殿内，颁告全国，传令发丧，听任群臣入宫哭灵。

五月十七日，葬高祖于长安城北，号为长陵。并于陵旁起邑，置令、丞、尉奉守。

葬毕，皇太子及群臣来到太上皇庙，众臣谏道："先帝起自细微，拨乱反正，平定天下，为汉太祖，功德最高，应上尊号为高皇帝。"

皇太子送依议定谥，故后世均称刘邦为高皇帝，亦称高祖。

五月二十日，太子刘盈即皇帝位，年十七岁，尊吕后为皇太后，赏功赦罪，布德行仁，后庙谥为惠，故称惠帝。

是时，原燕王卢绾，率数千人居于长城之下，本欲待高祖病愈后，亲往朝中谢罪。及高祖驾崩、惠帝即位的消息传来后，心知惠帝年少，日后必吕后专政，回朝必是自寻死路，遂率众往投匈奴。

第 三 章

英武霸主，雄才伟略
——汉武帝

公元前140年，汉景帝驾崩，太子刘彻登基，是为汉武帝。也许这位刚满16岁的少年天子自己都没有预料到，他对这片疆土的统治竟然长达54年。汉武帝雄才伟略，青史流芳，是一位可与秦始皇相提并论的人物。秦始皇一统天下，以其"书同文，车同轨"等一系列制度的创行而奠定了二千年封建社会的政治制度。汉武帝则以其"罢黜百家，独尊儒术"的文化政策同样对中国产生了深远的影响。

登基称帝

景帝前元元年（前156）七月七日，春华秋实，正是金秋收获时节。武帝就在这天来到了人世。

他的父皇景帝刘启已经32岁了，但登基才一个月。他给新生儿取名曰"彘"。彘，今名猪。景帝怎给儿子取此等贱名？魏晋时人托名班固撰的《汉武帝内传》说，一日，景帝在崇芳阁少憩，梦见一头红毛猪，醒来找卜者姚翁解梦，姚翁说此阁中将产生一位伟人，为汉家盛世之主。于是，景帝改崇芳阁为猗兰殿，吩咐武帝生母王娡搬进去住，遂生武帝。即取名"彘"。此说荒诞不经，景帝给儿子取此名盖如后世给婴儿取阿狗、阿猫之类那样，用意在于命贱易活。

4岁那年，刘彘被封为胶东王。

此后不久，刘彘的启蒙教育便开始了，景帝派人教他学写字。当然，一天学不了几个字，更多的时间是尽情玩耍。

他还不知道，一桩改变他一生命运的姻缘即将落在他的头上。

促成这桩婚事的，是馆陶长公主。

馆陶长公主姓刘名嫖，景帝的大姐，下嫁给堂邑侯陈午，生有一女，叫陈娇。馆陶长公主想把女儿许配给皇太子刘荣，以便将来女儿能出人头地。不承想，刘荣的生母栗姬竟一口回绝了，原因很简单，馆陶长公主时常引荐一些美女给景帝，景帝有了新欢，自然就冷落了别的嫔妃。别人倒还耐得住寂寞，栗姬生性好妒，心中恨透了馆陶长公主，如今见她来求婚，就摆出一副皇太子生母的架子，回绝了，以泄怨恨。栗姬心中好不痛快，岂不知此举惹下了大祸，她后来则为此付出了惨重的代价。

馆陶长公主碰了钉子，自是愤懑不已。虽说她的丈夫陈午只是个堂邑侯，且这侯爵还是祖父陈婴出生入死挣下的，陈午只是坐享其成而已。可她是当朝天子的姐姐，老母窦太后的掌上明珠。栗姬如此不给脸面，怎不惹她恼怒？她暂且按捺下怒火，从长计议，慢慢算计栗姬也不迟。

给刘荣做妃子是不成了，馆陶长公主打算从亲王中物色一个，最后相中了刘彻。她向王娡求婚，王娡是个有心计的女人，这等大好姻缘做梦都不曾想到，赶紧答应下来。

刘彻与陈娇都还年幼，自母亲定下他们的婚事后，两家来来往往，两人两小无猜，倒很合得来。托名班固撰的《汉武帝内传》说，有一次，馆陶长公主把小刘彻抱在膝上，逗他："想要个媳妇吗？"刘彻嬉笑道："想。"左右有侍女若干，馆陶长公主一一指着问刘彻，刘彻都说不喜欢。最后，馆陶长公主指着爱女问他："阿娇好不好？"刘彻这才笑着说："好！如果给我当媳妇，我就造座金屋给她住。"这便是"金屋藏娇"典故的由来。当然，这事不一定可信。不过，年仅五六岁的刘彻自然不会喜欢大他十几岁的那些侍女，喜爱与自己一同嬉闹玩耍、年龄又相仿的陈娇，也是情理中的事。

就在这时，后宫嫔妃之间展开了一场明争暗斗。

导火线是薄皇后被废。

薄皇后是靠了景帝祖母薄太后而正位中宫的，景帝不喜欢祖母的这个娘家女。薄皇后无子无女，这原因可能在她本人，更有可能是景帝绝少与她同床共枕。她的皇后位子一开始就不稳，只是靠了薄太后才勉强维系着。薄太后一死，景帝很快就废了她。

谁将成为景帝的第二任皇后？

栗姬最有希望。她正得景帝之宠，更重要的，是她的儿子刘荣已被立为皇太子，母以子贵，乃古之通例。栗姬自以为皇后那顶凤冠非她莫属，万分得意。

她高兴得太早了。馆陶长公主决计要报昔日拒婚之仇，见了景帝就百般诋毁栗姬。景帝绝非那种轻信谗言之君，馆陶长公主与栗姬的恩怨，他也知晓。故对馆陶长公主的话只是姑且听之而已。凭馆陶长公主一人之力，很难扳倒栗姬。问题是算计栗姬的并非馆陶长公主一人，那些自以为有问鼎实力的，还有嫉妒栗姬的嫔妃，也都不忘寻机诽谤栗姬几句。众口铄金，不怕景帝不信。事情很快就有了转机。一次，景帝生病，栗姬在旁侍奉，景帝有些悲伤，对栗姬说，他万一有个三长两短，要栗姬善待诸皇子。栗姬心胸狭窄，且正恼恨到处败坏她名声的众嫔妃，出言不逊。至于她说了些什么，《史记》《汉书》没有记载，《汉武帝内传》中说她骂景帝"老狗"，恐系揣测之辞。景帝大为不快，联想起馆陶长公主和诸嫔妃之言，觉得栗姬确实不配做母仪天下的皇后。

刘彘的母亲王娡一直在悄悄地注视着这场皇后之争，窥伺景帝不满于栗姬后，大为亢奋，要再给栗姬以致命一击。她忖度自己出面会引起景帝的怀疑，就暗中指使人挑唆典客去奏请册封栗姬为皇后。典客乃九卿之一，负责迎往送来、封爵授官等礼仪，皇宫内的恩恩怨怨，他岂能知？只觉得皇后之位不宜久空，遂上疏奏请立栗姬为皇后。景帝正对栗姬大失所望，典客此疏偏偏戳他痛处，不禁大怒，以"非所宜言"的罪名杀了典客。接着，又颁诏废太子刘荣为临江王。

贬刘荣，实际上是要断栗姬的皇后梦。栗姬不仅功亏一篑，且连累了儿子，恚恨而死。

刘荣一废，皇太子位空缺，又一场角逐开始了。

景帝共有 14 个儿子，除去刚被废黜的刘荣，还有 13 个竞争者。他们当中，刘彘最有实力。刘彘机敏过人，连景帝都为之惊奇。除自身的条件外，他还有未来的岳母馆陶长公主的鼎力相助。自从把爱女许配给刘彘那天起，馆陶长公主就打算搞掉刘荣，代之以刘彘。现在，刘荣被废，她不遗余力地为刘彘活动。刘彘的生母王娡也竭力为他谋划，况且儿子的富贵也就是她的富贵。

最后，景帝终于拿定主意，立刘彘为嗣。

前元七年（前 150）夏四月，景帝诏立王娡为皇后。12 天后，又颁下一诏，立刘彘为皇太子，并给他改名"彻"。彻，圣彻过人之意。

这年，刘彻年方 7 岁。

太子乃储君，身系江山安危，故历代无不重视对太子的教育，景帝亦然，他任命忠厚老实的卫绾为太子太傅，教育刘彻。卫绾升任御史大夫后，景帝又任命儒士王臧为太子少傅。除读书学习外，景帝有时还让刘彻参与一些军国大政，以便在实践中锻炼他的能力。

刘彻 16 岁那年，景帝病逝，享年 48 岁。国不可一日无君。刘彻在景帝病逝当天即皇帝位。他死后的谥号为"武"，史称汉武帝。

父祖厚遗

父祖留给武帝一笔丰厚的遗产。

经过 60 多年的休养生息，到武帝即位时，残破的社会经济终于繁荣起来，司马迁以无比激越的心情写道，京城和地方上的粮仓都装满了粟稻，国库的钱物用不了。各地方上缴的钱有几个亿，串钱的绳子都烂了，难以一一清点。太仓的粮食陈陈相因，仓满流到外面，腐烂了不能再吃……与汉初那副残破的景象相比，真如天翻地覆。

人口也随着经济的发展而递增。根据对部分地区人口增长情况的统计，从汉初到武帝即位之初，全国人口年平均自然增长率达 10%~12%，个别地区达 20.5%~25%。

丰厚的遗产，雄厚的财力、物力、人力，使武帝有条件有所作为，大展身手。

经济的大繁荣，是汉初"无为而治"结出的硕果。但另一方面，"无为而治"也造成了一些严重的弊端。

一是诸侯王骄横不法。

乘汉初"无为而治"之机，诸侯王迅速扩充了自身的实力。如吴

王刘濞，招纳天下亡命之徒，即山取铜铸钱，煮海水为盐，大发横财。然后，豁免国中赋税，以收买人心。到景帝时，羽毛已丰的诸侯王终于按捺不住，刘濞联合楚、济南、胶西、胶东、淄川、赵6个诸侯王，树起反叛大旗，史称"吴楚七国之乱"。尽管叛乱很快被镇压，景帝又采取了一些限制、削弱诸侯王的措施，但是，中央政府仍不能有效地控制诸侯王的势力，解除他们对中央的威胁。

二是豪强大族横行乡里。

这些豪强大族中，有富商大贾，也有大地主，还有一些游侠，他们是乘汉初"无为而治"之机发展起来的。大商人和大地主凭借雄厚的财力称雄乡里，游侠则凭他们的勇武纵横一方。他们富侔王侯，势倾郡县；没有官爵，却有王侯的威风。司马迁称他们为"素封"，文献上也谓之"豪强""豪族""豪党"。他们左右地方政治，阻碍政令的贯彻、执行。汉初，特别是景帝时，曾对他们进行过打击，但力度是远远不够的。

三是匈奴不时入寇。

秦朝覆亡，中原战乱，大漠游牧部族匈奴人乘机越过蒙恬修筑的长城，进入中原地界。刘邦称帝第二年，匈奴冒顿单于又领兵南下。次年，刘邦麾兵30余万北上，御驾亲征。结果，被匈奴大军围困于平城（今山西大同）附近的白登山整整7天，最后匈奴才撤退。经过这次交锋，刘邦明白在当时情况下，难以用武力制服匈奴，就采用了刘敬的建议，与匈奴和亲，并送上大量的钱物。匈奴人、财、物全收，但寇略如故。刘邦以后诸帝，奉行"无为而治"，不但不敢轻启战端，且对匈奴更加忍让。

这三大问题若不能尽快地解决，势必危及大汉江山。

父祖留下的丰厚的遗产，使武帝有条件大有作为；亟待解决的问题，又迫使武帝必须有所作为。这是一个呼唤巨人并能产生巨人的时代。马克思在《路易·波拿巴的雾月十八日》中写道，人们自己创造自己的历史，但是他们并不是随心所欲地创造，并不是在他们自己选定的条件下创造，而是在直接碰到的、既定的、从过去承继下来的条件

下创造……

这也就是我们常说的时势造英雄。武帝能成为一代英主，主要是时代造就的。

除了"时代"这个条件，还有武帝自身的条件：雄才大略。于是，汉朝历史上一个辉煌的时期，便由武帝和他的臣民缔造出来了。

阳儒阴法

君临天下的武帝，首先面临的问题，是转变统治思想。

用什么思想来取代"无为而治"？

从当时的情况来看，儒家思想最有竞争力。

诸子百家，有一套治国理论的，仅法、儒两家而已；墨、道、阴阳、杂、兵、纵横、名、农诸家，仅在某些方面提出了某些主张。鉴于亡秦之教训，法家那一套已被否定。可供选择的，实际上仅有儒家。

儒家还有一个优势：朝中多儒。

翻检《汉书·百官公卿表》，武帝即位之初，在丞相任上的是窦婴，太尉为田蚡，御史大夫是赵绾。窦、田都热衷儒学，赵绾乃名倾天下的儒学大师、鲁人申培的弟子。三公是清一色的儒者。九卿中，郎中令王臧也是申培的弟子；中尉张欧虽学过法家那一套，然其人忠厚，行事更像个儒者；太仆灌夫，一个快客般人物；太常许昌、大行令光，思想倾向失载。九卿可考者五人，一个儒家，一个行类儒者。三公九卿中，儒家者占了优势。

两个优势加在一起，给儒学崛起提供了一个绝好的时机。

机不可失，在王臧、赵绾的策划下，一场尊儒活动在建元元年（前140）拉开了帷幕。窦婴、田蚡予以积极支持。年过80的申培也被礼请到长安做顾问。

然而，此举得罪了一个人，她就是武帝祖母、太皇太后窦氏。这位拥有监国权的老太后亲身经历过黄老思想指导下的"无为而治"，始终坚信这是最好的治国思想。她双目早已失明，但两耳不聋，脑子也还清晰。王臧、赵绾、窦婴、田蚡的活动，很快就有人密奏给她。王、赵、窦、田也知道他们犯了太皇太后的大忌，密谋之后，决定来个先下手为强，由赵绾出面，奏请武帝凡事不必向太皇太后请示，要自行决断。王、赵、窦、田四人精明过人，但这次却委实小瞧了老太后。很快，从太皇太后的长乐宫传出一旨，要武帝处置王、赵、窦、田四个"祸国乱制"的罪人。武帝岂敢抗命？遂将王臧、赵绾投进死牢，窦婴、田蚡免职，把申培打发回老家。这是建元二年（前139）的事。

尊儒的首次尝试就这么失败了。

五年后（前135）的五月，太皇太后寿终正寝，武帝亲掌国政。

怎样才能把国家治理好？这位22岁的年轻皇帝不时陷入深思之中。最后，他决定按照先帝的做法，向那些有名望有德才的文人学士——当时叫"贤良方正"——请教。元光元年（前134）五月，100多名文人学士应征到长安，接受武帝的策问。他们当中有一位来自广川（今河北景县）的儒生，名叫董仲舒，是研究《公羊传》的。他给武帝上了著名的《天人三策》，请求罢黜百家，独尊儒术。武帝终于被说动了，诏准。

元光元年，儒学史上一个最重要的年份。儒学从此登上了中国思想的统治舞台，历时2000多年，直至清朝的大龙旗落下。

不过，武帝也不是完全用儒学来治国，他实行的是"阳儒阴法"，即表面上是儒学那一套，满口仁义道德，骨子里却是法家那一套，严刑峻法。法治在"独尊儒术"后明显地强化，一批新的律令制定、颁布，法网更密，执法者的几案上摆满了法律文书，连他们都不能遍睹。这批新的律令主要是针对官吏的，因为武帝明白："明主治吏不治民。"一国之君难治一国之民，贤明的君主应把精力放在官吏的管理上，通过他们来间接地统治百姓。武帝一朝的立法活动，几乎都是针

对官吏的。武帝一朝，杀了5个丞相，5个御史大夫，1个太常，3个少府，1个郎中令，2个卫尉，1个大鸿胪，1个大农令，凡19人。这仅仅是三公九卿中的大员，其他官吏被杀的就更多了。严刑峻法，使得酷吏辈出。《汉书·酷吏传》收录以杀戮立威的酷吏14人，武帝一朝便占了9人；还有2个最有名的酷吏，单独立传，一是张汤，一是杜周。若再加上他俩，则16个酷吏中，有11人出在武帝朝，占酷吏总数的69%。

武帝实行的"阳儒阴法"，被他的曾孙宣帝刘询称为"汉家故事"。实际上不独汉代，后世封建皇朝也大多因循这一做法。

强化皇权

强化皇权的第一项措施，是打击地方割据势力，目标有两个，一是诸侯王，二是豪强大族。

对于诸侯王，除诛杀图谋不轨的淮南王刘安、衡山王刘赐、江都王刘建等人外，主要是颁布了一项新的法令：推恩令。

推恩令是主父偃提出来的，他是临淄（今属山东）人，自小学习纵横家言，晚乃学《易》《春秋》，书读了不少，却没求得什么功名，最后孤注一掷，诣阙上书。武帝看了他的大作，挨不到明日，当晚便召见，拜为郎中，不到一年，连升四级，成为中大夫。第二年，即元朔二年（前127）正月，主父偃提出了推恩令：诸侯王国，除了诸侯王的长子继承王位外，其他儿子可以裂地而分封为侯。名义上是"推恩"于诸侯王的其他儿子，实质上是分化、削弱诸侯王国。因为，一旦封侯，地盘就要从王国中分离出来，划归附近的郡管辖。从《汉书·王子侯表》看，从元朔二年正月以后，16个王国中，王子封侯的就达154

人；最多的是城阳国（都莒县，今属山东），有 33 人。这样，兼有数郡、连城数十的王国被一块块分割出去，仅剩下区区数县，难成什么气候了。

此外，又重申了《左官律》《阿党法》和《附益法》。《左官律》规定，王国官吏低于同级的中央皇朝官吏，且他们不得再到中央做官。《阿党法》禁止王国官吏阿附诸侯王。《附益法》严禁为诸侯王谋取私利。这三条律令汉初已有，此番仅是重申，要求严格执行。

对付豪强大族的办法有两个，一是迁徙，二是诛杀。

迁徙是个传统办法，汉初，刘敬就向刘邦提出把六国贵族后裔和豪强大族徙入关中。如此，一来可以增加中央直辖的关中地区的人口；二来把他们从他们势力盘根错节的故乡迁到京畿地区，易于控制。刘邦依计而行。武帝迁徙的对象与曾祖时有所不同，以资产为标准，凡是家产 300 万钱以上者，一律迁到他的茂陵附近；另外，凡是二千石以上的大官，也一律把家迁到茂陵附近。全国总共迁去了 16000 户。在茂陵附近，设了个茂陵邑，编制相当于县。

迁徙还算是一种较温和的手段，另一手段诛杀就残酷多了。武帝朝的酷吏，大都靠诛杀豪强大族而出名。有个叫王温舒的酷吏做河内（郡治怀县，今河南武涉西南）太守时，抓了豪强大族 1000 多家，或灭族，或诛其首恶，血流 10 余里。

强化皇权的第二项措施，是组建中朝。

这项措施，实际上就是以臣制臣。武帝把才学出众、思维敏锐、能言善辩且比较年轻的严助、朱买臣、主父偃、兒宽等人，任命为中大夫，又给一批他赏识的人加官给事中、侍中，让这两种人在身边侍奉，帮他出谋划策、赞襄辅弼。于是，中大夫和加官给事中、侍中的官员就组成了一个新的权力中枢，因他们都在宫中供职，被称为"中朝"。中朝成为决策机构，而以丞相为首的外朝，变为执行机构。中朝官品秩不高，易于驱使；他们大都年轻气盛，血气方刚，如不怕虎的初生牛犊，直凌丞相、九卿等一班老臣之上。

强化皇权的第三项措施，是加强监察。

在这个方面，最重要的是设置 13 州刺史。

那是在元封五年（前 106），武帝下令废止从前的监御史，改置 13 州刺史。这 13 州刺史分别是豫州刺史、冀州刺史、兖州刺史、徐州刺史、青州刺史、荆州刺史、扬州刺史、凉州刺史、益州刺史、并州刺史、幽州刺史、朔方刺史和交趾刺史。每州刺史监察数郡，监察对象主要是年俸禄二千石的大员，即二千石的郡太守、诸侯国相，相当于二千石的郡国都尉；其次是他们的子弟；再次是豪强大族。从监察的范围来看，对二千石的监察重在他们是否恪守诏令，公正地行使职权；对他们子弟的监察重在是否靠他们的权势谋取私利；对豪强大族的监察则重在他们是否兼并民田，欺凌小民。每年八月，刺史乘车巡行所监察郡国，岁末回京，将情况上奏。刺史品秩年俸禄仅六百石，但监察的

东汉书法

却是二千石大员，秩卑而权重。若刺史品秩过高，权力又大，则刺史本人就难以控制了。武帝以后，刺史地位提高，权力膨胀，成了一股分裂割据势力。实践证明武帝比他的子孙高明。

强化皇权的第四项措施，是建设官僚队伍。

首先是广开仕途。

汉初的察举，到武帝时制度化，且新增了几个科目。首先是孝子、廉吏，这二个科目又往往合称"孝廉"。从武帝起，孝廉成为察举最重要的科目，又叫"察廉举孝"。察廉是考察官吏，提拔。重用那些清正廉洁的；举孝是推举民间的孝子贤孙出来做官。元光元年（前 134），武帝诏令每个郡和每个诸侯王国要推举孝、廉各一人。第七年，又颁布一道诏令：不认真推举孝子贤孙的，以"不敬"论处；不认真举荐

廉吏的，罢官。按照汉律，"不敬"是死罪。从此以后，孝廉成为清流之目，汉代官吏大多由此进身。

孝廉之外，还有秀才一科。秀才，即优秀的人才，东汉时避光武帝刘秀讳，改称"茂才"。故在东汉人班固的《汉书》中，都作"茂才"。

孝廉、秀才是武帝新设的科目，汉初的贤良方正一科仍沿用。这样，察举的范围就扩大了。

在察举之外，还有很多选官方式，如：

征辟。皇帝、三公九卿、郡国守相直接征聘优秀人才为吏。

博士弟子。经过考试，博士官的弟子可以做官。

上书拜官。无论是什么人，都可以上书言得失，且武帝亲加审阅，从中发现人才。

任子。这是汉初就有的制度，吏二千石以上，任职满3年，子弟一人可以做郎官。武帝保留了这项措施。

武帝的方针，是尽可能地通过各种途径，把各种各样的优秀人才都选拔出来。凡有一技之长的，在武帝朝，都有条件、有机会出来做官。

但是，这些人的才干也有优劣高下之分，还存在一个如何使用的问题。在这第二步棋上，武帝的高招是：量才使用。如果真有才干，武帝往往破格重用，有个叫汲黯的大臣说武帝用人就好比堆木柴，后来者居上。他是濮阳（今属河南）人，刚直粗俗，官位久久不得升迁，眼见比自己低得多的小吏一个个被提拔起来，就发了这句牢骚。不过，他这句牢骚也的确道出了武帝用人的方针。前面提到的那位临淄人主父偃，以上书而拜郎中，一年之中又连升四级。

广开仕途，量能使用，使得武帝一朝人才济济，班固在《汉书》中说，汉朝人才最多的时期，就是武帝一朝。

武帝北伐

古时居住在汉族周边的少数部族，被称为"四夷"。武帝一朝用兵的重点，就是"四夷"，重大军事行动有以下几项：北伐匈奴，南平两越，东定朝鲜，开西南夷，通西域。其中，北伐匈奴又是重中之重，是武帝一朝历时最久、用兵最多的军事行动。

战事是从元光二年（前133）拉开序幕的。

这年，马邑（今山西朔县）人聂壹献计，利诱匈奴人南下，伏兵围歼。武帝批准了这个方案，出动30万大军，埋伏在马邑附近的山谷中，然后让聂壹以献马邑城为诱饵，把匈奴人引进包围圈。这时，统治匈奴的是军臣单于，他在领兵南进的路上，识破了汉军的计谋，慌忙退兵。

从此开始，汉、匈的"和亲"破裂。

4年后，即元光六年（前129），武帝发动了第一次北伐。

汉军4万精锐骑兵，分4路北上：

车骑将军卫青从上谷（郡治沮阳，今河北怀来东南）出击；

骑将军公孙敖从代郡（郡治代县，今河北蔚县东北）出击；

骁骑将军李广从雁门（郡治善无，今山西右玉南）出击；

轻车将军公孙贺从云中（郡治云中，今内蒙古托克托东北）出击。

4路大军在东西千余里的战线上，同时发起攻击。

卫青麾兵北上，深入匈奴腹地，一直打到龙城（今内蒙古锡盟西乌珠穆沁附近）。龙城是匈奴的"圣地"，每年五月，匈奴人大会于此，祭祀天地、祖先与鬼神。卫青斩首生俘7000余人，凯旋而归。公孙敖

却被匈奴打得大败，1万骑兵损失了7000多。

李广更惨，被匈奴活捉，在被押送去见军臣单于的路上，夺得一匹马逃回。公孙贺一路没寻着匈奴，徒劳而返。

4路大军唯卫青一路立功，卫青从此脱颖而出。

卫青是个私生子，他的母亲卫媪是阳信公主府中的婢女，已有4个儿女，又与在阳信公主府当差的郑季私通。生了卫青。郑季任职期满，撇下卫媪、卫青，回了平阳（今山西临汾西南）老家，卫媪一人含辛茹苦，抚养卫青。待他稍大一点，就打发他去找亲生父亲。几个同父异母的兄弟不把他当人看，受尽了苦难，就又逃回了母亲身边。长大成人后，卫青成了阳信公主的一名骑奴——骑马扈从的奴隶。过了几年，他的三姐卫子夫入宫，受到武帝宠幸，卫青也摆脱了奴仆身份，成了武帝身边的官吏。这次北伐，武帝慧眼识英才，又把他提升为车骑将军。

从此，卫青成为北伐匈奴的主帅。

元光六年这一仗，匈奴人占了上风，军臣单于得意起来，要再给武帝君臣一点儿颜色看看，接连出兵南下。

武帝也决计以进攻来解决问题。

元朔元年（前128）秋，武帝命卫青率3万骑兵从雁门出击，又命将军李息率一支人马从代郡北进，与卫青互为犄角。卫青斩杀数千匈奴兵，李息则无功而还。

第二年，武帝调整了战略，决定先夺取"河南地"（今内蒙古河套南伊盟一带）。此为匈奴人的发祥地，水草丰美，距长安也近，直线距离仅700公里。秦将蒙恬曾攻取此地，秦末战乱，驻守上郡（郡治扶施，今陕西榆林南）的30万秦军奉调去镇压项羽、刘邦等，匈奴人乘机把它夺回。武帝决定攻取"河南地"，解除匈奴对长安的威胁。他把这一重任又交给了卫青，他率李息等将从榆溪塞（今陕西榆林东北）北上，抵达云中，突然挥师西进，攻占了高阙（今内蒙古临河西北石兰计山口），切断了驻牧"河南地"的匈奴楼烦王、白羊王与以北匈奴的联系。接着，卫青移师南下，大败楼烦、白羊二王，俘虏数千人。

楼烦王、白羊王丢下100多万头牛羊,带着残兵败将北逃。

匈奴政权分三部,单于居中,统领全族;东为左贤王,管领东部;西为右贤王,管领西部。"河南地"在右贤王的辖区。右贤王在新即位的伊稚斜单于的督责下,麾兵南下,想夺回这块风水宝地。

武帝决定组织一次大的战役,打垮右贤王。

元朔五年(前124)春,卫青率4员大将从朔方出击。右贤王麻痹大意,以为汉兵不会深入漠北,喝得酩酊大醉。卫青麾兵急行军六七百里,在一个月黑风高之夜摸到了右贤王的大营附近,卫青一声令下,汉兵杀入。右贤王惊醒后,在数百名精骑的扈从下,突围北逃。卫青俘获匈奴小王10余人,男女15000多人,牛马羊数百万头。

卫青以赫赫战功晋升为大将军。

在汉军的沉重打击下,伊稚斜单于北撤。北撤,的确是良策,因为汉军决意消灭匈奴主力,匈奴南下,正好撞在汉军的枪矛上。撤到漠北,汉军若寻找匈奴主力,必定长途跋涉,兵马劳乏,而匈奴则可以逸待劳。伊稚斜北撤,也给了武帝一个时机,决定乘北部边塞无患之际,腾出手来,发动河西之役。

河西,即河西走廊,地势险要,匈奴屡次从此入寇。占据河西的,是匈奴浑邪王、休屠王二部。为了确保西北边陲的安全,河西一带,势在必争。

武帝把夺取河西的重任交给了霍去病。

霍去病也是个私生子,他父亲霍仲孺也是平阳人,也是去阳信公主府当差,与卫媪的女儿卫少儿私通,生下了他。论辈分,他是卫青的外甥。元朔六年,卫青北伐,霍去病以骠姚校尉随从,立下显著战功,显示了他的军事才干,武帝擢升他为骠骑将军,命他去收复河西。

元狩二年(前121)春三月,河西之役开始。

汉军仅出动1万骑兵,他们在霍去病指挥下从陇西(郡治狄道,今甘肃临洮)出发,一直打到焉支山(在今甘肃山丹东南)以西,行程千余里,俘杀15000多人。夏,霍去病再次将兵出击,一直打到祁连山,俘杀30200多人,仅匈奴小王就有70多个。浑邪、休屠二王遭到致命打击，又被伊稚斜单于怒斥，就打算降汉。霍去病统兵去迎，不料，休屠王反悔，浑邪王杀了他，带 4 万人降。

从此，河西走廊无匈奴踪迹。

接下来，武帝要解决漠北匈奴主力了。

元狩四年（前 119），漠北之役开始。

是年夏，武帝集结了 10 万骑兵，又招募了 4 万人马，由卫青、霍去病分领；征调数十万步兵，转运粮草。卫青一路穿越大漠北上，与伊稚斜的主力遭遇，经过一场恶战，匈奴兵败，伊稚斜带了数百精骑，突围北逃，卫青统兵追击，一直追到鲲颜山（今蒙古人民共和国杭爱山南面的一支）脚下的赵信城，也未能追上。霍去病一路深入漠北 2000 多里，遇上匈奴左贤王的大军，霍去病麾兵攻击，左贤王大败。

这次漠北会战，消灭匈奴兵 90000 人。伊稚斜主力损失殆尽，无力再南下攻掠。为征伐匈奴，汉朝也付出了巨大的人力、物力、财力，难以再对匈奴大规模用兵。此后，武帝一方面加强边防建设；一方面派出使者，想不战而屈匈奴之兵。但匈奴不肯归顺，且扣留了汉使苏武等人，苏武在荒无人烟的北海度过了 19 个春秋，坚贞不屈，直到昭帝始元六年（前 81），汉匈和亲，才全节而归。

得知苏武被扣的消息，武帝知道兵不血刃是不行的了，又恢复了军事行动。这时，霍去病、卫青都已先后战死、病死，李广利成为北伐主帅。他是李夫人的哥哥，没什么将才，再加上汉朝内部危机严重，始终没能取得什么战果。

武帝虽然没能彻底解决匈奴问题，但基本上解除了匈奴人的威胁。

与民争利

开土斥境，南征北伐，东进西讨，虽然戡定了边患，开拓了疆域，然所费不赀。一笔笔钱粮从国库中支出，到元朔二年（前127），国库已捉襟见肘。三年后，大司农奏报，国库已空。文景时期积累起来的财富告罄。

如果不想办法缓解财政危机，不仅征伐战争难以继续进行下去，且会危及大汉江山。局势迫使武帝采取行动。

增加粮食生产，不得不说是解决财政危机的根本方法之一。而增加灌溉面积，无疑又是增加粮食生产的根本方法之一。于是，一批水利工程纷纷上马。为修建这些水利工程，投入了十几个亿的钱物。但是，收益要在完工之后才能逐渐显示出来。武帝觉得收效太慢。于是，武帝开始卖官鬻爵。

卖官鬻爵收效快，马上可以见钱。但是，这无异于饮鸩止渴。买了官爵的人步入仕途，就得给他们发俸禄，卖官爵的钱财又分批还给了他们。卖官鬻爵只视钱财，不问贤愚，致使官僚队伍鱼龙混杂。而买爵到了一定级别，就可以不服役，又影响了徭役的征发。有鉴于此，武帝逐渐放弃了这个敛钱的法子，另找出路。

有个叫卜式的，是河南（今河南洛阳）人，家里很富有。汉军北伐匈奴时，他上书武帝，愿献一半家产以助军用。武帝对卜式的义举很不理解，让人问他，是不是想当官，卜式说不是；又问他是不是有冤案，卜式说没有；最后，卜式说他此举只是想为北伐匈奴尽微薄之力。丞相公孙弘说卜式居心叵测，武帝以为然，不再理睬卜式。然而，卜式又一再捐钱捐物，官府给他的奖赏，又全不要。武帝这才认识到卜式捐钱捐物是出于真心，他心想，像这般忠心爱国的，不会只有卜式一人吧？决定大树卜式这个典型，劝民捐献。然而，让武帝大失所望，芸芸富豪不仅无一人效法卜式，且乘机大发国难财。武帝的希望落空。于是，决定采取强制手段从富商大贾的口袋里往外掏钱。于是，有了算缗告缗。

算缗，就是向商人和手工业主征收高额财产税，商人每2000钱征税一算（120钱），手工业主每4000钱征税一算。隐匿应税物品不报的，或呈报不实的，罚戍边一年，没收全部财产。检举揭发偷税漏税的，奖励被检举者财产的一半，是为告缗。尽管惩罚很严，然而，意料中的隐匿不报、少报漏报还是很多。于是，武帝发动了一个告缗运动，派了一个叫杨可的人专门负责此事。很快，告缗运动就在全国轰轰烈烈地开展起来，中等以上的商人、手工业者大都成了被告。当然，这里面不能排除诬告。但是，负责审理"缗钱案"的御史中丞杜周，是个著名的酷吏，案子到了他那里，绝少有翻案的。

告缗运动持续了8年才宣告结束。

通过这场告缗运动，政府收缴了大量的"赃物"，计有以亿计的财物，以千、万计的奴婢，还有大批土地、房屋。

但是，这只能解一时之急，绝非长久之计。对此，武帝君臣心中也明白。所以，在算缗告缗的同时，又决计把富商大贾赖以赚钱的行业收归国有。于是，又有了垄断财利的一系列措施。

第一项措施是盐铁官营。

元狩三年（前120），御史大夫张汤提出把社会需求量大、利润亦大的盐铁收归官府经营，武帝马上批准，命人拿出具体实施方案。经过几年酝酿，元狩六年（前117），大农丞东郭咸阳和孔仅拿出了盐铁官营的具体方案。他俩本来就是大盐铁商人，对盐铁官营本来就不满，当他俩到各地推行盐铁官营政策时，乘机安插了一批盐铁商人子弟，负责当地盐铁事务。武帝当机立断，罢了他俩的官，提升大农丞桑弘羊为治粟内史代理大农令，整顿盐铁官营。在桑弘羊的努力下，盐铁官营切实开展起来，全国设置了35处盐官、48处铁官，从生产到销

售，全部由官府经营。

第二项措施是均输平准。

这项措施是桑弘羊在元鼎二年（前115）提出来的。把各郡县应上缴中央的物品，一律按当地市价，折合成当地出产的、价格低廉的土特产品，交给均输官，再由均输官运往缺少这些物品的地区出售，是为"均输"。"平准"即平衡物价，在京师长安设立平准官，管理国有物资。当市场上物价上涨时，就抛售物资；物价下跌时，就大量吃进，以此平衡、稳定物价。

第三项措施是统一铸币。

元鼎四年（前113），武帝下令禁止郡国铸币，郡国以前铸造的钱币统统销毁，把铜上缴上林三官——钟官、辨铜、技巧，由上林三官统一铸造。

第四项措施是酒类专卖。

酒类专卖是天汉三年（前88）实施的，由官府供给私营作坊谷物、酒曲等原料，规定酿造格式、品类、质量，产品上缴，由官府统一销售。

上述各种措施，对于集中一切财力物力，保证征伐战争进行下去，起了巨大作用。但是，这些措施大都是搜刮富商大贾，与民争利，不能从根本上解决财政危机。

转变方针

武帝曾对卫青说："汉家诸事草创，匈奴等又不断侵凌，我如果不改革制度，后世就无所依据；不出师北伐，天下就难以安定。因此，不得不劳民伤财。但是，如果后世仍像我这样，就会重蹈亡秦的覆

大凤起兮云飞扬

——说说历史上那些帝王们

辙。"武帝是位英明的君主，他清楚征伐战争不可能长期打下去，最终要把军国大政的重点从征伐战争转移到恢复发展国民经济上来。这是武帝的既定的方针。不过，他把政策的转变设计在他的下一代，他要在有生之年解决匈奴等问题。

然而，社会危机的总爆发迫使他不得不提前实行大政方针的转变。

社会危机总爆发的标志，是农民起义。

征伐战争，再加上武帝的穷奢极欲，耗尽了国库的钱财，搜刮尽了富商大贾的钱物，农民也纷纷破产。难以继续生活下去的贫苦农民，揭竿而起。

武帝采取种种手段，试图剿灭起义者。

然而，就像那野火烧不尽、春风吹又生的离离原上草，镇压了一批，又冒出一批。

武帝意识到，不改弦更张，大汉江山将不保。

就在这时，搜粟都尉桑弘羊会同丞相田千秋、御史大夫商丘成，联名上了一道请求加强对西域经营的奏疏。又有人上疏，提议从囚徒中招募一批人，深入漠北，去刺杀匈奴单于。武帝以此为契机，痛下了罪己诏——《轮台诏》。在这份中国历史上第一个皇帝罪己诏中，武帝检讨了自己的失误，宣布：当务之急，是禁苛暴，止擅赋，力本农。也就是说，要把军国大政的重心转移到恢复发展经济上来。

这是征和四年（前89）的事。这年，武帝已是68岁的老人。

他的果敢、胆魄，大令后人称赞。

《轮台诏》仅是一个纲领性的文件，如何实现政策的转变，从哪里入手作为突破口？武帝决定先从农业抓起。民以食为天，生产生活资料的农业是生存与一切生产一般最先决的条件。武帝明白，要安定社会必须先安民，安民必须先让他们有饭吃有衣穿。于是，在颁布《轮台诏》的同时，武帝诏封丞相田千秋为"富民侯"，下诏把力农定为第一要务。

在发展农业生产上，武帝把改进农业生产技术作为突破口，任命农学家赵过为搜粟都尉，让他负责农业生产技术的改进。

赵过总结前人的经验，发明了"代田法"。

代田法是在一亩地上开挖三条沟，深、宽各一尺。把种子播进沟里，待幼苗生长起来，进行中耕，除了锄草，还需将垄上的土逐次锄下，培壅苗根。到了天热的时候，垄上的土削平，作物的根长得很深。第二年则将做垄的地方变为沟，做沟的地方变为垄，一年一换，故名"代田法"。

代田法主要通过以下三点使庄稼增产：

（1）种子播在沟里，可使幼苗避免干风之吹，减少叶面水分蒸发。同时，也可使庄稼充分吸收沟底的水分——对于干旱的北国来说，水分尤为重要。

（2）随着作物生长，逐次培壅，根部愈来愈深，既可防止庄稼倒伏，又能使其吸收更多的水分。

（3）沟、垄一年一换，使土地轮番使用，地力得到恢复。

赵过还发明了从耕地、下种到耘锄一整套新式农具，其中最重要的是耦犁。耦犁用二牛三人，二牛共挽一犁，牛前一人双手各牵一牛，右牛后一人执鞭赶牛，一人扶犁。

不过，黎民百姓不是家家户户都有牛的，没牛的人户就难以使用耦犁了。有个叫光（姓氏失传）的人，做过平都（今陕西子长西南）县令，他教赵过用人拉犁的方法。赵过奏请武帝，任命他为搜粟都尉的属吏，推广此法。

赵过先在宫廷附近的闲地上试验代田法和新式农具。结果，亩产量比别的农田高一斛以上。武帝大为高兴，命令大农令选择身手好的工匠制作赵过发明的新式农具，郡国守相派县令、长等人，领取新式农具，学习代田法。

不久，代田法和新式农具便在沿边各郡、河东、弘农和关中地区推广开来，极大地促进了农业生产的发展。

不过，这时武帝已疾病缠身，自知不久于人世。刚刚开始的政策转变能否在他身后继续下去，成为武帝关心的焦点。如果后继者不能沿着他制定的方针继续走下去，那么，大汉江山的安危就难说了。武帝要在有生之年，安排好身后事，确保他的新经济方针在他死后也能贯彻执行下去。

选定继承人，成为头等大事。

武帝的长子刘据，7岁那年被立为皇太子。刘据为人，仁恕温谨，敦厚好静，与武帝的性格有别。武帝雄才大略，好大喜功，有点儿看不上刘据。有个叫江充的大臣，是武帝身边的红人，与刘据有矛盾，想乘机扳倒刘据。刘据走投无路，只好举兵造反，抢夺帝位。兵败，刘据自杀。他的母后卫子夫参与了反叛，也自杀身亡。

这是征和二年（前91）七月的事。

刘据死后，皇太子之位一直虚悬。武帝把尚健在的4个儿子逐一衡量，最后决定立小儿子刘弗陵为皇太子。

刘弗陵年幼，必须有人辅佐。于是，武帝又开始物色顾命大臣。

第一人选是霍光。

霍光，霍去病同父异母弟弟。父亲霍仲孺去阳信公主府当差，与卫少儿私通，生了霍去病。任职期满，霍仲孺回家，娶妻，生了霍光。霍去病北伐匈奴，路过平阳，把霍光带到了长安。当时，霍光年仅10岁，武帝让他做了一名郎官，侍从于左右。过了几年，霍光升任诸曹侍中。霍去病死后，霍光被任命为奉车都尉、光禄大夫，成为武帝最亲近的大臣。霍光为人端庄谨慎，循规蹈矩，在武帝身边侍奉20多年，不曾出过差错。

武帝认定，霍光是顾命大臣的最佳人选。

霍光之外，武帝又选定了金日磾、上官桀、桑弘羊和田千秋4人。

后元二年（前87）二月，武帝去了五柞宫。五柞宫在长安东南，宫中有5棵大柞树，故名。到了五柞宫不久，武帝就病倒了，他把霍光、金日磾、上官桀、桑弘羊和田千秋召集到病榻边，宣布遗诏：立刘弗陵为皇太子，以霍光为大司马大将军，金日磾为车骑将军，上官桀为左将军，桑弘羊为御史大夫，田千秋为丞相，共辅少主。其中，霍光为首辅。

第二天，武帝驾崩，享年70岁。

皇太子刘弗陵即日就帝位，是为昭帝。

18天后，武帝的灵柩入葬茂陵。

昭帝即位那年才8岁，无法担当起治国理民的重任，霍光以大司马大将军领尚书事，总理朝政。他忠实地履行武帝的既定方针，经济恢复发展起来，在昭帝和昭帝的接班人宣帝两朝，大汉帝国又出现了一派兴旺景象，史称"昭宣中兴"。

雄才大略

武帝以赫赫功业奠定了他在西汉历史上的地位。

汉人认为，高祖刘邦提三尺剑，出生入死打下天下，惠帝、吕后、文帝、景帝祖述高祖，无为而治，到武帝才又轰轰烈烈，把西汉皇朝推向辉煌，功至著。这个评价是中肯的。汉初60余年，清静无为，致力于医治战争创伤，恢复发展经济，是给武帝打基础、搭舞台的。武帝登基，把属于他的那54年演得有声有色。武帝死后，余音未绝，又有一幕"昭宣中兴"。一部西汉史，武帝占去大半。

武帝不仅是一位至功至著的汉家天子，更是一位在中国历史上影响深远的百代之人物。

如是说是基于中国封建社会的若干制度、措施，始创于武帝，如尊儒术，建中朝，盐铁酒官营，均输平准，等等；还有，中国的疆域版图，于此时基本奠定；中、西经济文化交流的孔道，从此开通。人们常以"秦皇汉武"连称，确实是事出有因，他们同是中国封建时代开风气的人物。

武帝能够在汉代和中国历史上占有重要一席，首先是时代的造就。此外，还有一个重要因素：武帝的才识。

　　雄才大略，是班固写完《汉书·武帝纪》后，给武帝下的一个评语。班氏所言不虚。在具体问题的处理上，武帝可能有失误、不当之处，但他有通览全局之明。他的才识展现在他对天下大势高屋建瓴般的把握上，雄才大略之内涵，即在于此。武帝一朝，事情千头万绪，变化多端，但武帝对时局始终有清醒的认识，有整体的把握，因此他知道什么时候应该干什么、怎么干。即位之初，他对外征伐，对内改制，完成时代赋予他的使命。当此之时，他已制定了下一步对策：一旦"外攘夷狄"大功告成，即把军国大政的重点从对外征伐转移到恢复发展经济上来。当危机日重、百姓蜂起之时，他又意识到不能等到他的下一代再转变了，当机立断，痛下罪己诏。堪与秦皇并称，二人在若干方面颇有相似之处，但在对时局的把握、及时地调整统治方针上，始皇实不及武帝雄才大略。始皇是个实干家，事无大小，都要亲自裁决，一天要看一石奏章，看不完不休息。武帝则像个战略家，他的精力更多地用在战略方针的研究、制定上，具体事务多责成臣下。

　　因此，武帝也有更多的时间来游玩、享乐，声色犬马。后宫佳丽成群，多至数千，武帝以好色而屡遭后人讥斥。他还喜欢驰逐射猎，观赏斗兽、歌舞，与臣子玩射壶、蹴鞠等游戏，或泛舟湖上。他还是一个出手不凡的文学家，赋作得很有水平。武帝是一位至尊至贵至高至上的皇帝，但他又是一个有血有肉、有情有欲的人。当他登上未央宫前殿时，他是天下共主；下得殿来，他又成了食人间烟火的一员。皇帝的权威与人的本性，在他身上都有充分的体现。

第 四 章

隋朝开皇，圣人可汗
——杨坚

　　杨坚出生于官僚门第，周武帝时袭爵隋国公。辅佐周宣帝时渐夺大权，公元581年周称帝，定都长安。称帝后，他进行了一系列改革，基本上确立三省六部制。作《开皇律》维护封建统治，规定"输籍定样"扩大剥削对象，建置仓廪，开通漕路，增强国力，开皇八年下诏伐陈，攻占建康，俘获陈后主，结束西晋末年以来近四百年的分裂局面，再创历史一统。开创了辉煌的"开皇盛世"。

官运亨通

西魏大统七年（541）六月的某天，冯翊（今陕西大荔）般若寺，夜色朦胧，静静的寺院中突然传出婴儿的啼哭声。一个新生儿在这里降生了。

婴儿的父亲姓杨名忠。杨忠祖籍弘农华阴（今属陕西），汉太尉杨震第十三代孙。弘农杨氏是最负盛名的门阀世族之一。婴儿出生时，杨忠20多岁，正在西魏权臣宇文泰手下效力，颇受重用。他的妻子吕氏，小名芳桃，济南（今属山东）人，家境贫寒。这个婴儿是她第一个儿子。

杨忠给他的儿子取名"坚"。

杨坚的降生，有若干稀奇古怪的传说：

他降生时，般若寺紫气缭绕，祥云笼罩。天明，从河东（今山西一带）来了位尼姑，对吕芳桃说："这个孩子生来异常，不能让他生活在俗世。"遂把杨坚带到庵中抚育。一天，吕芳桃抱着儿子玩耍，忽然看见他头上生出两角，身上长出鳞，芳桃大惊失色，孩子坠落地上。这时，尼姑从外面进来，道："孩儿受了这一惊吓，做皇帝要晚好几年。"

杨坚的长相也颇古怪，身子上长下短，面孔像龙，前额有五根柱子直贯头顶，目光如电射，手上有纹似"王"字……

这些传说都是为了说明杨坚何以能做皇帝而虚构的。

虽然古人奢谈杨坚生来便有天子气象，但少年时的杨坚却没有什么超人之处。他的嗜好唯有音乐，常怀抱琵琶自弹自唱，还编写过两支歌。他曾入最高学府太学读书，从后世多讥讽他不学无术，他也自称"不晓书语"看，他当时也不是个用功的学生。他与众略有不同的

是，整天板着脸，不苟言笑。在太学读书时，即使好友也不敢跟他开玩笑。

不过，他的父亲杨忠却很走红，成为宇文泰的得力干将，被赐鲜卑姓"普六茹"。

靠着父亲的权势，杨坚 14 岁便步入仕途，京师长安的地方长官京兆尹薛善任用他为功曹。功曹是重要的属吏，职司庶务。薛善任用一个 14 岁的少年为功曹，完全是看在杨忠的面上。15 岁时，杨坚又因父亲的功勋被授予散骑常侍、车骑大将军、仪同三司的官衔，封成纪县公。16 岁时，杨坚又升为骠骑大将军、开府仪同三司。

这时，一场废立阴谋正在悄悄地进行着。

主谋是西魏的执政大臣宇文护。宇文护乃宇文泰的侄儿。宇文泰在杨坚升任骠骑大将军这年的九月病死，临终，他把儿子宇文觉兄弟托付给侄儿宇文护。宇文泰死后，宇文护辅政。西魏君主恭帝拓跋廓自即位以来便是个傀儡，他无权预闻政事，便整天与嫔妃寻欢作乐。宇文护图谋废掉拓跋廓，拥立堂弟宇文觉。这年十二月，宇文护逼迫拓跋廓禅位宇文觉。

第二年，宇文觉在长安即皇帝位，改国号为"周"。

杨忠在这场宫廷政变中，为宇文护、宇文觉鞍前马后地效力，立下汗马功劳。宇文觉君临天下后，杨忠进官为柱国、大司空，封随国公。

宇文觉做了九个月的皇帝，便被宇文护杀掉。宇文护拥立宇文觉的长兄宇文毓为帝，是为周明帝。

杨坚被晋封为大兴郡公。

第四年，即武成二年（560）四月，宇文护鸩杀宇文毓，拥立宇文毓的四弟宇文邕为帝，是为周武帝。

杨坚升为左小官伯。不久，出为隋州（今湖北隋州）刺史，晋位为大将军。

这年，杨坚仅 19 岁。

做了一个时期的隋州刺史，杨坚被征还京师。适逢生母吕氏罹病，杨坚昼夜服侍，不离左右，大令众人称赞。

25 岁那年上，杨坚大婚。妻子独孤伽罗，是独孤信的七女。独孤信是鲜卑大贵族，官居柱国大将军，是自西魏以来的权臣。他的长女是周明帝的皇后。独孤信见杨坚前途无量，便把 14 岁的七女嫁给了杨坚。

与独孤氏联姻，更加提高了杨坚的地位。

杨坚地位的提高，引起执政宇文护的猜忌，多次想干掉杨坚，幸亏大将侯伏侯万寿替他说情，才免一死。

27 岁那年，父亲杨忠病死，杨坚承袭随国公的爵位。

第五年，武帝宇文邕诛灭宇文护及其同党，亲揽朝政。杨坚的威胁消除。宇文邕选杨坚的长女杨丽华为皇太子宇文赟的妃子。杨坚成为皇亲国戚。

控制朝政

杨坚虽然深得宇文邕器重，但他对宇文邕却不忠，觊觎其龙位。不过，他的羽翼未丰，不敢有所表示，只是心中暗暗地盘算，偷偷地培植自己的势力。

一些精明的大臣觉察出杨坚图谋不轨。齐王宇文宪奏告武帝："普六茹坚相貌非同寻常，臣每次见到他，总感到浑身不自在。此人恐不是久居人下者，请尽早把他除掉！"武帝不以为然，道："此人只不过是一名武将罢了。"内史王轨也奏言杨坚有歹相，也没有引起武帝的重视。

杨坚闻讯宇文宪、王轨等奏劾他图谋不轨，并没有胆怯，只是更加隐秘地为夺权做准备。

周武帝虽非庸才，但被杨坚的假象所迷惑，加上武帝此时的精力用在攻伐北齐上，对杨坚也无暇留心考察。他没有想到，由于他的粗心、失察，终于断送了"大周"江山。

杨坚34岁那年，即建德四年七月，武帝下诏伐齐。北周出动水步18万大军，武帝亲率6万士卒直趋河阴（今河南孟津），杨坚奉命率领水军3万，顺黄河东下。起初，进军较为顺利，攻取了一些州县。但在攻打城（今河南孟津）时受阻，围攻了20多天也没攻克。武帝心急如焚，病倒了，大军不得不西撤。第二年十月，武帝再次御驾亲征，14万多兵马分为左三军、右三军和前军，杨坚统领右三军中的一军。这次出兵，大获全胜，灭亡北齐，统一了北部中国。

杨坚以功晋位柱国，出任定州总管，随即转为亳州总管。

不久，武帝驾崩，皇太子宇文赟即位，是为宣帝。

宣帝立杨丽华为皇后，父以女贵，杨坚被拜为上柱国、大司马。

隋文帝杨坚

第二年，转为大后丞、右司武，旋即升为大前疑。宣帝外出，便由杨坚处理日常政务。

年轻的宣帝是个昏君，荒淫无道。武帝尸骨未寒，他便把父皇宫人全部接收过来，供他发泄兽欲。忠直的大臣遭诛杀，奸佞小人却受到重用。他做皇帝的第二年二月二十日，禅位7岁的皇太子宇文阐，是为静帝，自己称"天元皇帝"，做太上皇去了。不过，他并没有放弃权力。北周王朝在他的统治下迅速走向黑暗。

正觊觎着皇位的杨坚却心中暗喜，他抓住时机，做取代周室的准备工作。

一次，杨坚与好友宇文庆谈论时局，杨坚道："天元皇帝没什么德政，看相貌也不会长寿。加上法令繁多而严苛，整天沉湎于声色中，我看皇上的统治维持不了多久。宇文宗室诸王各就封国，既不能有效地控制地方，在朝廷内也失去亲信。像这种局面，一旦天下有事，局势将不可收拾。"接着，他又对掌握实权的地方势力做了分析："安阳太守尉迟迥是皇亲国戚，声望素著，若天下有变，他必首先起来作乱，但此人才智平庸，子弟也多轻浮，且贪财好利，对部下不事拉拢，肯定成不了大事。驻守郧州的司马消难是个反复无常的小人，若有机会，肯定会发难，不过此人轻薄，缺少智谋，也不足为虑，至多失败后投奔江南。益州易守难攻，总管王谦却是个蠢才，没有什么心计，即使受人唆使而作乱，也成不了气候。"

杨坚料定北周的统治即将结束，对他取代周后如何应付可能出现的动乱局面有了充分的准备。

周宣帝虽然是个昏君，但对杨坚图谋不轨也略有觉察。他有 4 个宠妃，并立为皇后。4 个皇后争宠，互相诋毁。宣帝对杨丽华皇后最为不满，动辄骂道："朕要诛灭你家族！"有一次，他宣召杨坚进宫，吩咐身边的卫士："若他表情有异，就立即把他干掉！"杨坚入宫，神情自若，宣帝又怀疑起自己的判断力来了：是不是自己搞错了，杨坚果真有二心吗？他拿不定主意，放过了杨坚。

尽管杨坚表面上不露声色，但心中对宣帝的猜忌甚感不安，他权衡再三，决定暂时离开朝廷，到地方上避避风头。他把自己的想法告诉了同窗好友郑译。郑译是个见风使舵的无耻小人，他善于阿谀奉承，深得宣帝欢心。但他明白，北周气数已尽，杨坚迟早要夺权的，遂表面上信誓旦旦地效忠宣帝，背地里却投靠了杨坚。大象二年（580）五月，宣帝心血来潮，要南征，郑译乘机推荐杨坚为扬州总管。

大军还未发，宣帝就病倒了，宣召大臣刘昉、颜之仪进宫，欲托以后事。两人到时，宣帝已不能说话。静帝宇文阐年方 8 岁，乳臭未干。刘昉是个很识时务的人，他知道宣帝一死，宇文阐是无法控制杨坚的。为了自己的前程，他下定决心投靠杨坚。他找来郑译，两人一同草拟了一个假诏，声称宣帝遗嘱杨坚辅政。然后，刘昉去找杨坚，杨坚还有顾虑，刘昉道："你要愿意，就赶快答应。你若不愿意，我就自己去做。"杨坚遂答应下来。但是，当刘昉拿着假诏要颜之仪签字时，颜之仪却断然拒绝，说诏书有诈。于是，刘昉便替他签了。不久，

宣帝驾崩，刘昉、郑译两人秘不发丧，把假诏颁发，任命杨坚都督中外诸军事，总理朝政。在杨坚接管了权力后，他们才公布了宣帝的死讯。此时，宣帝已死3天了。

刘昉、郑译把杨坚扶上辅政的地位后，建议杨坚任大冢宰，郑译做大司马，刘昉为小冢宰，三人共掌朝政。杨坚不愿让他们分割自己的权力，在亲信李德林等人的支持下，拒绝了他们的建议。经过周密策划之后，杨坚出任左大丞相，任命郑译为相府长史，刘昉为相府司马，把他们二人置于自己的控制之下。

此时杨坚已基本上控制了朝政。

登基称帝

杨坚虽然成为北周实际上的最高统治者，但要代周自立，还需花一番功夫。

首先是培植自己的心腹党羽。

郑译、刘昉仅会阿谀奉承，没什么才干，一心谋取私利，不肯死心塌地地为杨坚效力。他们要求做大司马、小冢宰的愿望被拒绝后，心中颇为不满。靠他们这号人是不行的，必须另物色人选。

杨坚费尽心机，网罗得力干将。

高颎便是其中一个。

高颎，又名敏，字玄昭，自称系渤海县（今河北景县）人，聪明机智，才华出众。杨坚看中了他，派人与他面谈，他欣然应允，愿举家以事杨坚，赴汤蹈火，在所不辞。杨坚大喜，委任他为相府司隶，颇为倚重。

经过一番努力，杨坚网罗了一批有真才实干且死心塌地愿为其效力的心腹。

有了一批党羽后，杨坚便开始付诸行动了。

当朝天子静帝的叔父宇文赞官居上柱国、右大丞相，与杨坚平起平坐。杨坚让刘昉去劝他回家，不要过问朝政，骗他说以后让他做皇帝。宇文赞是个不满 20 岁的年轻人，刘昉天花乱坠的一番话，竟把他说动了，高高兴兴地回家等着做皇帝去了。

但是，在对付几个藩王上，杨坚却颇费周折。

赵王宇文招、陈王宇文纯、越王宇文盛、代王宇文达、滕王宇文逌，都是宇文泰的儿子，身居王位，握有重兵。杨坚知道，他们是不会坐视自己代周而立的。还在宣帝死讯未公布时，杨坚便假借千金公主出嫁突厥的名义，召他们入京。一个月后，五王到了长安，被收缴了兵符。这时，他们才知道中计了。

诚如杨坚在任大前疑时分析的那样，尉迟迥在相州（今河南安阳）起兵，传檄天下，讨伐杨坚。王谦、司马消难等纷纷响应。杨坚命大将韦孝宽出击尉迟迥，梁睿出击王谦，王谊出击司马消难。

京师长安城中，五王也蠢蠢欲动。

杨坚陷于危险的境地。

派去出击尉迟迥的韦孝宽，率军进至河阳（今河南孟县）便停了下来，没人敢再前进一步。传言梁士彦、宇文忻、崔弘度等将校收受了尉迟迥的贿赂。形势危急，需派一名既忠心耿耿又有魄力的人去做监军。杨坚挑选了大臣崔仲方，崔仲方以老父在尉迟迥的占领地为由拒绝。杨坚又想到了郑译、刘昉，但郑译说他有老母在堂，刘昉说他没有带过兵。杨坚犯难了。这时，高颎自告奋勇，甘负重任。杨坚欣然同意。高颎到达前线后，调整战术，督军进攻，大败尉迟迥。

王谦、司马消难也被梁睿、王谊击败。

消息传到长安，杨坚大为亢奋。

五王闻讯尉迟迥等兵败大惊，为了宇文氏的江山，他们决定铤而走险，刺杀杨坚。经过一番密谋，一个刺杀计划敲定了：由赵王宇文招出面，宴请杨坚，周围埋伏刀斧手；把杨坚的随从挡在门外，只让

他一人入内；席间，宇文招的儿子送瓜上来，拿刀切瓜时刺杀杨坚。一切准备就绪，宇文招开始行动。

杨坚对于五王估计不足，觉得已经收缴了他们的兵符，解除了他们的兵权，量他们也没什么作为了，见宇文招有请，遂带着杨弘、元胄等几个随员前往。到了赵王府邸，随从都被挡在门外，杨弘、元胄硬是闯了进去。元胄进去一看苗头不对，便对杨坚道："相府有事，丞相不宜久留！"

"我与丞相说话，你插什么言！"宇文招斥责元胄，喝令他退下。

元胄两眼圆睁，不但不退，反而提刀上前保护杨坚。宇文招不敢动强，问过元胄姓名，道："你过去不是在齐王手下做事吗？真是一个壮士！"赐给元胄一杯酒，说："我哪有什么恶意，你何必如此紧张？"说完，装作呕吐，欲离开座位，被元胄强行扶回座位上。宇文招几次想离开，都被元胄"劝"止。宇文招又说口渴，元胄便让人送来水让他在座位上喝。宇文招被制于元胄的威胁下，他手下的人也不敢轻举妄动。这时，滕王宇文逌来到，乘杨坚出门迎接，元胄在他耳边说："苗头不对，赶快离开这里！"

杨坚估计风险不大，道："他没有兵马，能干什么？"

"兵马本来就是他们的，只要他们先下手干掉丞相，一切都完了。"元胄道："不是我怕死，因为我死了也解决不了任何问题。"

杨坚没有走，镇静地回到席上坐下。

元胄听到后堂有披挂盔甲的声音，急了，上前对杨坚说："相府的事那么多，丞相怎么这样，老坐着不走？"说完，拉着杨坚就走。宇文招快步追出来，元胄堵在门口，等杨坚出了府邸大门，他才紧走几步赶上。

杨坚回到了相府，以谋反的罪名杀了宇文招、宇文逌。

杨坚彻底击败了他的敌人。

不久，杨坚就以静帝的名义下诏，任命自己为大丞相，废除左、右大丞相，免得有人利用二相并立的条件与自己分庭抗礼。

两个月后，静帝颁诏，盛赞杨坚功德，晋位相国，以 20 郡之地封

杨坚为随王，剑履上殿，入朝不趋，赞拜不名，他的地位在各个诸侯王之上。杨坚假意谦让了一番，最后，除了减去 10 郡封地外，其他全部接受。

为了削弱宇文氏的影响，杨坚下令废除所有对汉人的赐姓，令各复本姓。这一命令得到了汉人的普遍拥护。

不久，在杨坚的授意下，静帝又颁诏：杨坚的王冕为十二旒，建天子旌旗，出警入跸，乘坐金银车，驾六马，享用八佾乐舞。杨坚假意辞让，前后三次，才无可奈何般地接受。

杨坚的人臣之位已是无以复加了。

接着，杨坚派人为静帝写好退位诏书，诏书中盛誉杨坚功德，请杨坚接过帝位。诏书由朝廷大臣奉送到随王府。在百官的再三恳求下，杨坚才勉为其难般地接诏。他穿上早已准备好的皇服，在百官簇拥下入宫，登上帝位。周静帝北面称臣，杨坚封他为介国公，食邑 5000 户，享用原来的车马、旌旗、服饰、乐舞，不向新帝称臣，只是新朝的客人。

杨坚承嗣父亲随国公的爵位，后又晋称随王，遂定国号为"随"。但他觉得"随"字有"辶"，与"走"同义，不吉利，遂改"随"为"隋"，仍以长安为国都，立独孤伽罗为皇后，长子杨勇为皇太子，改元"开皇"。

这年，是公元 581 年，杨坚时年 40 岁。

隋朝新制

每个开国皇帝，都要在前王朝典章制度的基础上，结合新王朝的实际情况，制定一套自己的体制，以维系新王朝的生存。在这个方面，

有成功的，也有失败的。

杨坚也制定了一套新的体制。

在中央，设置三师、三公、五省、六部、二台、九寺、十二府。

太师、太傅、太保，为三师。三师官衔为正一品，在名义上是皇帝的老师，与皇帝坐而论道，但不置官署,没有什么实权，仅是赐予德高望重大臣的荣誉官衔。三公为太尉、司徒、司空，也是正一品。三公虽置僚属，有参议国家大事的权力，但一般不设；即使设置，也不单设，而是给某些重臣的加官。五省，为内史省、门下省、尚书省、秘书省和内侍省。秘书省管理图书历法，内侍省是宦官机构，这二省在政权中不占重要地位，真正的权力中枢是内史、门下、尚书三省。内史省协助皇帝决策军国大政，长官为内史监、内史令，各一人，旋即废内史监，置内史令二人，正三品。门下省负责审核大政方针，认为不妥的，可以驳回，长官为纳言二人，正三品。尚书省主持日常政务，长官为尚书令一人，正二品，但一般不授人，有隋一代，只有炀帝时杨素以翊戴之功，进位尚书令，故尚书省长官实际上是左右仆射，从二品。在尚书省之下，设吏、礼、兵、都官（后改刑部）、度支（后改民部）、工六部，分掌具体事务。吏部负责文官的选拔、考核，礼部负责礼乐、学校，兵部负责武官的选拔、兵籍、军令，都官负责刑狱、司法，度支负责赋税、财政，工部负责土木工程、水利。六部长官为尚书，正三品。尚书左仆射领导吏、礼、兵三部，右仆射管理都官、度支、工三部。左右仆射和六部尚书，合称"八座"，地位显赫。二台为御史台、都水台。御史台职司监察，都水台掌管舟楫、河渠。九寺为太常寺、光禄寺、卫尉寺、宗正寺、太仆寺、大理寺、鸿胪寺、司农寺、太府寺，分司各项事务。十二府为军事机构，各设大将军一人，将军二人。

上面这些，只是中央主要机构，此外还有一些权位较低的衙署。

对最要害的三省六部，杨坚委任他最信任的8人担任长官：高颎为尚书左仆射兼门下纳言，李德林为内史令，虞庆则为内史监兼吏部尚书，韦世康为礼部尚书，元岩为兵部尚书，元晖为都官尚书，杨尚为度支尚书，长孙毗为工部尚书。这8人都是杨坚做丞相以来网罗的心腹，且都是精明强干的人物。特别是高颎，身兼尚书、门下二省长官，权位极重。

至于郑译、刘昉这样的人，杨坚的看法是："没有这几个人，朕就没有今天。但朕知道他们实际上都是反复无常的人，周宣帝时以无赖进幸，宣帝病重，他们为了个人私利，推举朕辅政。朕要治理国家，他们又跟朕捣乱。对这些人，若任用他们，他们不会老老实实做事；不用他们，他们又牢骚满腹。"结果，郑译得到的仅是第一等勋官官阶——上柱国，刘昉得到的是第二等勋官官阶——柱国。

杨坚登基的时候，地方上有州201个，郡508个，县1124个。每个州管辖的郡，仅2个或3个；每个郡也只管辖2个或3个县。州、郡、县都分九等，一般都有两套职官，一套是由吏部直接任命的，州除刺史外，还有长史、司马等；另一套是由刺史聘任的，如州都、祭酒从事等。郡也是这样，除太守、丞由中央任命外，还有一大批由太守聘任的僚佐。县也是如此。这样，州、郡、县官员十分庞大，如第一等州额定官员多达323人。造成了民少官多、十羊九牧的局面。开皇三年，杨坚下令裁省郡一级行政单位，实行州、县二级制，又合并了一些州县，并下令废除州县长官聘任的僚佐。这样，既节省了开支，又简化了政令推行的程序。

为了有效地控制地方，杨坚把自己的子弟分遣到战略要地，镇守一方。他们大都是挂着"行台尚书省"长官的官衔出镇的。行台尚书省简称行台省，长官也叫尚书令，相当于中央尚书省在地方的派出机构，总统一方军政，管区内的州县都受其节制，权任极重。开皇二年（582），置河北道行台于并州（今山西太原），以晋王杨广为尚书令；置西南道行台于益州（今四川成都），以蜀王杨秀为尚书令；置河南道行台于洛州（今河南洛阳），以秦王杨俊为尚书令。在行台尚书省之外，还有总管府，掌一州或数州军政，一般也以亲王充任总管。

在刑律上，制定、颁布了《开皇律》。

这部新律是苏威、牛弘等人合力修订的。苏威是武功（今属陕西）

人，牛弘是安定（今甘肃泾川北）人。两人都博闻强记，精通律令。开皇三年（583），杨坚把制定新律的重任交给他们，他们广泛汲取了魏晋南北朝以来的立法经验，结合当时社会的现实状况，完成了一代法典《开皇律》。《开皇律》共分 12 篇，500 条，废除了魏晋南北朝以来一些残酷的刑罚，定刑名为 5 种：死刑二，有绞、斩；流刑三，有 1000 里、1500 里、3000 里；徒刑五，有一年、一年半、二年、二年半、三年；杖刑五，从 60 至 100 不等；笞刑五，从 10 至 50 不等。为了确保杨氏家天下，又规定"十恶"：谋反、谋大逆、谋叛、恶逆、不道、大不敬、不孝、不睦、不义、内乱，属于"十恶"的罪犯，从重从严惩处，不得宽赦。官僚地主犯罪，只要不是十恶不赦之罪，都可以减一等，也可以出钱赎罪，还可以用官品来折抵徒刑。

在经济上，继续推行均田制。

每个成年男子（18~60 岁）给露田 80 亩，永业田 20 亩；成年女子给露田 40 亩。露田死后归还政府，永业田可以传给子孙。奴婢也像平民一样分田，亲王的奴隶受田限 300 人，一般地主不得超过 60 人。每头耕牛给露田 60 亩，限四牛。自亲王至都督，给永业田 100 顷至 40 亩不等。京官自一品至九品，给职分田 5 顷至 1 顷不等，作为俸禄。

在赋役上，分租、调、力役。

一夫一妇每年纳粟三石，叫做"租"；种桑养蚕地区每年交绢一匹、绵二两，种麻织布地区每年交布一端、麻三斤，叫作"调"。成年男子每年服役一个月，叫做"力役"。开皇三年（583），成年的年龄从 18 岁提高到 21 岁，服役时间从一个月减为 20 天，调绢从一匹减为二丈。到开皇十年，规定成年男子的力役，从 50 岁以后可以交纳布帛代替，称为"庸"。

在户籍管理上，推行"大索貌阅""输籍定样"。

"大索貌阅"即根据户籍上登记的年龄和本人的体貌相核对，检验是否谎报年龄，诈老诈小。"输籍定样"是根据各户资产划分户等，根据户等制定税额，写成定簿。每年五月，县令派人核查，重新制定"定簿"。

推行这些制度、措施强化了君主专制主义中央集权统治，也在一定程度上促进了经济、文化的发展。不仅如此，杨坚时制定的体制，承上启下，对后世中国封建社会有深远的影响，特别是中央的三省六部制，地方的州县二级制，刑法上的《开皇律》，经济上的均田制，对唐代以及以后的封建皇朝都产生了重大影响。

一统天下

当杨坚登基称帝时，华夏大地仍处于分裂状态，隋的南面还有梁、陈两个小朝廷。

梁的都城在江陵（今属湖北），历史上称为"后梁"。后梁地盘不大，自萧詧建国以来，一直依附于北朝，是个"儿皇帝"角色。杨坚称帝时，统治后梁的是萧詧的儿子萧岿，杨坚派特使赐他黄金 500 两、白银 1000 两、布帛 10000 匹、马 500 匹，以示恩宠。第二年，杨坚又派人去江陵为晋王杨广选妃，经过占卜，所选美女都不吉，萧岿想起自己还有个女儿在舅父家住着，何不让她一试？于是派人把女儿接来，占卜吉凶，得了个"吉"，于是萧岿的女儿就成了杨广的妃子，后来杨广做了皇帝，萧妃又成了皇后，这是后话。由于这次联姻，杨广很优遇萧岿，取消了派去监视萧岿的江陵总管，让萧岿自己处理后梁事务。第三年上，萧岿去长安朝见杨坚，杨坚又钦准他的地位在王公之上。翌年，萧岿病死，子萧琮嗣位。萧琮为人倜傥，博学好文，娴于弓马，风采不逊乃父。但在杨坚眼里，已不被看重了，原因很简单，这时隋内部已整顿完毕，杨坚腾出手来，准备完成统一大业了。杨坚宣布恢复江陵总管，重新把后梁置于隋的监管之下。萧琮即位第三年上，杨坚征萧琮入朝，萧琮当然不敢违命，率文武百官 200 余人北上，江陵

父老叹道："我主这一去，就回不来了。"正如他们所料，萧琮离江陵北上，隋将崔弘度就带兵南下，说是去守卫江陵。萧琮叔父萧岩知道崔弘度来者不善，率城中官民 10 余万人投奔陈而去。消息传到长安，杨坚宣布废掉后梁，改封萧琮为莒国公。

杨坚的下一个目标，就是建都建康（今江苏南京）的陈了。

当时，坐在建康皇宫龙座上的是陈叔宝。

陈叔宝多才多艺，风流倜傥。但他的聪明才智全用在玩乐上，整日沉湎于酒色之中。

烟笼寒水月笼沙，夜泊秦淮近酒家。

商女不知亡国恨，隔江犹唱《后庭花》。

这是唐代大诗人杜牧的《泊秦淮》诗。

诗中说的《后庭花》，全名为《玉树后庭花》，是陈叔宝与嫔妃饮酒作乐时谱写的曲子。他最宠爱的妃子，一是张丽华一是孔贵妃，就连上朝听政，也要一手揽着张丽华一手抱着孔贵妃，一边与她们调情一边决断军国大事。若两贵妃插上一句，他马上就说："就按贵妃说的办！"昏君在位，纲纪紊乱，奸佞专权，贿赂公行，江南锦绣江山被他们搞得乌烟瘴气。几个有识之士上疏劝谏，陈叔宝却置若罔闻。

陈的覆灭已是指日可待。

废除后梁以后，杨坚便加快了灭陈的准备工作。第二年秋，兵力部署既毕，杨坚下诏，大举攻陈。

隋军 51.8 万人马，兵分八路出击：

晋王杨广统兵出六合（今属江苏）；

秦王杨俊将兵出襄阳（今湖北襄樊）；

清河公杨素领兵出永安（今四川奉节）；

荆州刺史刘仁恩统兵出江陵（今属湖北）；

宜阳公王世积将兵出蕲春（今属湖北）；

新义公韩擒虎领兵出庐江（今安徽合肥）；

襄邑公贺若弼统兵出广陵（今江苏扬州西北）；

落丛公燕荣将兵出东海（今江苏连云港西南）。

　　八路大军由晋王杨广节制，在东起大海，西迄四川的数千里战线上，同时发起强攻。

　　陈叔宝仍在与张、孔二贵妃纵情歌舞。

　　不久，隋军将士的呐喊就淹没了皇宫里面的歌舞声。第二年正月，贺若弼、韩擒虎两路大军突破长江防线，陈军10万将士，全无斗志，大将任忠投降，引韩擒虎所部从朱雀门攻入建康城。文武百官四散逃命，偌大一个宫殿，只剩下一个叫袁宪的侍臣陪伴在陈叔宝身边。"我从来待你不如他人，现在只有你在这里相陪，真令我追悔莫及。"陈叔宝说了几句感激的话，要找个地方藏起来，袁宪劝他说，事已至此，哪里还有藏身之处？陈叔宝不听，说："锋刃之下，怎敢大意？你不必多说，我自有办法。"说完，就拉着张、孔二贵妃躲进一口枯井中。不久，隋兵杀入皇宫，见井边有绳，伏下身去喊叫，不见答应，便说往下填石头，才听见喊声，即用绳拉人，但觉得很沉，不免有些惊异，待拉出井外，才发现一根绳子系了陈、张、孔三人，众人不禁失笑。

　　陈叔宝成了阶下囚，他的各地官军，也纷纷投降。

　　自西晋倾覆以来270多年的分裂局面至此结束，全国重新统一。

　　在灭陈的同一年，杨坚认为军人和兵器的历史使命

隋朝服饰

应该结束了，否则，便会造成不安定因素。于是，杨坚下令：除边疆和京师戍卫军队外，其余的兵器等军事装备立即停止制造，民间兵器立即销毁；军人子弟应偃武习文。开皇十五年，杨坚又下令收缴天下兵器，若发现有私自打造者，严加惩处。开皇八年，又下令收缴江南三丈以上的大船。杨坚想消除一切不安定因素，确保杨氏家天下。

恶习难改

从一个贵公子，一步步走向帝位，建立了自己主宰的皇朝，说明杨坚很有才干。隋朝建立后，他制定的政治、法律、经济体制，承上启下，影响深远；废梁，灭陈，使长期分裂的中国重新统一，以此使杨坚成为中国历史上一个很有作为的皇帝。但是，他身上也有很多恶劣习性：猜疑苛责、刚愎自用、喜怒无常、不学无术等等。他的这些恶劣习性最终危及了他苦心经营、竭力维系的隋朝江山。

杨坚的皇位是篡夺宇文氏的，他极担心臣子效仿他，篡夺皇位。故他对文武大臣保持高度警惕，留意他们的言行，常常疑神疑鬼。

虞庆则颇有才干，很为杨坚赏识。杨坚代周后，任命虞庆则为内史监兼吏部尚书，是群臣中的第三号人物。后来，虞庆则升任尚书右仆射，颇受杨坚信任。开皇十七年，桂州（今广西桂林）人李代贤反叛，朝中无人愿领兵讨伐，杨坚便指名要虞庆则去。虞庆则的内弟与虞庆则的妾私通，向杨坚说虞庆则的坏话，说虞庆则不愿去。杨坚很不高兴，怀疑起虞庆则的忠心来。凯旋回师的路上，虞庆则指着一个地方说："若这里有个合适的人把守，只要有足够的粮食，便难以攻破。"作为一名将领，注意山川地形，本是正常现象。但有人把虞庆则的话密告给杨坚后，杨坚的疑心就更大了，遂以图谋不轨的罪名杀了虞庆则。

高颎是杨坚的得力辅佐，杨坚君临天下，高颎被委以尚书右仆射兼纳言的重任，位冠群臣，杨坚巩固君主专制主义中央集权的统治措施，多出自高颎之手。灭陈时，虽说晋王杨广为总统帅，但高颎为杨广的长史，主持各种军务。北击突厥，高颎为帅。高颎为杨坚立下赫赫战功，颇受杨坚倚重。杨坚对皇太子杨勇日渐不满，欲立晋王杨广为嗣。高颎劝谏说废长立少有违礼制，因为杨勇的女儿是高颎的儿媳，杨坚遂怀疑起高颎来。最后，高颎被褫夺官爵，贬为平民。

猜疑是对自己的统治缺乏信心的表现。为了树立自己的绝对权威，杨坚还滥用酷刑。

在杨坚的宫殿里，放着棍棒，看谁不顺眼，便加杖打，有时一天就打数人。他还嫌行刑者下手过轻，怀疑他们是不是手下留情，行刑人只得卖力往死里打。有些大臣上疏，说朝堂非杀人之所，殿廷非杖罚之地，杨坚迫于舆论压力，下令撤去棍棒，再想打人时，便用鞭子，但鞭子实在不过瘾，便又用起了棍棒。有一次，杨坚又喝令杖人，兵部侍郎冯基百般劝谏，杨坚就是不听，终于将那人打死了。过了一会儿，杨坚气渐消，觉得那人罪不至死，便回头训斥身边那些没劝谏的人为什么不阻止他。

杨坚喜怒无常，动辄杀人。一次上朝，个别武官服饰不整齐，杨坚认为这是对朝廷的不尊，斥责御史为什么不弹劾，喝令把御史推出斩了。谏议大夫毛思祖行使职权，出来劝谏，也被杀头。像这样因一些轻微小事而诛杀官吏之事，时有发生。

盗窃确实让官员们头痛，为了杜绝盗窃，杨坚费尽心机，但都不奏效。最后，杨坚颁诏：凡偷窃一钱以上的都处以死刑，横尸街上示众；四人合窃一桶，三人合窃一瓜，也全部处死。滥用酷刑竟然到了这种地步。

杨坚不学无术，认为学问无甚用处，于仁寿元年下诏，除国子监外，其余的学校全部废除。虽然大臣们再三劝谏，也终无法改变杨坚对文化的轻视。

杨坚不相信人，也不看重文化，却信奉鬼神，无论哪路神仙，他都虔信、礼敬，甚至对宫女渲染的妖精，杨坚也深信不疑。一次，嫔妃们说时常有人挑逗她们，杨坚断定宫门防卫森严，外人进不来，定是妖精作祟，命令嫔妃们再发现有人挑逗，应挥剑砍杀。有个宫女遵旨实施，手中的剑好像砍在一堆腐骨上，没有见血，宫女追，妖精跳

入水池中不见了。杨坚信以为真,下令把池水淘干,果然在池中捉到了一只大乌龟!

杨坚不大讲究吃穿,后世盛赞他节俭。但是,杨坚在建造宫殿上却不怕浪费、奢靡。他做皇帝的第二年,便嫌从前的长安城规模太小,且经常闹鬼,便诏令在旧城西北修筑新城,命名为"大兴城"。过了 10 年,杨坚对大兴城失去了兴趣,又在岐州(今陕西凤翔南)耗费巨资兴建豪华的仁寿宫。过了 5 年,又在仁寿宫和大兴城之间修建行宫 12 座。

杨坚还时常沽名钓誉地搞点儿仁慈活动。一次,关中大旱,粮食歉收,百姓连糠菜都吃不饱。杨坚看到这种情况十分难过,说这是自己统治不好的结果。为了弥补过失,他带着关中百姓浩浩荡荡向洛阳进发,去谋生路。这时,他的富丽堂皇的仁寿宫刚刚竣工,国库中的存粮还满满的,他没有拿点儿出来赈济濒临死亡的饥民,却让百姓扶老携幼,跋涉千里去洛阳谋生。到了洛阳怎样谋生,杨坚就管不了那么多了。

杨坚想方设法巩固杨氏的家天下,但他的这些行为又自毁长城。到他统治的末年,大隋皇朝已是危机四伏。

畏惧皇后

独孤伽罗皇后出身名门望族,杨坚发迹,曾沾过独孤氏的光,他对皇后独孤伽罗心怀畏惧。可以说,杨坚统治着天下,独孤枷罗左右着杨坚。杨坚上朝,独孤伽罗同车相随,只是停在殿外,但独孤伽罗派亲信宦官跟着杨坚上朝,若发现杨坚对问题的处理有不当之处,便出来报告独孤伽罗,独孤伽罗就把自己的意见转达进去。杨坚退朝,

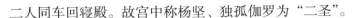

二人同车回寝殿。故宫中称杨坚、独孤伽罗为"二圣"。

独孤伽罗嫉妒心很强，除她之外，不许杨坚和别的女人亲近。虽然三宫六院齐全，但那仅是一种摆设；杨坚也不是不好女色，只是慑于独孤伽罗的雌威不敢而已。一天，杨坚看见被充入后宫的尉迟迥的孙女很有姿色，忍不住与她亲热了一番。很快，后宫有人把这事密报了独孤伽罗。独孤伽罗脸上很平静，没什么变化。待杨坚上朝后，独孤伽罗便让人杀死了尉迟氏。杨坚闻讯，愤懑难忍，又无处发泄，自己骑马出宫，驰入山谷。大臣闻悉，惊慌失措，高颎、杨素等人骑马追赶，拉住杨坚的马头苦苦劝解。杨坚愤怨满腹，道："朕贵为皇帝，行为却没自由！"

尽管杨坚愤愤不平，但他始终不能摆脱独孤伽罗的影响、制约。在立皇嗣上，他再次为这个女人所左右。

杨坚有五个儿子：杨勇、杨广、杨俊、杨秀、杨谅，都是独孤伽罗所生。长子杨勇被立为皇太子，杨坚对他寄予厚望，10多岁时便让他参与军国大政。但随着年龄的增长，杨勇却越来越迷恋女色。独孤伽罗最讨厌的就是这事，甚至劝杨坚查办有私生子的大臣。杨勇的第一个儿子便是私生子，是一个姓云的女子生的。杨坚虽不满独孤伽罗对他的制约，但又不敢不与她同好恶。况且他对杨勇的私生子很不满，怀疑那个私生子是否是杨勇的血脉，唯恐他乱了杨氏皇族的血统。杨坚开始斥责杨勇，谁知杨勇不买账，甚至公开对抗，气得杨坚七窍生烟。

杨广早就觊觎着皇太子的位子，见杨勇惹父母讨厌，心中大喜。他是个擅长玩骗术的人，遂使出浑身解数，讨父母特别是母后独孤伽罗的欢心。他虽然是个好色之徒，却装得极为检点，只和王妃萧氏相处，别的嫔妃生了孩子，便偷偷地杀掉。每逢父母驾临他的府邸，他便把年轻貌美的姬妾藏起来，让年老丑陋的宫女穿上粗劣的衣服充当嫔妃。独孤伽罗越来越喜欢杨广，鼓动杨坚废了杨勇，另立二皇子杨广为皇太子。

开皇二十年冬十月，杨坚终于下诏，废黜杨勇，另立杨广为皇

太子。

杨广做了皇太子，迫不及待地想当皇帝。

过了4年，杨坚罹病，在仁寿宫休养。杨广急不可待地写信给亲信杨素，问他如何料理杨坚的后事。杨素的回信错送给杨坚，杨坚大怒。杨坚喜爱的宣华夫人陈氏入侍，杨广见了美貌的宣华夫人，不由得欲火烧身，兽性大发，企图逼奸她。杨坚得知大怒，骂道："畜生何足付大事！独孤误我！"他对身边的侍臣柳述等人说："速召我儿！"柳述等以为是叫杨广，杨坚连呼："勇也！"柳述等人便出去起草诏书，召被囚禁的杨勇前来。

风云突变，杨广惊慌失措，经与心腹密谋，他派爪牙宇文述、郭衍率东宫卫士包围仁寿宫，撤换杨坚的卫士，把服侍杨坚的宫人全部赶走。整个仁寿宫就剩下了杨坚一人。

不久，杨坚死，享年64岁。

关于杨坚之死，《隋书·高祖纪》没有明言他的死因，后人根据杨广采取行动后杨坚猝死，怀疑是杨广杀死的。

杨坚的庙号为"高祖"，谥号是"文皇帝"，故史称"隋文帝"。

第 五 章

盛世明主，辉耀千古
——李世民

　　唐太宗李世民是唐代杰出的军事家、政治家，唐朝第二代皇帝，在位23年，奉行大治天下的治国方针，励精图治，锐意进取，使唐王朝迅速地达到了天下大治的局面。开创贞观之治盛世留下文治武功英名，"唐宗宋祖，一代天骄"，唐太宗李世民被奉为封建明君的典范。他曾起兵反隋，战功赫赫，后发动玄武门之变登上了皇位。唐太宗知人善任，相信"兼听则明，偏信则暗"。他在位期间，唐朝经济开始繁荣，国力强盛。

唐朝建立

李世民出身于贵族世家，李氏家族世居于陇西，其八世祖李诵在西晋末年占据今甘肃酒泉一带，建立西凉国，自称凉公，即西凉武昭王。李诵的儿子李歆被北凉沮渠蒙逊所灭，李歆的儿子李重逃到南朝宋国，后归附北魏，任弘农太守。其后李熙、李天赐均担任地方官、低级军官。

李家到李天赐的第三子李虎，即李世民的曾祖父，家世又重新兴旺发达起来。李虎统率自己的部下帮助西魏的创立者宇文泰开国有功，因此而官至太尉，为"八柱国"之一，死后追封唐国公。到李昞，北周时袭封唐国公，任安州总管，在政绩上却很平庸。李世民的祖父虽是一般官僚，祖母独孤氏与隋文帝独孤皇后是同胞姊妹，这样，李渊、李世民就成了隋朝皇亲国戚，这对于他们的仕途生涯是有一定影响与帮助的。李渊在隋朝的官品始终在三品以下，未能进入枢要的行列，但由于裙带关系，李渊在朝廷中的地位毕竟是优越的。随着李渊年龄的增长，朝廷又提供了他发挥才能的舞台，特别是大业九年，李渊由文官而转为武官，并一再迁升，这对于一个军事贵族的后裔来说，意味着重振先祖旧业的机运来临了。这一年，李世民刚好16岁。

李世民家族的家风是尚武不尚文。他从小跟随父亲辗转于陇州、岐州、楼烦等地，这些地方是汉族和少数民族杂居之地，其风俗习惯亦是善骑射、性强悍，这样李世民从少年时代起即熟读兵法，苦练武艺。他骁勇善战，体魄健壮，精力充沛，勇敢果断。

李世民17岁那年，当朝的隋炀帝喜爱游历，到塞外游逛时，被突厥围困在雁门关。隋炀帝惊恐万分，下令全国征兵来救援。屯卫将军

云定兴率 2 万军队支援，李世民投到他的府下，献计说："突厥可汗倾国前来，围攻天子，一定是认为我们仓促之间不能赴援，才敢如此猖獗，我们可采取虚张声势之计，白天沿几十里山林遍设旌旗，夜间则钲鼓相应，敌人必定以为我们援军齐集，就会望风遁去了。"云定兴依计而行，突厥果解围而去。这可以说是李世民初试锋芒，但这次他并没得到封赏，就又回到了当时任太原留守的李渊身边。

这时的隋炀帝越来越暴露出他穷奢极欲、穷兵黩武的恶劣本性，逼得老百姓实在无法继续生活下去了。大业九年前在今山东、河南、河北、宁夏等地便有 20 支义军。隋末农民大起义的烈火熊熊燃烧起来，人数越来越多，地区越来越广。

在镇压义军及攻辽战争中，李渊因军功一再升迁，至大业十年，李渊奉诏担任太原道安抚大使，以后升任太原留守。李世民跟随父亲在太原参加了镇压甄翟儿义军的军事行动。威震一方的李氏父子权势渐大，羽翼渐丰，加上各地风起云涌的起义及炀帝晚年的猜忌之心越来越厉害，动辄杀戮文武大臣，晋阳起兵已势在必然。李渊是晋阳起兵反隋的决策者和组织者，李世民在父亲的支配和影响下，做了大量工作，使他不仅在政治上迅速成熟起来，军事上也了解和掌握了必备的知识，并结识了一批豪杰之士，成为他日后事业中的骨干力量。

大业十三年，李渊正式起兵反隋，这一年的六月，李渊命李建成、李世民将兵击西河，并命太原令温大有参谋军事，这是起兵反隋后的第一仗，其成败关系全局。李建成、李世民在此次战役中，身先士卒，与民同甘共苦，他们力求不骚扰百姓，既争取了民心，又不轻易伤害军心。当时，百姓在隋朝统治者的残酷压榨下，对义兵的这种行为表示欢迎，广大士兵也更鼓起了斗志。进至西河城下，李建成、李世民未披盔甲，即察看地形。次日，义师麾兵攻城，又有内应引义师入城，这一仗打得干净利落；未伤一人，西河遂定。

七月，李渊率 3 万甲士从太原出发，散发檄文到各郡县，再次声称尊立隋恭帝。李世民跟着父亲，踏上了进攻长安、夺取帝位的征程。

进军途中，部队秋毫无犯，因遇八月大雨，阻滞了一段时间，直到十月，李渊大军浩浩荡荡、斗志昂扬地开到长安，扎在城外西北角，一共 20 多万人，激战 12 天终于攻克长安。代王即位大赦改元，遥尊炀帝为太上皇。李渊父子俱封赏。李世民被封为京兆尹、秦国公。

武德元年四月，宇文化及在扬州缢死隋炀帝。五月，傀儡皇帝隋恭帝已完全无用，李渊便一脚把他踢开，自己在太极殿即皇帝位，就是唐高祖。当年 19 岁的李世民被封为秦王。

唐朝建立后，高祖开始了统一全国的伟业，年轻的李世民，在建立唐朝的多次战斗中已显露出引人注目的头角。在以后的统一战争中，他更是运筹帷幄，亲自上阵，西征东杀，具体指挥了四大战役，立下了汗马功劳，作出了巨大贡献。

大胜二薛

薛举身材高大，凶悍善射，家产无数，称雄边疆，他原是金城（治所在今甘肃兰州）府校尉。大业十三年起兵反隋，自称西秦霸王，封儿子薛仁杲为齐公（后晋封齐王），队伍发展到 13 万人。薛举占据着今甘肃兰州、天水、陇西、宁夏固原、青海乐都等大片地区，军中有许多精骑骁将，兵锋甚盛。

武德元年六月，薛举亲率大军进攻泾州（治所在今甘肃泾川）。李世民被李渊任命为大元帅，领兵 5 万，迎击薛举。两军相遇于高墌（今陕西长武北）。李世民决定打持久战，拖垮敌军，于是深沟高垒，不与交战。不料李世民忽然患了疟疾，只好把大权交与刘文静、殷开山。他俩急于应战，在高墌西南设阵，遭薛举从阵后掩袭，结果唐军在浅水原大败，士卒阵亡十分之五六，大将军慕容罗、李安远、刘弘基等被俘。李世民只好带兵退还长安进行休整。

高墌大败，是李世民领兵以来，也是他戎马生涯中最大的一次败仗，这一仗由于轻躁致败，使年轻的李世民得到极大教训。在此后的统一战争中，他一直保持比较清醒的头脑，他的军事指挥艺术也在经历这一次败仗后，逐步走向成熟。

高墌战后，薛举占领了高墌，又派薛仁杲进围宁州（今甘肃宁县），甚至还想直捣长安。不料薛举得暴病死，薛仁杲继位，驻扎在折城（今甘肃泾川东北），他与众将不和，兵势日衰。李世民乘机率军进攻高墌，薛仁杲派大将宗罗领兵拒战。这次李世民吸取上次失败的教训，认识到唐军新败，士气受挫，而秦军恃胜而骄，不宜与之交锋。于是坚壁不出，薛仁杲军多次挑战，唐兵始终不出战。唐军有些

李世民像

将领沉不住气，要求出兵，李世民下令军中道："敢言战者斩！"双方相持60多天，李世民见时机已到，在浅水营诱敌，敌将宗罗用全部精兵进攻，世民率大军从原北出其不意突袭，宗罗急忙回兵接战。李世民亲率数十骁骑首先入阵，唐大军里外奋击，喊声动地，宗罗军大溃退，被斩首数千级，掉入涧谷而死的不可胜计。李世民率2000多骑穷追不舍，窦轨叩马苦劝道："薛仁杲仍然据坚城，虽然破宗罗，

不可轻进。"李世民却说："我考虑很久了，破竹之势，不可丢失。"说罢继续追击。薛仁杲在城中十分惊慌，其骁将浑干等数人投降了李世民，半夜唐军围城，守城将士抢着跳城归唐。薛仁杲走投无路，第二天就出城投降，至此陇右平定。

李世民消灭薛举、薛仁杲父子割据势力的战争，前后近一年时间，最终大胜。李世民被高祖任命为右武侯大将军、太尉等，继而出镇长春宫，晋拜左武侯大将军、凉州总管。

收复河东

　　刘武周在隋朝担任鹰扬府校尉，他骁勇善战，结交豪侠。隋末起兵，依附突厥，攻下楼烦、定襄。农民起义军首领宋金刚投奔于他，他俩在突厥的支持下攻打太原，齐王李元吉（李渊的第四子）抵挡不住，携带妻妾弃城逃回长安。刘武周、宋金刚又连续攻克了绛州、龙门等地，直接威胁潼关。

　　李世民于武德二年十月，主动上表请求领兵出征刘武周、宋金刚。高祖立刻同意了，并亲自到华阴（今属陕西）长春宫为李世民送行。

　　十一月，李世民率领将士们冒着凛冽的寒风，踏着坚冰，从龙门渡过了黄河，驻扎在柏壁（今山西新绛西南），与宋金刚相峙。他运用灵活机动的战术，不断袭击宋金刚军，宋金刚军吃尽了苦头。

　　有一次，李世民亲自率领轻骑去侦察，轻骑都分散了，李世民只和一名甲士登上山丘睡觉。不久，敌兵从四面包围上来，他俩还在呼呼大睡。幸好一条蛇追逐一只老鼠，触到那名甲士的脸，甲士惊醒，他赶快叫醒李世民，一起上马跑了，没跑出多远，就被敌兵追上，李世民用大羽箭射死他们的骁将，才把敌骑吓退了。

　　唐军在与宋金刚军的对峙阶段中，有过几次战役，宋金刚军损失较大，几员大将也被俘虏。众将要求与宋金刚决战，而李世民却说："宋金刚孤军深入，精兵强将，都在这里，刘武周在太原，全靠宋金刚保护。宋军没有积蓄，利在速战。我军闭营养锐，挫折他们的锋芒。分兵汾州（治今山西汾阳）、隰州（治今山西隰县），冲击他们的心腹，他们粮尽计穷，只能逃走。应等待这个时机再决战，不应当迅速决战。"

　　到武德三年四月，宋军粮食全部吃光，只好向北撤退。李世民认

为决战的时机完全成熟了，于是下令追击宋军。唐军在吕州（治今山西霍县）追上宋金刚部下寻相的部队，大败寻相兵，乘胜追击，一昼夜走200多里，交战数十回合。李世民率军追击敌人雀鼠谷，一天打了八仗，唐军大胜，俘斩数万人。夜里，在雀鼠谷西原宿营，李世民已两天没吃东西，三天没解甲了。军中只有一只羊，李世民便和将士们分吃了。

宋金刚还剩2万人，李世民领兵奔向介休。宋金刚背城布阵，李世民派军分从南、北两面抵挡。唐军稍微后退，被宋军追赶，李世民率轻骑去支援，从宋军阵后出击，宋军大败，被斩首3000级。宋金刚轻骑逃跑，李世民追逐数十里，到达张难堡。守堡的唐军因世民连续作战，浑身尘土而没认出李世民，不放他进堡，世民摘下头盔，守堡将士们才认出是秦王，他们又惊又喜，连欢呼带哭泣，赶忙迎接进来。左右说秦王两天没吃东西了，他们立即献上浊酒和小米饭。

刘武周部下尉迟敬德、寻相收集剩下的人守介休，李世民派人前去劝降，他俩见大势已去，便率8000人投降。刘武周、宋金刚逃奔突厥，都被突厥人杀掉了。

这样历时半年，李世民指挥的消灭刘武周、宋金刚的重大战役胜利结束。唐军收复了河东失地，占领了代北各郡县。高祖封李世民益州道行台尚书令。

逐鹿中原

王世充喜欢兵法、龟策，他因善于阿谀奉承，任仪同、兵部员外郎，一直到掌握东都洛阳的全部军政大权。武德元年九月，他击溃了李密为首的瓦岗军。武德二年四月，在洛阳自称皇帝，夺取了唐朝在河南的一部分土地，扩大了势力。武德三年七月，逐鹿中原的时机完全成熟，高祖派李世民率各军前往攻打王世充。

李世民率大军一路之上势如破竹，沿途州县纷纷归顺，很快包围了洛阳。

武德三年九月，李世民率 500 骑侦察地形，登上北邙山魏宣武陵。王世充领 1 万多步骑突然到达，骁将单雄信手握长矛直奔李世民，尉迟敬德跃马大叫，刺落单雄信于马下，围兵这才稍稍后退，尉迟敬德保护世民冲出包围。然后，李世民、尉迟敬德又率骑兵回战，出入郑军阵，王世充军大败，仅王世充自己脱身，6000 多人被俘，1000 多人被斩。

洛阳城的防守很严，唐军四面攻城，昼夜不停，但 10 多天也未打下城来。洛阳城内粮食奇缺，老百姓把草根树叶都吃光了，路上死尸相枕。李世民率大军围城，眼看洛阳不攻自破，不料窦建德接受了王世充的求援，于武德四年二月，率军西救洛阳，这样使唐军陷入腹背受敌的境地。

窦建德隋末参加并领导农民起义，队伍发展到十几万人，活动于今河北、山东地区。开始窦建德对李世民进攻王世充采取坐山观虎斗的态度，后采纳了其部下的建议，出兵救洛阳，企图扩大自己的势力。

李世民在这种严峻局势下，征询众将意见后，果断决定留一部分兵力继续围困洛阳，深沟高垒，只围不战，自己亲率主力大军，赶赴虎牢关（今河南荥阳汜水镇西），迎击窦建德的援军。

李世民率兵进入虎牢关的第二天，便率 500 骁骑，出虎牢关东 20 多里，去侦察窦建德的兵营。他沿路分留从骑，埋伏在路边。只剩四骑和世民一起继续前进。看到对方的巡逻兵，李世民大喊："我秦王也！"窦建德部众出动五六千骑追赶。李世民和敬德殿后，他放松马缰绳，追骑一逼近，就开弓放箭，射死一将，这样反复几次，将他们引入埋伏圈，斩首 300 多级。

四月，窦建德被虎牢关挡住，前进不了，被迫滞留一个多月，多次战败，将士们想要回去。

五月，唐军间谍报告李世民说："窦建德打算乘唐军草料喂光、牧马于河北的时机，进攻虎牢关。"李世民将计就计，率领轻骑冲锋在前，大军后继，东涉汜水，直逼窦建德阵营。窦建德没有准备，只好领兵退靠东坡，两军大战，尘土满天。这一仗唐军大胜，斩首 7000 多级。窦建德被俘。军士被俘 5 万人，世民当天就将俘虏遣散。

李世民押着窦建德及几个大将到洛阳城下，王世充与窦建德哭着交谈，第二天王世充举城投降。

历时 8 个月的平定王世充、窦建德的战役结束了。因李世民的功劳特别大，高祖认为自古以来的官名都不相称，因此特为李世民设置天策上将这一称号，并赏赐无数。

至此，曾经雄踞大河南北的两大势力彻底覆灭，王世充和窦建德的地盘全部并入李唐王朝的版图。

退刘黑闼

武德四年七月，窦建德的余部在刘黑闼率领下，起兵反唐，一时间气焰嚣张，几乎恢复了窦建德所有故地。

十二月，高祖派李世民和元吉领兵前去镇压刘黑闼。武德五年正月，唐军到达获嘉（今属河南）。刘黑闼放弃相州，退守洺州。唐军在洺水岸上列营压迫刘军。三月，李世民和李艺在洺水南岸扎营，又分兵屯驻洺水北。刘黑闼多次挑战，李世民坚壁不理，又另派骑兵断截其粮道。

世民与刘黑闼相持 60 多天了，刘黑闼领兵偷袭李世民，李世民率军攻其背后救援，被刘军包围。尉迟敬德率壮士突围而入，李世民他们才得救。

李世民估计刘军粮尽，必定前来决战，便派人截断洺水上游，对守堤吏说："我军与敌兵交战时，等敌兵渡河渡到一半，再决堤放水。"果然，刘黑闼率二万步骑南渡陷水来决战。一半将士已经过河时，河水滚滚而来，深一丈多，数千人被淹死，军心大乱，李世民乘机率精骑先攻其骑兵，再践踏其步兵。刘黑闼部被斩首一万多级，刘黑闼率残部投奔突厥，世民领导的击退刘黑闼的第四大战役又胜利结束了。后来，刘黑闼又起兵反唐，被李建成领兵镇压下去。

在唐初统一全国的战争中，李世民的贡献是巨大的，他驰骋疆场，东征西杀，立下了汗马功劳，也显示出了他的军事才能和军事指挥艺术。

李世民是位善于学习、善于总结经验教训的人，并善于用人，他的军中有许多名将，如尉迟敬德、李世勣、秦叔宝等，他让每个人充分发挥其作用，虚心听取、接纳他们的意见。当时，广大的百姓经过多年战乱，人心思定，向往社会安定和国家统一。唐朝在人力、物力、财力、兵力各方面都超过了各个割据政权和各支农民起义军，又实行了安抚百姓等正确政策，所以得到百姓的拥护，也就为战争的胜利奠定了坚实的基础。

贞观之治

唐太宗在位初期，一直表现出对民众的同情和对朝臣意见的尊重，他为缺乏治国的才能而经常表示出担忧，他在群臣面前采取谦恭下士的态度，渴望学习，并征求他们的意见，接受他们坦率的批评。他给唐朝政府带来一种新鲜的、事必躬亲和有吸引力的作风。这种作风基本建立在他个人的明察、过人的精力、勤奋不息和善于用人的基础之上。

唐太宗即位时29岁，第二年改元"贞观"，而且直到他死未用别的年号，在他统治的23年中，是中国历史上最为辉煌的时期，史书上称"贞观之治"。

以德治国

贞观初年，君臣就治国的指导思想是德治还是法治进行过一场大辩论。起初，大多数人主张法治。唯独魏征，主张德治。经过激烈的论争，还是认为魏征的话有理，于是决定把德治作为治国的指导思想。

由隋亡的教训出发，唐太宗及其大臣们认识到广大农民群众的威力，著名的"载舟覆舟论"也就是这个时期提出的。"君，舟也；人，水也。水能载舟，亦能覆舟。"其实质就是要解决统治者与百姓间的关系问题。唐太宗说："凡事都必须致力于根本。国家以人民为根本，人民以穿衣吃饭为根本。"逐渐形成"清静无为"的统治思想，安抚百姓，发展经济，轻徭薄赋，戒奢从俭。

唐太宗积极推行"均田制"。即，丁男和18岁以上中男，每人一顷土地，其中80亩是口分田，20亩是永业四；老男和残疾人，每人40亩。把无主地和荒地平均分配给无地或少地的农民，鼓励农民迁到人少地多的地方去受田。并有奖励措施，愿意迁往边远地区垦荒的，免除他们的徭役负担，并经常派使者到各地功课农桑。指示各级官吏惩罚懒惰之人。贞观二年，窦轨出任洛阳都督。洛阳因隋末大乱，人多轻浮、虚伪。窦轨叫他们都去务农，并且命属县有游手好闲的全部处罚。从此，吏民有所畏惧，社会风气大大得到净化。

为了增加劳动力、恢复和发展农业生产，太宗还采取了以下三项措施：

一是释放宫女,两次共释放五千人。太宗对侍臣说:"妇人被幽禁在深宫里,实在是可怜……如今准备放她们出宫,听任他们去找伉俪。这不但能节省费用、减轻百姓负担,而且也能够适合人的本性。"

二是赎回外流至突厥等塞外的人口,一共200万人。

三是鼓励结婚生育,贞观二十三年比武德年间净增了180万户。

发展生产的同时,还采取了轻徭薄赋的措施,减轻人民的负担。唐太宗在位期间,前后13次减免农民赋役。

贞观五年,主管官署上奏说:"皇太子将举行冠礼仪式,应在二月里举行为吉利,请补充礼器,用来准备举行仪式。"太宗说:"现在春耕生产刚刚开始,恐怕妨碍农事活动,改在十月里举行吧。"又有人奏说,按阴阳家推算,在二月举行最好,但太宗不信那一套阴阳历术,以为农时很重要,不能片刻耽误。

唐代宫乐图

贞观十四年十月,太宗将要去栎阳打猎。县丞刘仁轨专门到太宗的住所去,恳切地劝阻这次行动,因为当时收获尚未完毕,太宗放弃了打猎之行,并提拔刘仁轨任新安县县令。

唐太宗即位后,住的宫殿还是隋朝时建造的,大都已破旧。贞观二年,公卿大臣们奏请营建一座新的阁楼。唐太宗说:"我患有气疾,确实不宜住低下潮湿的地方。但是如果同意了你们的请求,浪费实在多。从前汉文帝准备建筑露台,为节约相当于千户人家财产的费用,就不再兴建。我的德行赶不上汉文帝,而耗费的财物却超过他,难道说称得上是作为百姓父母的国君的德行吗?"公卿再三奏请,太宗始终没有答应。

贞观七年,太宗驾幸蒲州,刺史赵元楷下令老年人穿黄纱单衣。准备在路旁迎接拜见皇帝。并大肆修饰官署的房屋。修整城楼来谄媚

讨好。又暗地饲养百多只羊、几千条鱼，准备送给皇亲贵戚。太宗知道后，召来他斥责道："我巡察黄河、洛水之间的地方，经过几个州，凡是需用的东西。都是用官府的物资供应。你给我们饲养羊、鱼，雕饰庭院屋宇，这是已灭亡的隋朝的坏风气，现在不能再实行。你应理解我的心意，改变旧习惯。"因为赵元楷在隋朝任职时阿谀奉承不正派，所以太宗说这样的话来警诫他，赵元楷又惭愧又害怕，几天不食而死。

贞观五年正月，朝臣上表，因为四夷全都顺服，请求到泰山封禅，太宗手写诏书，答复不同意。封禅就是到泰山祭祀天地，是帝王好大喜功、浪费民财、滥用民力的表现，太宗为节约民力，而拒绝封禅。贞观五年至贞观二十一年间，共有七八次请求封禅，太宗也犹豫，一会儿同意，一会儿不同意，可见他的内心在进行着激烈的思想斗争。最终没有封禅，说明他还是担心劳民伤财，以安抚百姓为重的。

吏治有方

唐太宗倾注于治国的精力是异于常人的，并且要求群臣也和他一样，他的宰相轮流在中书、门下值班，以便能不分昼夜地随时招对。当公文多时，他就粘在墙上随时审查考虑，直到深夜。

唐太宗为了吸收更多的官员担任宰相，让新鲜血液进入宰相班子，以便更好地辅佐他治国，特地设置了"参与朝政"等头衔，贞观元年九月，御史大夫杜淹"参与朝政"是一个开端。以后，太宗及其后的皇帝，又陆续设置了"参议朝政""参议得失""参知政事""同中书门下三品""同中书门下平章事"等头衔，凡带这些头衔的，位同宰相。这样宰相不受官品的限制，皇帝可随时任免，有利于提拔德才兼备的人才进入最高领导层，参与国事，也削弱了个别宰相想操纵权力的企图。

唐高祖武德年间，官员多达几千名，冗官充斥朝廷，唐太宗则大刀阔斧地进行裁减。命房玄龄具体执办这件事，仅留643名官员，大大提高了政府机构的办事效率，相对减轻了人民大众的负担。

隋末大乱，农民起义军和地主武装纷纷拥众据地，独霸一方。李渊起兵后，他们相继归附，高祖为了笼络他们，新设许多州县，所以唐初州县数大大超过了隋朝。由于设置较小，不便于中央直接控制，于是太宗便依山川形势之便，对州县大加省并，把全国划为十道。并随时派监察人员巡行各州县观风俗之得失，察政刑之苛弊，及时奖励选拔人才，起到劝善惩恶、激浊扬清的监督作用，大大改进了地方吏治。

陈君宾在隋末担任襄国太守。贞观年间任邓州（治今河南邓县）刺史。该州在大乱之后，百姓流落他乡，陈宾君到任才一个月，全都回来恢复旧业。有一年，全国各州都遭受霜、涝灾害，只有邓州避免，当年有许多积蓄，蒲州、虞州等地百姓都到该州找吃的。因他吏治有方，当年太宗把他调入朝廷担任太府少卿，转任少府少监。

贞观年间，贾敦颐担任沧州刺史。他为官清廉，每次入朝，全家一起走，只有一辆破旧的车，几匹瘦弱的马，没有马缰，就用绳子代替。后转任瀛州刺史，该州的滹沱河和滱水每年泛滥，淹没居民，贾敦颐上奏建筑堤堰，从此不再有水患之忧。

唐太宗深刻地认识到，必须君臣共治，才能治理好国家。他曾对侍臣们说："君臣本来就是同治乱、共安危的。"他对魏征、房玄龄、杜如晦、王皀、褚遂良等大臣的优、缺点了如指掌，评论起他们来滔滔不绝。只有了解他们，并尊重、信任他们，不偏听偏信，让他们有职有权，才能让每个人发挥应有的作用。贞观之治的出现，是离不开这些大臣们的鼎力相助的。

谏臣魏征

讲到"贞观之治"就不能不记叙一下魏征，魏征可以说是唐太宗的老师，是理论家，是政治设计师。他运用博大精深的儒家思想和丰富的历史经验教训，为太宗设计了自我修养和治国指导思想及方略。

魏征，字玄成，原籍钜鹿曲城，后来迁居相州临黄。他从小失去父亲，家境贫穷，但他落拓不羁，胸有大志，喜欢读书，读了很多典籍，特别注意纵横学说。

大业末年，武阳郡丞元宝藏起兵响应李密，召魏征来掌管文书，后被李密召去任为记室。李密战败之后，魏征随之降唐，很长时间不为别人所了解，他只好自己请求前往安抚山东，高祖便任命他为秘书丞，派他乘驿站马到黎阳。不久窦建德攻下黎阳，俘虏魏征，任命他为起居舍人。窦建德被俘后，魏征西入长安，被李建成任为太子洗马，李建成对他十分礼遇。魏征看见太宗功业日盛，经常劝李建成早点儿算计他。玄武门之变后，太宗责问魏征："你为何离间我兄弟？"众人都替他着急，只见魏征不慌不忙地答道："皇太子如果听从我的话，一定不会有今天的祸事。"太宗被他的话打动，平时又器重他的德才，因此命他为太子詹事主簿。

太宗刚即位时，经常请魏征进入卧室，咨询得失。魏征很有治国才干，又刚直不阿，太宗每次和他谈话。全都欣然采纳他的意见。太宗曾赞扬他说："卿劝谏的前后200多件事，不是卿至诚奉国，哪能如此？"

有人说魏征偏向亲戚，太宗派温彦博调查却没有根据，温彦博上奏说："魏征作为人臣，说话应当有所保留，不能远避嫌疑，才招来

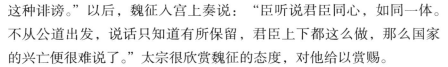

这种诽谤。"以后，魏征入宫上奏说："臣听说君臣同心，如同一体。不从公道出发，说话只知道有所保留，君臣上下都这么做，那么国家的兴亡便很难说了。"太宗很欣赏魏征的态度，对他给以赏赐。

贞观七年，魏征代王珪为侍中，尚书省滞留下来、解决不了的案件，太宗叫魏征评判，魏征根据法律、人情来判断，众人没有不心悦诚服的。

太宗把魏征比作镜子，可以照见他说话、办事的对错。他曾对侍臣说："用铜作镜子，可以端正衣冠；用历史作镜子，可以知天下兴亡和朝代更替的原因；用人作镜子，可以明白自己的得失。我经常保有这三面镜子，用来防止自己的过失。现在魏征死了，我丢掉一面镜子了！"他为此哭了很久。

太宗就像小学生对老师一样，对魏征又敬又怕。有一次，魏征扫墓回来，问太宗："别人说陛下打算到山南去，用品都准备好了，却没有去，这是为何？"太宗笑着说："当时确实有这种想法，后来怕卿不高兴，就取消了。"还有一次，太宗得到一只绝色鹞鹰，爱不释手，正在把玩，看见魏征走过来，就藏到怀里。魏征已看见鹞鹰，却假装没有看见，走上前去，大谈古代帝王逸乐的教训，劝谏太宗作为鉴戒。太宗不好意思打断魏征的话，结果那只鹞鹰闷死在太宗怀里。

魏征自认为对国家无功，只仗着自己一张嘴，便当上宰相，所以多次以眼睛有病为由上表辞职，但太宗没有允许。

魏征与太宗讨论政术，对话共达数十万字，劝谏200多件，几乎涉及道德、政治、经济、文化等各个方面，太宗基本上都接受了。

魏征富有谋略而刚直不阿，直言不讳，因此唐太宗在治理国家方面特别倚重他，把他当成自己的老师与长辈，对他言听计从。太宗怕魏征，不是怕他这个人，魏征相貌平平，一点儿也不威武；太宗是怕他结合隋亡的教训来阐释儒家思想及历史经验，也就是怕他的"仁者之勇"。

太宗对魏征非常信任，十分重用，把他从一个七品小官一直提拔到与宰相同级的地位。太宗得到魏征，真可谓"如鱼得水"。

虚心纳谏

唐太宗之所以能成为好皇帝的典范和楷模，就是因为他谦虚谨慎，自视不足，虚心纳谏。兼听则明，偏信则暗；明君兼听，昏君偏信。太宗把是否纳谏提到是否明君的高度来认识。

唐太宗仪表威武，面容严肃，百官中晋见的人，诚惶诚恐，举止失措，不敢大胆进谏。后来太宗每天接见大臣们时，就做出和颜悦色的样子，希望臣子能够直言规谏。

太宗刚即位时，曾判处元律师死刑，孙伏伽劝谏说："按照法律，不至于判罪，不能允许无节制地处以严酷的刑罚。"太宗就把兰陵公主园赏赐给他，价值达万钱。有人说："孙伏伽所说的只是一般的道理，而所赏赐的太优厚。"太宗说："自我即位以来，没有进谏的人，所以赏赐他。"太宗这样做，是为了让大家进谏。

贞观初年，太宗与黄门侍郎在王皀在宴席上交谈，其时有个美人在旁边侍候太宗，此人原是庐江王李瑷的姬妾，李瑷谋反被杀后，此美人籍没入宫。席间，太宗指着美人对王皀说："庐江王荒淫无道，谋害了她的丈夫而将她占为己有。残暴到极点，怎么会不灭亡呢？"王皀听了当即站起说道："陛下既然认为庐江王不对，却仍然将他的姬妾收入宫中，难道明知是邪恶也不去避开吗？"太宗认为王皀的话有理，就命令将那个美人送回她的亲族那里去。

李大亮在贞观初年任凉州都督，曾有一位由中央官署派出的使者到达凉州境内，看到当地有极好的猎鹰，就暗示李大亮进献。李大亮没有按照使者的意旨将名鹰进贡，而是密奏太宗："陛下已很久没有打猎了，而使者前来要猎鹰，如果是陛下的想法，就大大违背昔日的旨意，如果是使者自作主张，就是使者用非其人了。"太宗写了一封信表扬李大亮，赞扬他没有曲意顺从，而是忠心勤政。并送给李大亮一部荀悦的《汉纪》，勉励他好好学习。

　　太宗虚心纳谏的作风，也影响了后宫。尤其是长孙皇后，往往在太宗任情使性不能接受臣下进谏的时候，进行规劝。长孙皇后所生的长乐公主，太宗特别钟爱，她出嫁时，太宗命有司准备的嫁妆要比永嘉长公主多一倍。这分明是太宗出于自己的偏心，对此魏征极力反对。这件事牵涉到长孙皇后，太宗当面没有表态，退朝后告诉长孙皇后。长孙皇后感叹地说："我平时听你夸赞魏征，还不知其原因，今天我明白了，魏征真正是社稷之臣！"于是派人送400钱、400匹绢到魏征家中。

　　贞观元年，御史大夫杜淹建议说："各司的文书恐怕有失误，请命令御史到各司去检查。"太宗问尚书右仆射封德彝这样做行不行，他回答说："设官分职，各有各的职责。如果有过失，御史自然应当检举；如果派御史到各司去，专门挑剔小毛病，那就太麻烦、琐碎了。"杜淹再也不说什么。太宗问杜淹："为何不再辩论了？"他回答说："天下的事情，应当出以公心，对的就服从。德彝所说的，确实得大体，臣心悦诚服，不敢再争辩。"太宗满意地说："公等都能够这样做，朕还有什么可担忧的呢？"

　　由于唐太宗求谏若渴，从谏如流，虚心纳谏，贞观年间形成了一股良好的谏风，上自魏征、王珪、刘洎、岑文本、马周、诸遂良等大臣以及长孙皇后、妃子徐氏。太子李治，下至普通百姓，纷纷争先恐后地向太宗进谏，内容几乎涉及治国的所有方面。谏者是言者无罪，知无不言，太宗是闻者足戒，有则改之，无则加勉。

误服丹药

太宗初即位时，立长子李承乾为太子。当时李承乾只有 7 岁，十分聪明，太宗很喜欢他。太宗每次出京，都命他留守京城。可是李承乾长大后，却判若两人，喜欢声色，出外漫游、打猎无度，还不让太宗知道。太子少詹事张玄素因李承乾不读书，经常上书劝谏，李承乾便恨他，用马鞭抽打他，并派刺客去暗杀他，未遂。

李承乾越来越败坏，他的太子地位便岌岌可危了。李承乾已存不满，正好另一皇子李佑在齐州造反，他也想举兵起事。后被人告发，太宗问侍臣："如何处置承乾?"群臣都不敢回答，唯独通事舍人来济说："陛下不失为慈父，太子能够尽天年就好了!"太宗下诏废太子李承乾为庶民，软禁在右领军府。

李承乾被废太子后，另一皇子李泰积极表现想当太子，但经过多次明争暗斗，太子位终于落到太宗的另一个不肖之子李治手里。李治不学无术，悠闲悠乐，荒费岁月。唐太宗也看出他的缺点，所以不久就很后悔，想废除他，终因长孙无忌的劝阻，才打消了另立皇太子的念头。

以贞观十二年为界限，前期唐太宗在治国、修己方面均能克己奉俭，与民休息，发展生产，增强国力；后期则经常修建离宫，出京巡游，打猎，用兵征伐。虽然他不失为一个好皇帝、英明君主，但在此以后，他确实在任人唯贤、虚心纳谏方面比以前逊色多了。

在封建专制独裁制度下，皇帝不受任何法律监督和约束，即使像太宗这样自制力非常强、自我要求及其严格、个人道德品质十分优良的皇帝也难以避免逐步下滑。从个性来说，人总是有惰性，到最后贪图安逸是很难避免的。

贞观二十二年，吐蕃兵击败中天竺兵，俘虏一万多人，俘虏中有一名方士叫那罗迩娑婆寐，自称年已200，说有长生之术。太宗一听，如获至宝，立即下令让他住在金飚门内，炼制长生不老药，并派使者到各地采集无数奇药异石。该方士折腾了好几个月，说是药制成了，太宗立刻服用，不仅无效，而且因此得了痢疾，吃什么药也止不住泻。

贞观二十三年三月，太宗抱病到显道门外，大赦天下。四月，依然患病的太宗到翠微宫去，太子李治日夜不离身边。太宗病危，召长孙无忌入含风殿，太宗躺着，用手抚摸长孙无忌的面颊，却说不出话；等到第三天，太宗又召长孙无忌和褚遂良进入卧室，对他俩说："朕如今把后事全部交给公等。太子仁孝，公等所知，好好辅佐他！"太宗叫褚遂良起草遗诏。过了不大一会儿，太宗就死了。

太宗死时只有52岁。不可抑止的奢欲，使这位功绩卓著的好皇帝，由于误食金石而过早地结束了自己的生命。

少数民族在朝廷做官的和来朝贡的数百人，听说太宗已死都痛哭失声，剪发、割面、割耳，血流满地。

李世民成长于乱世，从小就好武不好文。李世民箭术精湛，而且他所用的箭和弓都比平常的规格大一倍，威力强，命中率高，能够"射洞门阖"。李世民骑术高明，而且爱马成癖。他还善于识别和驾驭良马。在前期统一战争中，每战必乘骏马，冲锋陷阵。武德四年七月，世民与窦建德军对阵时，王世充的使者王琬乘着一匹马，远远地走出阵前，向众人炫耀。李世民爱马，赞叹道："他骑的真是一匹好马啊！"尉迟敬德冲入敌阵，将王琬和他的坐骑都俘虏过来。这匹马就成为世民的坐骑之一，取名黄骢骠，后来随他出征高句丽，死在途中，李世民感到十分惋惜，特地叫乐工创作《黄骢叠曲》，表示怀念。李世民对他晚年选中的六匹经常骑的战马非常喜欢，不仅生时爱之形影不离，而且死前还遗命雕刻六匹骏马以装饰昭陵，称"昭陵六骏"。

李世民即位后，懂得"马上得天下但不能马上治天下"这个道理，他曾对房玄龄说："为人非常需要学问。我以往因为各处顽敌没有平

定，到处征伐，亲自主持军务，没空读书。近来国家安宁，我身为国君，不能亲自手执书卷阅读，便叫人朗读给自己听，君臣父子之伦常，政治教化之策略，都在书中。古人说："不学习犹如面对墙而无所见，临事就会困扰。"这不是空话。再想想小时候做的事，很觉得不对。"

贞观时期很重视儒学，建起文学馆，接纳各地文士，以杜如晦、房玄龄、褚亮、孔颖达等18人为文学馆学士，并让人画学士的相貌，注上名字、籍贯，叫"十八学士写真图"，藏在书府，表示礼贤。众学士都供以上好伙食，分成三班，轮流到阁下值宿。太宗每天处理完军政事务，拜见完父亲回来，立即召见众学士，一起研讨典籍，吸取历史经验教训。

由于刻苦读书，太宗的学业突飞猛进，短短几年，已成为一个高级知识分子、诗人、书法家。《全唐诗》中收录了他的诗69首，《全唐文》中收他的文章7卷、赋5篇，诗文语言通畅、词藻丰美。

太宗的书法也相当不错，他擅长王羲之体书法，特别善写"飞白"，笔画中丝丝露白，像枯笔写成的一样。有一次太宗在玄武门宴请三品以上官员，太宗操笔作飞白字赐群臣。大家乘酒兴在太宗手中抢其所写字，你争我夺，乱成一团，刘洎跳到御座上伸手而得太宗书法。有人指责刘洎说："你竟登上皇帝的座位，罪该死，请伏法。"太宗笑着说："以前听说婕妤辞辇，今天看见常侍登床。"不但不处罚刘洎，而且不久还升任他为黄门侍郎。

总之，唐太宗是中国古代伟大的政治家、军事家，而且他精力充沛，善于学习并吸取前人的经验教训，他还是很有人情味的皇帝，和许多大臣建立了极密切的私人关系。唐太宗的治国方略是中华民族乃至全人类宝贵的精神财富。

唐太宗留给后人的很多、很多，值得后人"以古为镜"。

第 六 章

黄袍加身，一世枭雄
——赵匡胤

　　赵匡胤出生在一个军人家庭。他自幼练武，爱好骑射，并摔打出一身的好武艺。长大后投身于郭威的旗下。后来，郭威拥兵自重，在将士的要求下，废汉隐帝，建立后周。此时的赵匡胤由于拥立有功，提升为禁军军官，后受郭威义子柴荣信任，提升为开封府马直军使。后来赵匡胤权力日盛，发动政变，"陈桥兵变，黄袍加身"，兵不血刃登上帝位，不仅统一了大半个中国，而且治国有方。

艰苦磨难

后唐天成二年二月十六日，在中州古都洛阳夹马营的一个军人家中，诞生了一个男性婴儿。家里给这个刚生下的男孩起了一个非常有趣的名字——香孩儿。据说，在这孩子出生时，正值明宗皇帝在宫中焚香祷告，当孩子生下来后，体有异香，且三日不散，故名香孩儿。

香孩儿并非出生于一个名门望族。他的父亲姓赵，名弘殷，河北涿县人，当时在后唐禁军中担任正捷指挥使，属骑兵中级指挥官。

几年后，香孩儿到了读书的年龄，赵弘殷才正式给他起名为赵匡胤。这个名字意义颇深，对于当时文化水平不高的一介武夫，能想出如此含义深刻的名字，确实不易，可见他对于自己的儿子是寄有厚望的——匡者，匡复、保佑也；胤者，胤嗣、后代也。小匡胤也没有让父亲失望，他不但喜欢读书，熟知历史典故，而且同父亲一样，爱好习武，并且表现出了极高的天赋。在读书之余，他缠着父亲教他习武。几年下来，他已是一个弓马娴熟，小有名气的骑手了。一次，有人拉来一匹尚未驯化的烈马，等不及配上马鞍和笼头，赵匡胤就骑了上去。不料，那马刚朝正路跑了几步就蹿上了回城的斜道，朝城门狂奔而去。在场的人眼看着赵匡胤猝不及防，一头撞在城楼门楣上摔了下来，都吓坏了，以为他肯定会摔成重伤。谁知他却从容地一跃而起，奋力追上烈马，纵身跃上，终于将这匹烈马制服了。

赵匡胤出生之时，正是大唐帝国消失后藩镇割据、军阀混战最激烈的时期。先是朱温废掉有名无实的唐哀宗，建立了后梁王朝；接着，后梁被沙陀人李存勖攻灭（923），在一片废墟中建立起后唐政权；后唐庄宗李存勖的皇位还没坐上几年，就被他的养子李嗣源发动的政变

推翻了。赵匡胤的父亲赵弘殷本是庄宗李存勖所宠爱的战将，但自从李存勖在兵变中被杀后，也许因为篡位的李嗣源把他视为庄宗的人，从此赵弘殷便官运不佳。十几年里，朝代已是两度更迭，天子也换了五六位，但他的官职却没有得到提升。这期间，赵家又添了二男二女，家境也日益艰难。可以说，少年时代的赵匡胤，和千千万万个同龄人一样，过着十分平常的生活，并没有一点点将来成为真龙天子的迹象。随着年龄的慢慢长大，父亲一年比一年衰老，赵匡胤开始要为贫困的家庭分忧解难了。19岁这一年，赵匡胤结婚成家，完成了人生一件大事。成家应当立业，可是家中贫困潦倒的现实告诉赵匡胤，依靠家庭的帮助干一番事业的路子是走不通的。21岁那年，他毅然告别了父母、妻子，离家出走，决心到外面去打开一片天地、干出一番事业来。

他先是去投奔现在已经当了大官的父亲以前的战友。但是，世态炎凉，他不但没有从这些有钱有势的前辈那里得到关怀和帮助，反而遭受到不少的白眼和冷遇，他们根本不肯认他这个晚辈。一天，他来到了凤翔节度使王彦超的府上。希望谋得一个安身的差使。王彦超不但不见他，反而像打发叫花子一样，差人给他几贯钱就将他赶走了事。此时的赵匡胤已是囊中空空，只有这几贯钱，眼看求职无门，为了今后的生计，他想通过这几贯钱换取更多的钱来，于是就加入了当时十分盛行的赌钱的行列。由于他单身一人，无依无靠，常常受到赌徒们的欺负。往往他是输多赢少，即使他赢了，赌徒们也会一拥而上，一阵拳打脚踢，将他的本和利抢个净光。于是，后来在赌场上流行了这样一句话："赵匡胤的赌——许输不许赢"，就是由此而来的。当他输掉了最后一个铜板后，不得不踏上沿街乞讨的流浪之路。

不知不觉中，他度过了两年的流浪生涯。大江南北的山山水水都留下了他的足迹。虽然，这两年的流浪生活十分艰苦，食无定时，居无定处，并常常受到富家子弟的欺负。但是，这样的遭遇也使他得到了锻炼，他的意志和性格被磨练得更加坚强，眼界也变得更加开阔了。后来，当他发迹时，每每回忆到所经历的这段时光，他总是感慨万分，认为这期间的艰苦磨练，为他以后的成功打下了良好的基础。有一天，他流浪来到了汉水之滨的重镇襄阳，求宿于一家寺院。这家寺院的主持是一位年近百岁的老僧，饱经沧桑，阅尽人间世故。他见到赵匡胤紫面丰颐，豹头环目，虽满脸尘埃，却掩不住英武之气；一身破衣，却不带有寒酸之态，不禁暗暗称奇。经过一番交谈，更觉得其气度不凡，料定将来必成大器。于是，他十分诚恳地告诉赵匡胤说："当今世界群雄争鹿，天下一派大乱。相对而言，汉水以南的各个政权比较稳定，而北方却战乱不止。俗话说：乱世出英雄。我觉得你将来必成大器，所以应该北上，而不应南下，要到北方去成就一番大业。"赵匡胤觉得十分有理，当即决定北上，谋求发展。临走时，老僧不但向赵匡胤赠送了金钱、食品，还将寺院中唯一的一头小毛驴送给了他，让他以驴代步，以便能早一天到达目的地。

告别了老僧，赵匡胤马不停蹄，日夜兼程地踏上了北去的小路。一次，他起早赶路，看着太阳从东方冉冉升起，光芒四射，温暖的阳光笼罩着大地，心里不禁一阵激动，随口吟咏出一首打油诗来："太阳初出光赫赫，千山万山如火发；一轮顷刻上天衢，逐退群星与残月。"还有一次，他露宿野外，一觉醒来，只见一轮明月高挂中天，大地披上了一层银辉，他稍加思索，又吟出了两句："未离海底千山黑，才到中天万国明。"这些诗，也许并不像诗，平铺直叙，缺少文采，但气度非凡，感情丰富，是一种心情的宣泄。这也足以说明，此时此刻，赵匡胤北上的心境是相当亢奋激昂的，有着前所未有的豪情。

乾祐三年，赵匡胤来到河北邺都，投到后汉枢密使郭威的帐下，郭威看到这个身强力壮、精通武艺的将门浪子，愉快地将其留下，当了一名士兵。在郭威的帅幕下，赵匡胤终于找到了一个施展才能和抱负的立足点。这一年他23岁，正是风华正茂的好年龄。

黄袍加身

在赵匡胤投奔郭威麾下的第二年（乾祐四年，951年），郭威发动兵变，灭亡了后汉，建立起了后周王朝，郭威受禅即帝位，是为后周太祖。赵匡胤作为军中一员，在拥立郭威这一事件中，积极拼杀，立下战功，深得郭威赏识，被提升为东西班行首，成为禁军军官。两年后，郭威又任命赵匡胤为滑州（今属河南）副指挥使。此时正值皇太子柴荣被封为晋王，担任开封府尹。由于柴荣与赵匡胤曾在军中并肩作过战，所以很了解他的勇武与才能，就要求太祖把赵匡胤留在自己的军中。于是，赵匡胤又被任命为开封府马直军使，成为柴荣身边的贴心人物。这一选择，对赵匡胤今后的一生产生了决定性的影响。不久，郭威病死，柴荣即位，是为周世宗。

周世宗即位后，赵匡胤就随之被调到中央禁军任职，又来到了柴荣的身边。显德元年二月，北汉联合契丹对后周发动进攻，世宗率军亲征，赵匡胤与殿前都指挥使张永德各领牙兵1000随行。两军在高平（今山西晋城东北）相遇，遂展开激烈的战斗。渐渐地，北汉的部队占了上风，后周的骑兵将领樊爱能、何徽被敌方的气势所吓倒，不战而退，望风而逃，一时间，军队大乱，不少士兵已向敌方投降。情形十分危急，世宗只好率领亲兵督战。赵匡胤看在眼里，急在心上，但此时头脑却十分冷静，他知道此时是他挺身而出的时候了。于是，他奋不顾身地站到了队前，振臂大呼："主上危险，我们还活着干什么？让我们以死杀敌吧！"并对张永德说，"你手下的士兵箭法很好，赶快带领他们去抢占左翼的制高点，我率兵从右翼包抄。后周的生死存亡，在此一拼了！"说罢，便赤膊上阵，带领2000骑兵冲入敌营。此时的北汉主正稳坐大帐，饮酒行乐，只等胜利捷报传来。岂料，赵匡胤已率军将他的部队打得七零八碎，只好率残部落荒而逃。

高平之战，是中原政权由乱而定、转弱为强的开端，颇为后世史学家所称道。这场关系到后周生死存亡的大决战，使赵匡胤更加得到周世宗的赏识，周世宗感到，赵匡胤不只是一介武夫、仅有匹夫之勇，而且是一个智勇双全、具有战略眼光的将才。于是，不但破格提拔他为殿前都虞侯，成为后周禁军的高级将领，而且还委以整顿禁军的重任。手中掌握了一定的兵权，就可以大张旗鼓地干一番自己想干的事情。在他的主持下，首先将禁军中不能冲锋陷阵的老弱残疾者调离出去，又从其他军队中调来了一批身强力壮的勇士充实其中，并在此基础上组建了一支殿前司诸军。这样一来，使军队的战斗力大大提高了。

在整顿禁军的过程中，赵匡胤也开始在军队中形成了自己的势力。他利用主持整顿禁军的机会，将自己的生死之交罗彦环、郭廷斌、田重进、潘美、米信、张琼、王彦升等安排在殿前司诸军中任领军，便于控制整个禁军。同时，又以自己高级将领的身份，与其他的中高级将领来往密切，并同其中的石守信、王审琦、韩重斌、李继勋、刘庆义、刘守忠、刘廷让、王政忠、杨光义等结拜为义社十兄弟，这样，就形成了一个以赵匡胤为核心的势力圈子，军中从上到下，无人敢与之争雄，为以后的称霸，打下了坚实的基础。

赵匡胤当时并非禁军的最高统帅，他的殿前都虞侯职务还远远地排在殿前都点检、副都点检以及四五位正副都指挥使之后。由于他控制、结交了禁军中的一大批中级以下的少壮派将领，使得他在禁军中有很大的活动能量，特别是在指挥禁军作战方面，远比他的上司们得心应手。显德二年，周世宗派兵攻打后蜀，先是派大将王景、向训率领罗彦环、潘美等部前往，但遭到后蜀军队的顽强抵抗，一直拖了很久，军队及装备都消耗很大，也没有一丁点儿胜利的迹象。赵匡胤见此，心里非常着急，按捺不住，积极向世宗请战。开始时，周世宗考虑到他官职低微，怕派他去不能服众，后来见局势越来越危急，于是就改派他前往观察战局，相机行事。赵匡胤来到前线后，经过对敌我

双方情况的分析，及时调整了禁军的部署，有针对性地向敌军发起了猛攻，结果取得了决定性的胜利，一举夺得了后蜀的秦、凤、成、阶（在今甘肃成县、武都等地）四个州的大片领土，赢得了周世宗以及朝廷上下的一片赞扬。

从显德三年到显德五年，周世宗对南唐前后发起过三次进攻，逼迫南唐将江北15州的土地割让给了后周。在整个战役中，赵匡胤表现得最为突出。这除了他足智多谋、身先士卒、勇猛善战外，部下的拼死效命也是一个重要原因。制服南唐以后，周世宗论功行赏，大拜群臣，赵匡胤被提升为忠武军节度使兼殿前都指挥史。这样一来，赵匡胤就集权力、位置于一身，成为后周王朝中最有影响的人物之一。

早在10年前赵匡胤四处流浪时，曾在河南商丘的高辛庙里占了一卦，"圣蔺"上提示他有"大吉"之相，将来能成为天子。当时他对此并未放在心上。随着地位的提高、权力的不断增大，他越来越相信那一卦是真的，必然能变成现实。自此以后，他在处事待人上都与以前大不相同了。以前，他只注重在军队中结交武将，现在对文人也比较重视了。赵普、王仁瞻、楚昭辅、李处耘等人，都是在这期间被他团结在麾下而成为心腹幕僚的。除此之外，他自己也开始留意经史，一改从前那种不喜诗书的草莽武夫作风。攻打南唐时，他曾在敌人手中收集到了数千卷史书，令专人携带在身边，供他随时阅读。周世宗对赵匡胤的这些变化也颇感惊讶，问他原因，他回答说："我受皇上信任，常感力不从心，所以要多学多闻，增加见识，以不辜负皇帝的重托。"世宗听后，不但不起疑心，反而大加赞赏。此时，他除了对以往的朋友更加拉拢外，还通过他们，更大范围地结交朋友，以至于那些资历较深的老牌将领、节度使、当朝宰相以及宗室贵戚等，都成了他的座上宾。

在结交亲朋好友的同时，他还注意打击敌对势力，除掉异己分子。如，逼死与其相对立的宰相王朴，借助周世宗杀害与之有利害关系的殿前都点检张永德等。彻底扫清了自己争夺权力顶峰的障碍。

显德六年六月，周世宗因病去世，其7岁的儿子柴宗训即位，是为恭帝。后周政权随即出现了"主少国疑"的局面。这时的赵匡胤，从殿前都虞侯到殿前都点检，掌握军政大权已达 6 年的时间，并且威望极高，基本上达到了"一声令下，余者皆从"的程度。眼下后周这种"主少国疑"的局面，自然为不甘寂寞的赵匡胤取代后周统治提供了良机。

但他并没有马上采取行动。世宗之死，比较突然，在诸多关节尚未认真研究、部署的情况下仓促起事，必然遗留后患。再者，作为上任时间不太长的最高统帅，尽管赵匡胤威望很高，但毕竟根基不太牢固，如果匆匆夺权，也许会取得最终的胜利，但其可能引发的兵连祸结、相持难下的局面，却是一个有远见的政治家不能不考虑的问题。

考虑到以上问题，赵匡胤在周世宗去世的半年多的时间里没有轻举妄动，而是抓紧时间整顿部队，把一些主要将领都换成了自己的亲信，进一步加强了自己的势力范围。同时，积极密谋策划，研究制定夺权的步骤和对策，以防出现任何不利的局面。当一切都准备好了的时候，赵匡胤取代后周朝廷、建立新政权的大幕便徐徐拉开了。

显德七年正月初一，后周朝廷上下正在庆贺新年，突然接到赵匡胤派人提供的假情报：北汉、契丹联兵南下，攻打后周。宰相范质、王溥借小皇帝之名，令赵匡胤统率禁军北上抵御。正月初二，赵匡胤领兵出城。大部队行至离首都开封 40 里的一个叫陈桥驿的地方，因天色已晚，赵匡胤便令军队驻扎下来。

大军扎营之后，士卒们东一伙、西一堆地窃窃私语着。有人说："皇上年幼，我们冒死为国抵御外敌，又有谁知道？不如先立点检为天子，然后再北征。"又有人说："军队出发时，京城里的不少人都在谈论要改朝换代，点检就要做天子了，这是上天的安排，我们不如迎合天意、民意，就立他做天子吧。"士卒的这些话，也把一些将领们的情绪煽动了起来，纷纷要求拥立赵匡胤。一直在幕后观望的赵匡胤的弟弟赵光义见此情景，心中大喜，便走到将士们中间，激将说："改朝换代，虽说是上天有命，实则还在人心，这才是成败的关键。只有万众一心，才能共保富贵。"于是，大家更是群情激昂，颇有些迫不及

待。幕僚赵普见时机成熟，便派人连夜返回京城通知赵匡胤的亲信、殿前都指挥使石守信和殿前都虞侯王审琦，让他们在京城做好准备，以便响应。

此时的赵匡胤心情非常激动，他对外面所发生的一切了如指掌，只是为了维持自己的尊严，而流连于帐中，思考着如何应对即将发生的事情。

第二天，天刚蒙蒙亮，众将领弓上弦、刀出鞘，威风凛凛地环围在赵匡胤的帅帐四周，齐声高喊："诸将无主，愿立点检做天子！"一遍又一遍，不绝于耳。赵匡胤装作吃惊的样子，披衣起床，刚打开帐门，就见一个将领，手拿象征皇权的黄袍，大步上前披在赵匡胤身上。这时，门外的将士齐刷刷地跪了下来，一边向赵匡胤磕头，一边高呼："万岁，万岁！"

宋太祖赵匡胤

赵匡胤明白，兵变的帷幕已经拉开，登台亮相的时刻到了。于是，赵匡胤缓步走到众将领面前，按照事先已经理好了的思路，镇静地宣布："你们贪图富贵，立我为天子，如果能够听从于我则可，否则，我不能为你们的新主。"众人齐声高喊："我们一定听从您的指挥！"这样一来，赵匡胤便按部就班地开始行使起皇帝的权力：先是发布军纪，严戒任何人抢劫公私财物，严禁杀害后周君臣和黎民百姓；派亲信潘美启程，向执掌朝政的宰相范质等人通报情况，以求合作……待一切安排停当，便率军回师京城开封。早已等候在京城的石守信，率部打开城门，欢迎新主的到来，军队列队而入，井然有序，街道两旁的店铺照常营业，到处一派祥和，看不到改朝换代而带来的混乱局面。

后周君臣眼见大势已去，只好集合百官，宣读匆匆草拟的"禅位制书"，将皇位让给了赵匡胤。

显德七年正月初三，赵匡胤正式宣布定国号为"宋"，改元"建隆"。中国历史上一个新的封建王朝，就这样诞生了。又一个出身低微的人物登上了皇帝的宝座，是为宋太祖。

这就是中国历史上著名的"陈桥兵变"。

杯酒释兵权

通过"陈桥兵变"，赵匡胤创建了大宋王朝，登基帝位，并不是人人都信服的。特别是后周朝廷中的老臣，由于事情来得突然，没来得及选择就成了新天子的臣民，难免心中会愤愤不平，甚至有反抗心理。对此，赵匡胤是心明如镜，再清楚不过了。

但是，由于五代时期是一个军阀混战、势力角逐的年代，怀有帝王野心的本来就大有人在，而周世宗去世后所出现的那种"主少国疑"的局面，无疑又刺激了这种野心。在陈桥兵变之前，他们也像赵匡胤一样，在积蓄力量，为立自己为帝王做准备。赵匡胤的捷足先登，使他们失去了一次实现野心的机会，却没有打消他们的野心，仍在等待观望，希冀再起。

面对这种局势，宋太祖和赵普等人认为：目前的首要任务是稳定京城局势，因而必须暂时笼络住后周旧臣，使他们保持稳定，然后再寻找解决的方法。为此，宋太祖对后周旧臣实行了官位依旧、全部录用的政策，并在重大决策上征询他们的意见，使他们基本上消除了戒备、不安的心理，很快就成为新王朝的积极拥护者。

为了保证对后周旧臣笼络和收买的成功，对于那些恃势欺凌旧臣

的新贵们，宋太祖采取毫不留情地严加处理方式。京城巡检王彦升，是当时兵变入城时的先锋，自恃拥立有功，便横行不法。一天半夜，他以要见宰相为名，去敲宰相王溥的门，吓得王溥全家惊恐不安，以为大祸临头。他却让王溥摆酒为他宵夜，并乘机敲诈了一大笔银子。王溥第二天就将此事告诉了宋太祖，结果王彦升被贬为唐州刺史。宋太祖的这些做法，对稳定后周旧臣的情绪，缓解他们对新王朝的疑惧，使他们放心地为新王朝服务，起到了很好的作用。

当然，并不是所有的后周旧臣都会被笼络、被"感化"的，特别是那些自己也抱着帝王野心而又握有一定兵权、拥有一定地盘的大藩镇，宋太祖的这种优待笼络的政策就难以奏效。

建隆元年四月，昭义军节度使李筠举兵反宋。李筠是周朝宿将，自称与周世宗情同兄弟，以昭义军节度使驻守潞州8年，领有泽、潞、邢、洺、卫等州，跨有河东、河北两个富庶的地区，是当时势力最为强大的一个地方藩镇。五月，后周太祖的外甥、驻守扬州的马步军都指挥使李重进也举兵反宋。这一南一北二李的反叛，看似气焰非常嚣张，但很少有支持者。看准了这一点，宋太祖毫不手软地率领大军向二李发起猛烈进攻。五月，宋太祖亲自率军北上，过黄河，上太行，大败李筠主力部队于长平；六月，攻占了泽州。李筠走投无路，自焚而死。经过短暂休整，十月，又亲率大军南下，征服了扬州的李重进。

就这样，宋初的"二李之乱"被平息了，新建的宋王朝与后周旧臣之间的矛盾基本上得到了解决。

此时的宋太祖应该是高枕无忧、坐享胜利果实了。可是，不久，新的矛盾又出现了。

随着与后周旧臣矛盾的解决，宋太祖与拥立他当皇帝的新贵之间的矛盾，又显得突出了。作为一名军人，宋太祖亲自参加过拥立后周太祖郭威的行动，在不到十年的时间里，又被废除而被别人拥立。现在，他结盟的义社十兄弟以及其他曾同他一起冲锋陷阵的兄弟们，威望并不比他低且又拥有重兵，已经构成了潜在的威胁，一旦举事，后果将不堪设想。于是，产生了收其兵权的想法。但是，一想到同他们曾结成生死之交、为了他的理想共同奋斗过，同生共死，情同手足，把他们赶下台去，或干脆置于死地，颇重情谊的宋太祖还是有些举棋不定。赵普的一番话，终使他痛下了决心。赵普说："并不是忧虑他们本人会背叛您。在我看来，他们都不具备您这样的统御天下的才能。但万一他们手下的人要拥立他，也就由不得他了。"

建隆二年七月的一天，宋太祖召来石守信、王审琦等高级将领，设便宴招待他们。酒过三巡，太祖以亲切而忧虑的口气说："没有你们的拥戴，我不能有今天，你们的功德，我是永远不会忘记的。但是，做皇帝也太难了，真不如做节度使快乐，我整夜都睡不安稳啊。"

石守信等忙问："有什么难事，让您睡不安稳呢？"

宋太祖说："这还不明白，皇帝的位子谁不想坐？"

宋太祖话音刚落，石守信等就惊慌不已，赶紧站起来说："陛下怎么说这样的话呢？现在天命已定，我们哪个还敢再有半点异心？"

宋太祖说："那也未必。即使你们无异心，你们手下的人呢？一旦他们贪图富贵，将黄袍披在你们身上，你们不想当皇帝怕也不行了吧。"

石守信等人一听此话，吓得不知所措，赶紧叩头，请宋太祖给他们指出一条路来。

宋太祖长叹一声说道："人生就像是白驹过隙，转眼即逝。那些追求大富大贵的人，不过是想多积些金钱，除供自己吃喝玩乐外，也使子孙们过上好日子。我想你们也不会不这样想吧？既然这样，你们何不放弃兵权，回去当个地方官，买些好田地，给子孙们创立个永久的基业，自己还可以多置些歌儿舞女，饮酒作乐，快快活活地过完一辈子呢？我再与你们结成儿女亲家。这样，我们君臣之间上下相安，两无猜忌，岂不是更好吗？"

石守信等听后无言以对，只得叩头谢恩。第二天，石守信等功臣将领纷纷称病请罢兵权。宋太祖非常高兴，对他们赏赐安抚了一番后，当即宣布免去石守信、高怀德、张令铎、罗彦环等人的禁军职务，让他们到外地当了个基本上是徒有虚名的节度使。

这就是历史上被传为趣谈的"杯酒释兵权"。

通过"杯酒释兵权"解除了身边掌握重兵的禁军将领的军权之后，宋太祖感到这种禁军军事制度仍然是一块能够产生新生实力人物的土壤，必须加以改良，才能从根本上铲除潜在的威胁。因此，宋太祖在解除禁军将领军职的时候，有的重要职务也就从此撤销了。如在任命慕容延钊为节度使时，就乘机撤除了殿前都点检一职；在解除石守信等军职时，又撤销了侍卫马步军都指挥使一职。逐步形成了禁军由官职较低的殿前都指挥使、侍卫马军都指挥使、侍卫步军都指挥使分别统领的"三衙分立"制度，它们之间互相牵制，均直接听命于皇帝。这样一来，就限制了权力的过分集中，使那些武将们难以在禁军中形成根深蒂固的势力。

先南后北

处理好了与后周旧臣、与拥戴过自己的功臣宿将之间的矛盾后，宋太祖的帝位便更加巩固了。他想的更多的是如何扩大大宋的江山，实现祖国的统一。

当时，在割据政权并存的中国大地上，还有一个远在北方的辽朝可以与宋朝相抗衡，辽和宋是两个力量最强、最具备统一中国条件的国家。然而，辽的经济、军事实力较之宋，又占有较大的优势：宋朝建国时，辽立国已有40余年。且它幅员辽阔，"城郭相望，田野益辟"，经济实力远比饱受五代战乱之害、尚未得以恢复的宋强大；军事上，宋初禁军只有19万，并且以步兵为主，而辽有军队50万，且以擅长骑射的骑兵为主。如果在两国交界的燕山以南、一望无际的华北大平原上交战，辽军不仅在数量上而且在兵种上，都处于有利的地位。

如此悬殊的力量对比，若正面交手，宋军必败无疑。并且，除了辽以外，北有北汉，南有南汉、南唐、吴越、荆南等小国，也都蠢蠢欲动，妄想吞并整个大好河山。要想统一全国，必须将它们一个个拿下。但是，从何处下手，先打败哪个、再打败哪个？此时却令宋太祖拿不定主意。

一天，宋太祖突然想起他一贯敬佩的后周老宰相王朴来。王朴在过去曾向周世宗献策："凡攻取之道，必先取其易者"。"得江南，则岭南巴蜀，可传檄而定；南方既定，则燕地必望风内附。"也就是主张先南后北的策略。当时，王朴并未将他的想法详细说明之，周世宗对此也没有足够的重视，因此也就没有付诸于行动，不了了之了。可是，王朴已被自己逼死，这种先南后北的策略是否可行，宋太祖还是举棋不定。

一天夜里，大雪纷飞，宋太祖最信任的幕僚赵普的府邸响起了叩门声。赵普开门一看，见是宋太祖独立于风雪之中，便慌忙施行君臣礼，迎进府中。不久，皇弟、开封府尹赵光义也应太祖之约而来。三人一改朝中的君臣礼仪，坐在堂中，围着红红的炭火，边吃着烤肉边饮酒，十分亲热。赵普的妻子和氏亲自把盏斟酒，太祖也一如称帝之前，称和氏为嫂子，仿佛又回到以前领兵打仗的闲暇之余，兄弟几个在一起小聚的岁月。赵普知道，皇上雪夜来访，绝不只是为了喝酒吃肉的，必有要事相商。酒过数巡，赵普已是颊红耳热，遂问道："夜深雪急，陛下为何而至？"宋太祖说："我睡不着。一榻之外，皆是他人的土地，怎么能令我安卧呢？"并用试探的口气说，"我打算先收复太原，然后再逐渐平定各地。"赵普听完，赶紧放下酒杯，严肃地说道："太原位于我们的西、北两边，且北部又与辽国接壤。如果我们一举将太原消灭了，就为辽的南下侵略打开了方便之门，到时全由我们来阻挡了。倒不如暂且留下它们，等我们平定了南方诸国以后，再夺取它们也不迟。它那弹丸之地，构不成对我们的威胁，到那时，自然也逃脱不了灭亡的命运。"太祖听完笑道："真是英雄所见略同。我的本意也是如此，先前的话，只不过是试试你的高见如何。"

　　经过充分酝酿，宋太祖终于痛下决心，于建隆年间确立了"先南后北"统一中国的方针，并开始实践他早年的"逐退群星与残月"的雄心大略。

　　宋太祖征伐的第一个目标便是由高继冲盘踞并统领的荆南。它们主要位于今天的湖北的部分地区，不但"仓廪充实""年谷丰登"，而且"东距建康""西达巴蜀"，是连接南唐和后蜀的战略要地，并且是宋太祖西征南下的要冲。当时在其南部即今天的湖南省部分地区，还存在着势力大于高继冲的周行逢集团。荆南兵力不强，民困于暴敛，不难攻取。尽管如此，宋太祖还是想师出有名。不久，机会来了。割据湖南的周行逢病死，由11岁的儿子周保权袭位，诸大将不服，纷纷起来反对。周保权一面派兵抵抗，一面向宋朝求援。于是宋太祖当即派兵，假借到荆南援助周保权的名义，一箭双雕，从而乘机灭掉了这两个割据政权，取得了统一中国的第一个回合的胜利。

　　平定了荆、湖以后，"水陆皆可趋蜀"，后蜀这一雄踞川中的南方大国已处于坐以待毙的境地了。后蜀在周世宗时已被封锁了北面的边境，现在宋军又控制了长江出口，就像是装在布袋里的老鼠，宋太祖下一步的指向，当然是后蜀无疑了。乾德二年（964）十一月，宋太祖以后蜀欲勾结北汉伐宋为由，派大将王全斌、曹彬分兵两路，仅用了66天的时间，就消灭了号称"天府之国"的后蜀。

　　开宝三年，宋太祖调兵越过五岭，灭掉了国都在兴王府（治今广州）的南汉。这时，江南的大部分割据政权大多被平定，只剩下定都江宁（今南京）的南唐以及定都杭州的吴越了。此时的南唐，处于三面受敌的窘势之中。南唐占据的地盘虽然不小，但一直畏惧、讨好宋朝；而宋朝在征伐别国时，对南唐始终采取拉拢和高压相结合的原则，因此二国之间在一段时间里，倒也相安无事。现在，南方诸国或灭亡或臣服，自然兵锋所指就是唇亡齿寒的南唐了。这时，迫于压力，南唐已主动要求取消国号，君主放弃了皇帝的称号而改称"江南国主"。但是，宋太祖仍不善罢甘休，派重兵围困南唐。只会吟风弄月的南唐李后主，对宋朝的进攻却不知所措，就派大臣去问宋太祖，为何要讨伐江南？宋太祖笑而答道："江南无罪。只不过天下应为一家。卧榻之侧，不容他人鼾睡！"最后，宋军发起总攻，金陵城破，南唐由此灭亡。

灭掉了南唐，南方只剩下了吴越一国。宋太祖没有急于出兵，因为他对频繁的战争也非常厌倦，而是采用了恩威并重的手段。在南唐灭亡后的第二个春天，宋太祖召吴越王（在灭掉南唐以前，吴越政权已上表称臣，接受宋朝的官职了。因而不再称皇帝而改称王）钱俶入朝，并表示见面之后即发归，决不食言。钱俶诚惶诚恐地携带妻子北上。此时，吴越上下一片惊慌，均认为此去凶多吉少。为了祈求神明保佑钱王平安无事，臣僚们在西湖边宝石山上建造了"保俶塔"。但钱进京后，宋太祖并没有难为他，如约将其放回，只是临走时赐给他一个黄包，让他途中拆看。当钱俶打开黄包看后，才知道，这些全都是宋朝臣僚们要求扣留他的章疏，这使钱俶对宋太祖既感激又恐惧。此时的吴越，已无异于宋太祖的囊中之物，划归北宋的版图，只剩下一个仪式的问题了。宋太祖死去后，钱俶自愿将吴越的土地献给了宋朝的继任者。南方全部统一，这无疑是宋太祖的巨大贡献。

宋·水月观音像

宋太祖在南征之时，仍念念不忘恢复汉唐旧疆，平定北汉，收复燕云十六州。故在攻灭后蜀后，曾两次出兵讨伐北汉，但均因契丹（辽朝）的增援而未成功。此志未遂，宋太祖便把平定江南诸国所得到的金帛运回了汴京，建立了专门的库房，准备贮满 500 万缗之后，向契丹赎回燕云十六州；或以此为军费，建立更强大的军队，打败契丹，夺回失地。但是，宋太祖终未能看到这

一天。尽管如此，到太祖去世时，除北汉外，宋朝基本结束了延续了几十年的分裂局面，中原和长江以南的广大地区统一起来，实现了"天下一家"，为中国的最终统一，迈出了重要的一步。

重文轻武

唐末至五代十国时期，是武人的天下，文臣只不过聊备点缀而已，一般不受重用，整个社会存在着一种重武轻文的风气。宋太祖出身于军人，他一生的大部分时间在戎马倥偬中度过，最初，他同五代时期的许多军人一样，崇尚武力而瞧不起文人儒生。随着五代十国动乱局面的结束和专制主义中央集权的加强，宋太祖越来越感到仅靠武臣不仅远远适应不了和平环境中百业待兴的实际需要，而且也与扩大统治基础的要求相悖离，必须从根本上改变重武轻文的风气。

在左辅右弼的协助下，宋太祖制定了一系列重文轻武的政策，从根本上着手，彻底扭转了重武轻文的风气，开创了一直延续到明、清两代的重文轻武的风尚。

他采取的首要措施是：开辟儒馆，延用大批儒士，使他们位于清要、学府，培养人才，劝励教化。并下令修复孔庙，下诏拨款增修国子监学舍。在国子监开学讲书之日，他还派内侍送去美酒佳肴，以示庆贺。几十年来一直郁郁不得志的文人儒臣们也渐渐开始活跃起来了，京城中那些穿白袍子的举人们和大襟束带的士大夫们，也开始进出于骑马披甲的武人之中，与他们平起平坐了。

与此同时，又改进和推行隋唐以来的科举考试制度。极力放宽科举考试的范围，无论家庭贫富、地位高低，只要具有一定的文化基础，都可以前往应举。同时严格考试制度，以防权贵豪门们请托舞弊。每当春暖花开之际，大批大批的读书人涌入考场，甚至有的和尚道士也还俗应考。宋太祖还亲自主持殿试，选拔高级人才。经过这番改革，考场代替了战场，成为主要的名利角逐的场所。孤寒之士，一旦进士及第，如登龙门，光宗耀祖，衣锦还乡，人人称羡。"天子重英豪，文章教尔曹。万般皆下品，唯有读书高。"被宋朝儿童奉为金科玉律诵读的《神童诗》，正是对宋太祖这项历史性改革的高度概括。

通过严格的科举考试，选拔了大批有才华的文臣，使他们进入了统治集团，让他们担任了中央和地方的官吏，打破了武人擅权的局面。宋太祖认为，乱世用武，治世用文，对这些文臣再也不能像五代时期那样，只是当作点缀、摆设，而应切实发挥他们的作用。除了地方上"以文臣知州事""以文臣主场务"，宋太祖还特别强调让他们担任朝廷中的要职。禁军统帅权力分散以后，朝廷政权里以宰相的权力最重，宋太祖就统统地以文臣担任宰相。赵普、卢多逊、薛居正、吕庆余等人之所以得以担任宰相或副相（即参知政事），其中的一个重要原因就是他们都读书好学、崇尚儒学。

宋太祖的"重文"，是针对五代的"轻文"而言的，目的是要调整当时那种畸形的文武关系，改变那种由武臣独擅政权的局面，进而扩大了专制主义中央集权的统治基础。所以，他在"重文"的同时，并不歧视武臣，无论文臣武将，只要"有一材一行可取者"，都予以提拔和使用，"天下无遗材，人思自效"，使其专制统治基础广泛而巩固。

宋太祖推行重文轻武的政策的目的，是扩大专制主义中央集权的统治基础，保证政权的长治久安。为此，他还对权力的分布结构进行了很大的调整。因为，他深知，以往改朝换代最重要的原因，是地方权力过大，没有实行朝廷的集权和皇帝的专制，也就不会有真正意义上的天下统一和社会的安定。要解决好权力的分配问题，实际上就是要解决中央与地方的关系问题。为此，经过深思熟虑，宋太祖制定出了"削夺其权，制其钱谷，收其精兵"三大原则，并有计划、有步骤地开始了对地方权力的收夺，以彻底改变中唐、五代以来所形成的地方权重、尾大不掉的现实。

首先是"削夺其权"，即指夺取地方的行政权。

宋初，朝廷以下以州郡为一级行政单位，由节度使管辖，他们除管理所驻州郡的政务外，还要插手附近州郡的事务。由节度使管辖的防御使、团练使或刺史等，虽然也都是朝廷命官，但处理政务时却不能直达朝廷，而要秉命于节度使，甚至这些官吏的委派有时也要由节度使说了算，中央朝廷反而无权过问。看到了这一弊端，宋太祖即位初始就对这些人员的任命权进行了改革，由朝廷直接委派与节度使没有什么关系的朝臣任知州，使朝廷对这些州郡的控制超过了节度使。而且这些知州是从朝臣中选拔的，并且多以文臣充任。这样一来，使位尊权重、声势显赫的节度使的权力受到了极大的削弱，其实际权力仅等于某一州郡的长官，有时甚至徒具虚名，仅是一种荣誉称号。同时，还订立了两项限制州郡长官权力过重的措施：一是"三岁一易"，使知州、知县在一地任职以三年为限，不得久任；二是在州郡设立通判，名义上是与知州共同处理政务，其地位略低于知州，事实上是监督州郡长官，知州往往也要怵其三分。

其次是"制其钱谷"，即收夺地方上的财权。

从中唐开始，地方藩镇和一些势力较大的州郡，常常以种种借口和手段截留应该上缴朝廷的赋税供自己使用，久而久之，形成了财政上的"留使""留州"制度。到了五代时期，藩镇甚至直接派自己的亲信武将负责征收赋税，使财税大权落入节度使手中，中央王朝所得甚少。从乾德二年起，宋太祖就开始着手解决这一问题。这一年，他发布了一道十分重要的诏令，要求各州郡除留有必要的经费外，其余财富中属于货币部分，应全部上缴朝廷，不得截留。为了保证这一工作有效地展开，宋太祖又将全国划分为十几路，每路设立转运使，负责监督该路各州财赋的使用和转运。这样就废除了"留州"制度。同时，他以支付大藩镇"公使钱"为代价，废除了留史制度，收回了为地方藩镇所控制的部分财权。从此，使地方藩镇失去了对抗中央王朝的经济后盾。

地方丧失了财权，自然也就无法"屯兵自重"了。在这种情况下，宋太祖定下的"收其精兵"的措施实施起来就很顺利了。建隆年间，宋太祖不断派遣使臣到全国各个藩镇和州郡属辖的军队中去选拔士兵，凡身强体壮、有过人技艺者，都被选送到了中央禁军中，这样，地方军队中所剩下的大都为老弱病残者，由他们组建成厢军。厢军一般不再进行军事训练，也不负担军事任务，往往用于服役听差，毫无战斗力，因而也就无法与中央禁军相抗衡。宋太祖为收取地方精兵而创立的这种兵分禁、厢的制度，延续了很长一段时间，成为宋朝兵制中的一大特色。

死亡之谜

宋太祖赵匡胤与中国封建史上的任何一位皇帝相比较，可以说是一位廉洁、节俭、严格自律的典范。在统一大局已定的情况下，他并没有志满意得、忘乎所以，更没有因此而骄逸放纵。平定南方诸国后，各国的金银财宝源源不断地运至东京，宋太祖将其作为战备物资，全部收贮在内库，从不随意挥霍。当时，宫殿里面挂的帘子，都是用普通青布制作的；太祖穿的衣服，除礼服外，也大都是用较差的绢料做成的，而且洗得发白、发毛了，仍然舍不得换新的。皇后及贴身大臣多次规劝他注重威仪，他总是引导他们回忆一起打天下时的情景：衣不遮体，食不果腹，说："现在比那时好多了，我们不应该忘了本啊。"为了节俭，他还加大力度裁减宫中的宦官、宫人，至其晚年，偌大的一座皇宫中，仅有50多名宦官和不足300名宫人，这在封建王朝中是无法想象的。

随着年龄的增长，宋太祖的身体一天不如一天，不得不考虑选定继承人一事了。也许是后周世宗死后由年少的恭帝继位而出现的"主

少国疑"的局面，使一代皇朝被葬送掉——这个严酷的历史事实在宋太祖赵匡胤的心灵里留下了深深的烙印，再加上其母亲杜太后的极力推荐，宋太祖决定不让自己的儿子作为皇位的继承人，而挑选了同他一起出生入死夺取政权的皇弟赵光义。为此，他当着太后面，让朝官将他的这个决定作为遗嘱记了下来，并封藏在金匮（柜）之中。这就是历史上著名的"金匮之盟"。

开宝九年，年方50岁、在中国历史上大有作为的一代明君宋太祖溘然长逝了。对于他的死因，史书上没有明确的记载，只是野史笔记上偶有"刀光斧影"记述，但也众说纷纭，莫衷一是。这无疑使宋太祖的死因，在历史上成了一桩疑案。

第 七 章

东方战神，一代天骄
——成吉思汗

　　蒙古族是我国西北强悍的少数民族之一，长期过着游牧生活，11世纪末，蒙古孛儿只斤部落的贵族铁木真的力量逐渐强大起来。1206年，铁木真即大可汗位，取号为成吉思汗。成吉思汗统一了大漠南北，建立了军事奴隶政权，开始了大规模的对外扩张，征战欧洲，形成了空前庞大的蒙古大帝国。一代天骄——成吉思汗的英名不仅在中华大地闻名遐迩，就是在欧亚大陆也广为流传。

长于逆境

公元 12 世纪中叶，就在"天苍苍，野茫茫，风吹草低见牛羊"的蒙古大草原上，散落着大大小小的诸多部落。这些部落之间没有隶属关系，常常为草场、水源发生争战。

成吉思汗所在的蒙古部就是众多部落中的一个。他的父亲也速该身为蒙古部孛儿只斤氏族的首领，是个典型的具有极强征服欲的蒙古汉子。有一天，篾儿乞部的赤列都娶了一位斡亦剌部的美貌女子，迎亲的队伍恰巧经过蒙古部的领地。也速该发现新娘面容姣好，即动抢亲之念。于是，找来兄弟几人赶走了赤列都，将新娘据为己有。新娘名月伦，跟从也速该一年后产下一子，其时恰逢也速该与塔塔儿部征战取胜，俘获了对手的一位将军。也速该一高兴便将这位敌将的名字赐与了自己的儿子，取名为铁木真。

铁木真长到 9 岁，按蒙古族习俗要为其订亲了。也速该为儿子找的未婚妻是弘吉剌部的孛儿帖。订亲之后，照例铁木真要留在岳父家住一段时间。也速该便只身一人回家。路上也速该又渴又累，恰遇塔塔儿部举行宴会，便前去讨点儿吃喝。不巧的是塔塔儿部的人认出了他。塔塔儿部与蒙古部素来不和，便在也速该的酒水中投了毒。也速该到家后即腹痛难忍，不久便死去了。

也速该是部族的主心骨、家中的顶梁柱，他一死，氏族失去首领，许多奴隶和属民便改投了其他势力较强的部落，连一向交情很深的乞颜氏贵族也依附泰赤乌氏了。铁木真的部族剩下少数部众追随他们孤儿寡母住在斡难河上游不儿罕山一带，过着艰难困苦的生活。

屋漏偏逢连雨天。泰赤乌氏族的首领担心铁木真长大后报仇，就

带人抓了铁木真，给他戴上手枷和头枷，四处示众。铁木真乘泰赤乌人开宴会之机，打倒看守，逃入密林深处。泰赤乌人倾巢出动，搜捕铁木真，铁木真无法脱身，只好潜入斡难河水中隐身。泰赤乌氏的属民锁儿罕失剌发现了他，锁儿罕敬佩铁木真的才干，不仅没有抓捕他，反而说服众人，停止了搜捕。第二天，走投无路的铁木真又找到了锁儿罕，请求协助出逃。锁儿罕因惧怕首领，不肯帮忙。锁儿罕的儿子沈白·赤剌温是个有勇有谋、讲义气的蒙古汉子，当即说服父亲，解下铁木真戴的枷锁，投入火中烧毁，又将铁木真藏于运羊毛的车中，混出了泰赤乌人的包围。铁木真这才得以脱身与母亲会合。

铁木真虽然躲过了杀身之祸，但生活仍然困苦不堪。大多数时候，一家人要靠捕食草原上的旱獭、野鼠，采摘野菜、野果充饥。有一次，铁木真和他的同父异母弟弟为钓到的鱼和猎物发生争执，竟将弟弟用箭射杀。这说明，少年时代的铁木真性格已非常残忍。

不过，铁木真又有非常重义气的一面，对帮助过他的人，始终以诚相待。就在铁木真脱险后不久，一伙盗马贼盗走了他家的马。马对尚处于困境中的铁木真是相当重要的，因此，铁木真拼命追赶，途中多亏了阿鲁剌氏族纳忽·伯颜的儿子博儿术帮忙，方才夺回了被盗的马匹。二人因此结成了终生相助的莫逆之交。铁木真这一性格特征，也是他日后能够吸引大量优秀人才、成就帝业的重要因素。

时光如梭，铁木真于困苦中渐渐长大了。到了成亲的年龄，他接来了早已订下的孛儿帖。美丽贤惠的新娘，给铁木真的命运带来了转机。

成家后的铁木真，肩上多了一份责任感。为了重振家业，使自己的部族再度崛起，铁木真开始寻求更强大势力的帮助。为此，他与弟弟哈撒儿和别勒古台一起来到土兀剌黑林（今蒙古乌兰巴托南），找到他父亲的契交克烈部首领王罕。铁木真把自己结婚时翁姑送的贺礼——一件黑貂皮皮袄献给了王罕，并表示尊王罕为父。铁木真的诚心，终于换得了王罕的庇护。

铁木真得到王罕的荫护后，暗暗地开始收集部众，积蓄力量。他的好朋友博儿术首先来到他家做伴当（那可儿）。铁木真父亲的一个老部众则背着炼铁的风箱带着自己的儿子折里麦赶来投奔，并动情地说："你在斡难河边出生时，我给尊父献了黑貂皮襁褓。如今你长大了，我把儿子献给你，请留下他，让他给你牵马、备鞍、守门、伺候你吧。"一时间，钦佩铁木真才能的各路勇士争相投奔，铁木真的队伍可谓群英荟萃，力量得到大大的增加。

铁木真势力的膨胀，招致了对他怀有敌意的部族的仇视。就在他羽毛未丰时，三姓篾儿乞人对其发动了突然袭击。铁木真兄弟和战友寡不敌众，被迫撤至山里，妻子孛儿帖因无马可骑，落入蔑儿乞人之手。深爱妻子的铁木真，知道妻子已有身孕，对妻子的被俘真是痛悔不已。他对天发誓，一定要救出妻子，以雪夺妻之恨。

危难之际，王罕依照前约向他伸出援助之手，答应出兵二万。札只剌氏贵族礼木合也愿率兵参战，同意出兵一万，加上铁木真自己的队伍一万余人，三路大军合力扑向篾儿乞部。他们乘夜色扎结木筏渡河，以迅雷不及掩耳之势向敌手营盘不兀剌川（今恰克图南布拉河地）发起攻击。篾儿乞部毫无戒备，部众全被击溃，仅有少数逃出重围，沿着薛良格河逃入八儿忽直峡谷。铁木真一面追击残敌，一面寻找妻子，终于在一辆车中找到了她。孛儿帖脱险不久后产下一子，是为长子术赤。

对篾儿乞部的征讨，铁木真大获全胜，俘获了大量敌方部众。他除将曾参加袭击自己的 300 人及其子孙处死，其余妇女儿童悉数沦为他的奴隶。

这次战争也使铁木真的力量有了较大增长，但是与其他部族比较起来，仍显势单力薄。所以很长一段时间，铁木真表面上仍然依附于札木合，借助札木合的势力换取一个比较平和的环境，以加速壮大自己的力量。大约两年后，铁木真羽翼渐丰，便毅然摆脱了札木合的束缚，带领部众从斡难河中游的札木合营地，迁至怯绿连河上游的桑沽儿小河，建立了属于自己的营地。

铁木真的大旗一竖，立即吸引了无数的追随者，其中有兀良合人速不台兄弟、札剌亦儿人合赤温兄弟和阿儿孩合撒儿父子、速客客族

人速客该者温等。此外，还有阿鲁剌族人斡歌来兄弟，蒙兀族人者台兄弟，晃豁坛族人速亦客秃，速勒都恩族人赤勒古台、塔海兄弟等，共十几个氏族的部众。这些氏族大都非常弱小，处于被掠夺和被奴役的地位。投奔者中有不少还是人微位卑的奴隶和属民。铁木真不问出身，善于容众，各路好汉都慕名来投，一致拥戴他为领袖，并表示愿为他"砍断逞气力者的颈项，劈开逞雄勇者的胸膛"。这些早期的追随者，后来都成了铁木真征服世界、成就帝业的骨干力量。

随着力量的迅速壮大，一些有名望的乞颜贵族也倒向了铁木真一边。合不勒汗的长支主儿乞氏的撒察别乞、泰出，忽图剌汗之子拙赤汗和阿勒坛，也速该之弟答里斡赤斤，兄捏坤太子之子忽察儿等人，皆挟其部众回到铁木真身边。为了便于对各部族的统领，铁木真主持召开了部族长联席会议。会上，实力最强的铁木真理所当然地被推举为可汗，大家一齐表示服从他的指挥。面对新可汗，他们用游牧民族特有的语言向铁木真发誓："你做可汗，到战场我们率先突入敌阵，掠来的美女和良马都献给你。狩猎时猎得的禽兽连肠带肚全献给你。战时如果我们违背了你的命令，你可以拆散我们的妻室，割下我们的头颅，抛弃在大地上；如果我们平时不遵守盟约，你可以把我们的家属发落到人烟绝迹的地方。"

就任可汗后的铁木真，立即着手建立了一套维护和巩固自己统治地位的制度。一批早期追随铁木真的亲信，被放到了各个重要岗位上。这些岗位包括管弓箭的、管饮膳的、管牧羊的、管修造车辆的、管家内人口的、带刀的、掌驭马的、管牧养马群的、负责远哨近哨和守卫宫帐的等十多种。在这些岗位任职的不是铁木真的兄弟就是他的那可儿。最早的追随者博儿术和折里麦则被任命为那可儿之长（总管）。依靠这支精悍而忠实的骨干力量，铁木真牢牢掌握了部族的控制权，使他制定的纪律和制度得以顺利实施。通过实施严格的纪律和制度，又使自己的部众逐步放弃了游牧民族特有的自由散漫习气。铁木真的这些措施，为他日后指挥大兵团作战，统一蒙古征服异国，打下了坚实基础。

崛起扩张

　　铁木真的势力虽然有了较大的增长，并建立了以他为首领的乞颜氏政权，但在兵强马壮的蒙古高原，他的力量相对还显得很弱小。不仅兵不够众，地也不够广。仅控制了怯绿连河上游的一块很小的地盘，和广袤的蒙古大草原比起来，甚至连九牛一毛也算不上。因此，铁木真清楚地看到，要想在激烈的部族纷争中站住脚，不断发展壮大自己的力量，离开了强大的克烈部首领的支持是万万不行的。所以，就任可汗后，他首先派使者向王罕报告了此事，取得了王罕的首肯。

　　但是，草原上并不是每个部族都像王罕一样对铁木真的逐渐崛起持欢迎态度。札木合和泰赤乌贵族，已经从这一新兴力量不断壮大的脚步声中感到了威胁，并一直都在寻找机会，企图扼杀铁木真的乞颜氏政权。

　　总算找到借口了。札木合的弟弟在抢掠铁木真家臣的马群时被射杀。札木合即以此为由，纠集了泰赤乌等13个部族的3万余人向铁木真发起进攻。札木合部下中一个不满他统治的亦乞烈思人孛秃将情况报告了铁木真。铁木真针锋相对，也将自己的部众和各家贵族兵力组成十三翼，兵力总计也为3万余人。

　　铁木真不愧为一个智勇双全的统帅。他针对敌强我弱的现状，采取避敌锋芒、以退为进的策略，成功地粉碎了敌人的企图。札木合达不到目的，恼羞成怒，竟残忍地将铁木真的捏古思族（第十三翼）族长们的70个孩子煮杀了。

　　通过十三翼之战，铁木真看到了对手的弱点也看到了自己的优势，信心倍增。于是他的目光开始转向统一蒙古高原的战略目标上。

　　铁木真首先盯住的是泰赤乌氏族。经过这次交手，铁木真发现，泰赤乌氏族内无统纪，互争长雄，矛盾重重。针对这一状况，铁木真采取了施以小恩小惠，笼络人心的手段，从而达到分化瓦解的目的。在围猎中，他命人故意将猎物驱入泰赤乌属部照烈氏的猎场，让他们尝到甜头后，又主动邀请与之结盟。照烈氏首领对泰赤乌酋长的欺凌盘剥早就心怀不满，铁木真投之以桃，他们当然报之以李，很快就率部归顺了铁木真。他们对铁木真说：'"我们如同无夫之妇，无主之马，无牧人之畜群，泰赤乌诸子残害我们，我们将全体为你的友谊持剑冲杀，讨灭你的仇敌。"铁木真成功地实施了攻心战术，把泰赤乌氏族搞得众叛亲离。继照烈氏之后，兀鲁、忙兀、晃豁坛、速勒都思等族人纷纷率众归附。铁木真除将坚持敌对立场的 72 人处死，其余全部予以收留，不仅达到了瓦解敌人的目的，也使自己的力量得以迅速壮大。

　　铁木真的第二个目标是塔塔儿部。塔塔儿本是金朝的属部，和铁木真有杀父之仇。庆元元年，他们劫夺了金人的羊和马匹之后反叛。庆元二年，逃到了斡里札河。铁木真抓住机会，以"为父祖复仇"的名义争取了王罕的支持，两个部族一起出兵，会同追击的金军，一举将塔塔儿部聚歼，塔塔儿首领蔑兀真里徒为铁木真捕杀。这一仗，不仅为铁木真报了父仇，还缴获了大量的辎重、家畜和大珠裘、银棚车等稀世珍宝。在抢掠敌人营寨时，还拾得了一个戴着金圈环儿、穿着貂皮金丝肚兜的孩子，月伦将他收为养子，此人就是后来成了最高法官的失吉忽秃忽。

　　斡里札河之战，铁木真的最大收获是取得了金朝授予的"札兀惕忽里"（蒙古军统领）之职，这使得他从此可用朝廷命官的身份号令各部众和统辖诸贵族，政治地位大大提高了。

　　然而，铁木真的统一事业并不是一帆风顺的。随着力量的不断壮大，乞颜氏贵族内部的矛盾也日渐表面化。以撒察别乞为首的旧贵族，虽然也勉强同意推举铁木真为汗，但他们打心眼里不愿服从铁木真的指挥，并一直怀有争夺汗位的野心。主儿乞氏则恃其族望和部众精悍而轻视铁木真。双方摩擦不断，矛盾也日趋激烈。攻打塔塔儿时，铁木真征召主儿乞氏出兵，撒察别乞等不仅抗令不遵，反而乘机端了铁木真的老营。留守的家眷中有 10 人被杀，50 人被脱去了衣服。乘胜归来的铁木真，即发问罪之师。先将主儿乞氏彻底击溃于怯绿连河附近。庆元三年春，又将逃亡的撒察别乞和泰处二人捕获，遂以背盟弃誓之罪处死。

平定内乱之后，铁木真看到了旧贵族权力对汗权的威胁，从此他采取了不断削弱旧贵族权力的措施，使自己的可汗地位日趋稳固，权力更加集中，从而为他走上成功之路迈出了重要的一步。

从斡里札河对塔塔儿部作战以后，铁木真事实上已有了征服整个蒙古高原的构想。从此，他开始了不停顿的东征西讨。

庆元六年，铁木真和王罕于萨里川会合后，合兵攻击泰赤乌。泰赤乌亦与蔑儿乞贵族联手抗战。双方激战于斡难河。争斗的结果，泰赤乌被击溃，其首领塔儿忽台等被杀。此后，铁木真愈战愈勇，进攻的目标又转向了蒙古东部美丽富饶的呼伦贝尔草原。合答斤、散只兀等部落与朵儿边塔塔儿、弘吉刺等部联合起来，共同抗击由王罕、铁木真组成的联军。但都不是联军对手，惨遭溃败，其部众牲畜也多被王罕、铁木真兼并或掠夺。

旧贵族不甘心自己的失败。泰嘉元年，札木合搜罗了一批溃散的贵族，包括塔塔儿、弘吉刺、泰赤乌、散只兀、只答斤等共 11 个部族的首领，在忽兰也儿吉集会，结成了一个松散的联盟，向王罕、铁木真发起了讨伐战。战斗异常激烈，激战中，铁木真脖颈血管被射伤，血流如注。多亏部将折里麦用嘴吮血、精心守护。后又赤身裸体潜入敌阵，取回酸奶，才使铁木真转危为安。不过铁木真也是因祸得福，这一箭使他得到了一位英勇善战的骁将。那个射伤他的人名叫只儿豁阿歹，开始并不了解铁木真的为人，后听了曾救过铁木真的锁儿罕失刺的诉说，始知自己险些铸成大错，即随锁儿罕失刺前来投奔。见了铁木真，他爽快直说：“从山上射伤你的人就是我。如果你让我死，不过溅污巴掌大的一块土地。倘若留我一命，我将为你赴汤蹈火。”铁木真欣赏他的直率和勇气，不仅不杀，反而为他改了名，取为哲别

（箭镞之意）。

这次战斗可谓有惊无险。札木合的队伍本是一群乌合之众，既无共同的政治、经济基础，又无法实行统一的军事指挥，目标又只是想保住各自的贵族地位。开战不久，就被王罕、铁木真联军击溃于阔亦田。

嘉泰二年，铁木真力量更加强大，便决心彻底消灭宿敌塔塔儿部。为务求全歼，铁木真规定了严肃的纪律。征战结果，铁木真又大获全胜。他下令将有车轮高的塔塔儿男子全部屠杀。留下妇女儿童则作为奴隶分给各家役使。塔塔儿部终遭全部毁灭的命运。

歼灭了塔塔儿部，蒙古高原东部大片富饶的土地和众多的部落便几乎都归并于铁木真的统治之下，其势力也急速膨胀起来。

一直对铁木真悉心呵护的王罕，对这一发展过猛的新兴力量也开始从内心感到不安。善于看风使舵的札木合又乘机挑拨离间，更加重了王罕的疑虑。铁木真与王罕的联合不可避免地出现了裂痕。在共同讨伐乃蛮部的不欲鲁汗时，王罕与铁木真先是凭借有利地形击退了乃蛮军。但在与不欲鲁汗的部将交战时，王罕却听信谣言，独自撤军，结果反遭乃蛮军截击，幸得铁木真全力相救，方才得以脱险。这次遇险虽使王罕与铁木真之间的关系得到了缓和，但他们之间的利害冲突已是不可调和了。表面上王罕与铁木真一直以父子相称，并把二人的关系比喻为"如车之两辕"，事实上骄横自大的王罕，从未把铁木真当成平等的同盟者，所以当铁木真为长子术赤向王罕之子桑昆的女儿求婚时，便遭到了断然拒绝，双方关系也日渐恶化。

嘉泰三年春，王罕父子伪许婚约，邀请铁木真赴宴，想乘机杀之。不知内情的铁木真竟信以为真，仅率10名随从前往。多亏倾向铁木真的王罕部下蒙力克于中途拦阻方才得免遇难。桑昆得知奸计泄露，又准备偷袭铁木真。此事又恰巧被在阿勒坛的弟弟也客扯连家放牧马群的巴歹和启昔礼听到，便连夜驰报铁木真。由于铁木真始料未及，得报后只得仓促整军迎战，与王罕大战于合兰真沙陀。铁木真当时仍处劣势，虽经苦战，终不是王罕对手，队伍被打散了。

合兰真沙陀一战，是铁木真第一次与蒙古高原上最强大的贵族势力进行的较量，战斗虽异常艰苦，并最终以失利结束，但铁木真的队伍并没有被击溃。为了争取喘息的时间，失利后他立即派遣使者前去讲和。使者历数王罕背盟弃约的事实，使王罕理屈词穷，只得暂时息兵言和。利用这段难得的时间，铁木真收集部众，休养兵马，力量又迅速得以重聚。他和他的追随者一起来到班朱尼河畔盟誓："如果我得到天下，我将同你们同甘苦、共命运。若违背誓言，就像这河水一样。"班朱尼河盟誓，成为铁木真和他的战友们艰苦创业的坚实基础。在这段艰难的岁月里，他们食野马、饮浑水，生活虽异常困苦，却为铁木真换来了力量的迅速发展壮大。

与铁木真比起来，王罕却在走下坡路。由于利益之争日益激烈，追随他的蒙古贵族开始与他发生对抗。札木合、阿勒坛、忽察儿、答里台等人甚至密议要袭击王罕自立为王。王罕察觉后，起兵讨伐。札木合等溃败后逃向了乃蛮部，而答里台和蒙古巴阿邻、嫩真二部、克烈撒合夷部则投归了铁木真。内讧使王罕力量被大大削弱了。

成吉思汗像

铁木真则利用这千载难逢的机会，准备与王罕决战。毫无戒备的王罕却搭起金帐，大摆筵席，酗酒作乐。铁木真得到消息，遂用偷袭战术，出其不意地包围了王罕驻地折折运都山。经过三昼夜的激战，王罕父子力不能支，落荒而逃。王罕逃至乃蛮边界时，为乃蛮部捕杀。其子桑昆先是逃到西夏，被逐出后又辗转至曲光（今新疆库车），也被杀死。

消灭了以王罕为首的蒙古诸部中最为强大的克烈部，是铁木真就任汗位以来取得的最大胜利。这次胜利，使他的势力范围与西部乃蛮部接界了。面对乃蛮部这个蒙古高原上唯一还有力量与自己抗衡的部

族，铁木真虎视眈眈。

实际上，乃蛮部此时国势已衰，其首领太阳罕懦弱无能，只知狩猎娱乐。其兄弟又各据一方，各自为政。部将则心怀不满，军纪松懈。太阳罕对此竟也毫不知晓，仍自以为是，骄横自大，梦想称霸蒙古高原。

嘉泰四年，太阳罕为实现其野心，联合篾儿乞部首领脱脱、斡亦剌部首领忽都合别乞以及札木合率领的朵儿边、合答斤、散只兀、泰赤乌等残部，共同向铁木真发起了进攻。

铁木真早已将乃蛮部确定为下一个进攻的目标，为此他积极进行军事准备，对军队进行了整编。按千户、百户、十户统一编组，任命富有战斗经验、为人忠诚可靠的贵族为统领。设置了八十宿卫、七十散班，挑选技能、体格、容貌兼优的精兵作为护卫军。

军队整编和护卫军的建立，使铁木真的军队成为一支纪律严明、政令畅通的武装力量。在这支队伍中，铁木真使追随自己的将领们都得到了大小官职，进一步强化了他们的忠诚和为"帝业"战斗的精神。这不仅使铁木真权力进一步集中，也使军队的战斗力大大提高。

乃蛮部的进犯，可谓正好给铁木真提供了出兵的机会。为痛击乃蛮部，铁木真大造声势，瓦解敌方军心。不等交战，札木合等人已率部逃走。剩下的乃蛮兵也不是铁木真的对手，两军一交战，乃蛮军即节节败退。太阳罕负伤被擒，不治而死。残部由他儿子率领逃奔其叔不欲鲁汗。铁木真则乘胜追击，直至按台山前，终于征服了太阳罕所属的乃蛮部众。

嘉泰四年冬，铁木真又北攻篾儿乞部，降服麦古丹、脱脱里、察浑三姓部众，脱脱等也逃奔不欲鲁汗。兀洼思篾儿乞部首领带儿兀孙先已献女迎降，后又反叛，但很快就被平定了。

开禧二年，铁木真发兵攻打按台山的乃蛮不欲鲁汗，于莎合水（今科布多河上游索果克河）将其消灭。依附于不欲鲁汗的屈出律、脱脱等，逃到了按台山以西。斡亦剌部首领忽都合别乞不久也向铁木真投降。从此，哈剌温山以西、按台山以东广大的漠北草原都归到了铁木真的统治之下。

蒙古帝国

铁木真顺应历史大势，在逆境中奋发图强，经过十几年的东征西讨，终于扫平了漠北草原上一个个贵族营盘，完成了统一蒙古的大业。

开禧二年春，铁木真于斡难河源头召开贵族首领大会，宣布建立名为"也客·蒙古·儿鲁思"即大蒙古国的国家。铁木真即大可汗位，根据巫师阔阔出的提议，取号为成吉思汗（成吉思蒙语为"海洋"），意为普天下之汗、诸王之王的意思。从此，蒙古诸部都统一到大蒙古国的旗帜下，按照"千户"的组织形式编组起来，一个统一的蒙古民族共同体开始走上世界舞台。

千户制建立于嘉泰四年，成吉思汗即汗位后，又在千户制的基础上，将全蒙古百姓划分为95千户，分别授予共同建国的贵族、功臣职衔，任命他们为千户那颜（即千户长），世袭管领。

千户制度是蒙古国家政治体制中最重要的一环。千户作为统一的基本军事单位和地方行政单位，取代了旧时代的部落或氏族结构。通过编组千户，全蒙古百姓都被纳入严密的组织之中，由汗委任的千户长管领，在指定的牧地范围内居住，任何人不得擅自离开所属千户。国家按千户征派赋税和调拨军队。所有民户都应在本管千户内"著籍应役，负担差役，不分贵贱，皆不得免。凡15岁至70岁的男子都要服兵役，随时根据命令自备马匹、兵杖、粮草，由本管千户长率领出征。""上马则准备战斗，下马则屯聚牧养。"蒙古政体已转变为封建的领主分封制。

千户之上还有万户。成吉思汗任命木华黎为左手万户，管辖东边直到哈剌温山（今大兴安岭）方面的诸千户；任命博儿术为右手万户，

管辖西边直到按台山方面的诸千户；纳牙为中军万户，豁儿赤领巴阿邻部3千户，加上塔该、阿失黑二人所管的诸姓百姓，合为万户，镇守沿也儿的石河（今额尔齐斯河）的林木百姓地面。管领格尼格思千户的忽难，成为长子术赤所属白姓的万户。万户只是军事统帅。

蒙古国的最高统治集团是成吉思汗的"黄金家族"，全蒙古百姓均为他们的臣民。按照分配家产的体例，成吉思汗将百姓分配给诸子、诸弟。

成吉思汗建国后，不允许任何敢与他的"黄金家族"抗衡的力量存在。晃豁坛部族蒙力克老翁享有崇高地位，他的儿子阔阔出利用自己萨满巫师的影响，将教权介入政治，并与成吉思汗家族争夺百姓。成吉思汗毫不留情，果断决定除掉阔阔出。

一天，蒙力克带着7个儿子来访。阔阔出刚在酒桶旁边坐下，成吉思汗的小弟斡赤斤就上前要与他较力气，一到帐殿外面，就有三个大力士上前折断了阔阔出的脊背，将其杀死。

千户制度也是成吉思汗防止旧贵族复辟的重要措施。任何千户长，不管地位多么尊崇，都是皇室的臣仆。千户长阶层是成吉思汗"黄金家族"统治人民的重要支柱。

为了确保至高无上的汗权，成吉思汗还建立了一支由大汗直接控制的强大的常备武装。他将原有的护卫军扩充至万名，由1000名宿卫、1000名箭筒士和8000名散班组成。其主要责任是保护大汗的金帐和分管汗廷的各种勤务，同时也是大汗亲自统领的作战部队。

成吉思汗还规定了严格的护卫轮流值班制度。成吉思汗令其最亲信的四杰博儿忽、博儿术、木华黎、赤老温四家世袭担任四个护卫之长。他们都是大汗的亲信内臣。侍卫长作为大汗的侍从近臣，地位居于千户长之上，担任着保卫中央政府的职能。他们还常常作为使者出外传达大汗旨意，处理重要事务。如调任外官，则多担任重要职务。因此，充任卫士便成为千户长阶层升官的最便捷的途径。

成吉思汗控制了这样一支精锐之师，便足以制约任何一个在外的诸王和千户长。各级千户长们的子弟又被征为护卫军，实际上等于成了"质子"，更有利于成吉思汗牢固地联系和控制分布在各地的千户长们，使他们无条件地服从自己、效忠自己。于是，护卫军便成了成吉思汗巩固新生的统一国家，防止旧贵族复辟和对外进行掠夺、扩张的得力工具。

统一以前，蒙古人还没有自己的文字。畏兀儿人塔塔统阿后精通本国文字，成吉思汗俘获他后便命他教子弟学习。后来又有不少畏兀儿人被用为蒙古贵族子弟的教师。这些人对蒙古文的创制作出了贡献。

畏兀儿蒙古文创制出来以后，成吉思汗就用它发布命令，登记户口，编集成文法（大札撒），记录所办案件等，成为成吉思汗加强统治的重要辅助手段。

开禧二年，成吉思汗任命其养子失吉忽秃忽为大断事官，专门负责掌管民户的分配。又命失吉忽秃忽审断刑狱词讼，负责惩治盗贼，察明诈伪，施以刑法。大断事官实际上就是蒙古国的最高行政官，相当于汉族官制中的丞相。大断事官之下还有若干断事官作为僚属。此外，诸王、贵戚、功臣中有分地者，也各置断事官管治本部百姓。

在蒙古人长期形成的种种社会习惯和行为规范的基础上，成吉思汗重新确定了训言、札撒和古来的体例，制定了蒙古法律"大札撒"。札撒主要由习惯法和训令构成。它是当时人民必须遵守的行为准则。它规定：千户长们除君主外不得投托他人，违者处死；擅离职守者处死；眩乱皇室、挑拨是非、助此反彼者处死；收留逃奴而不交还其主者处死；盗人马者，除归还原马外,另赔偿同样的马9匹，如不能赔偿，即以其子女作抵，如无子女，则将其本人处死；等等。这些条款无疑都是为保护统治阶级利益服务的。除此之外，札撒还有一些保护游牧经济和社会秩序的条款。"札撒"的制定，对统治被征服的民众，使其各安其位，维护社会稳定，巩固蒙古国家政权，具有十分积极的作用。

成吉思汗统一蒙古后，采取了一系列加强集权统治的措施，这些措施维护了国家统一，促进了经济发展。统一后的蒙古国逐渐强盛起来。这便为成吉思汗在更大范围内称霸世界奠定了坚实的基础。

征服异族

　　成吉思汗一生视征服异族和掠夺财富为无上荣耀的事业。完成蒙古统一后，蒙古诸部的人口和牧场已按照等级分配完毕，不能再互相掠夺了。于是成吉思汗又把目光移向了富饶的邻国。

　　此时，成吉思汗手握精兵 10 余万，将士又都久经战争考验，骁勇善战。成吉思汗本人则胸怀大略，用兵如神，具有指挥大兵团作战的才能，在统一漠北的战争中已展露无遗。所以，他统率的蒙古铁骑便成为威胁各民族生存的可怕力量。

　　蒙古军的矛头首先指向了党项贵族建立的西夏政权。

　　成吉思汗对金国蓄谋已久，但他担心攻金时西夏与金国联手，从西面牵制蒙古。为免除西夏对蒙古攻金构成的侧面威胁，先攻西夏便成了攻金的序幕。

　　成吉思汗先后发动了三次对西夏的战争。

　　开禧元年三月，成吉思汗灭乃蛮后率军第一次侵入西夏，攻破边境城堡力吉里寨，并由此进至经落思城。此战蒙古军实现了掠夺财富的目的，带着大量的战利品返回漠北。

　　开禧三年秋，成吉思汗又以西夏不肯纳贡称臣为由，第二次侵入西夏，攻破斡罗孩城。由于西夏汇集了右厢诸路军抵抗，蒙古军不敢贸然深入，于次年春天退回。

　　嘉定二年秋，成吉思汗第三次入侵西夏，一路过关斩将，直逼西夏都城兴庆府，围攻兴庆府长达两月之久，终于迫使西夏王纳女请和，每年向蒙古进贡。西夏因向金求援遭到拒绝，遂转而死心塌地投向了蒙古人的怀抱。

解除了后顾之忧，成吉思汗立即全力以赴备战伐金。金国乃为蒙古宿敌，成吉思汗的曾祖父曾率蒙古部反金，并杀过金朝使臣。其曾祖父死后，由堂弟俺巴孩继位。仇视蒙古部的塔塔儿人将其捉去献给了金朝,金朝皇帝便把俺巴孩残酷地处死了。后来，在攻打塔塔儿部时，成吉思汗虽然接受了金朝封号，实际上内心并不臣服，总在寻机报复。

嘉定二年，金章宗病死，继位的是软弱无能的完颜永济。早在完颜永济做卫王时，成吉思汗与他就有冲突，加上一向又看不起他的为人，所以完颜永济做了皇帝，成吉思汗便索性与金朝彻底决裂，并加快了伐金的准备工作。

嘉定四年三月，成吉思汗万事俱备，又通过金朝叛臣对金朝政局做了全面了解，便打起为祖宗复仇的旗号，挑起了对金的战争。数万蒙古精兵良将，在成吉思汗亲自统率下，所向披靡。从怯绿连河出兵，经草原南下，一路连克昌州（今内蒙古太仆寺旗西南九连城）、恒州（今内蒙古正蓝旗北四朗城）、抚州。为阻止成吉思汗继续南下，金朝组织了 30 万大军防守于野狐岭（今河北万全膳房堡北）。无奈金军将士早被蒙古军吓破了胆，蒙古军轻轻一击，金军立即全线崩溃，连主将完颜承裕也慌不择路地逃跑了。蒙古军乘胜追击，直杀得金军尸横遍野。等追至浍河堡（今河北怀安东），便将金军大部消灭。蒙古军前锋突入居庸关，攻中都（今北京）遇阻，遂知难而退。

但成吉思汗并未就此罢手，而是分兵数路，接连攻取了山西、河北、山东和东北的大片土地。蒙古军残暴成性，所到之处烧杀抢掠无恶不作，一时间两河及山东、山西，荒野千里，城郭几成废墟，人民·几尽被杀绝。

面对蒙古军的汹涌来势，昏庸透顶的永济皇帝束手无策，只会与臣下相对而泣。不仅如此，他连起码的是非观念都没有了。西京（今山西大同）留守胡沙虎弃城逃跑，又擅取库银，夺官民马，永济不仅不予治罪，反而念其资深，又令其领兵守卫中都城北。永济这一愚蠢的决定，不久便得到了报应。嘉定六年，胡沙虎因玩忽职守受责，竟发兵入都，杀掉了永济皇帝，另立完颜璯（宣宗，1213~1233 年在位）

为帝，自任太师、尚书令。不过好景不长，元帅术虎高琪兵败后因恐受责，又效法胡沙虎，先下手杀掉了胡沙虎。此时，江山支离破碎的金朝，已是不折不扣的上上下下一片混乱了。

嘉定七年（1214），成吉思汗从山东返回，驻中都城北。经过连年征战，蒙古军也是人困马乏，将士思乡日甚，急需休养生息。成吉思汗遂决定暂时撤军。为避免金军乘他们长途跋涉后的困乏之机进行反攻，成吉思汗派人威胁金帝说："你的山东、河北郡县已全为我占有，仅剩下孤零零一座京城。这是上天在削弱你。我现在撤军，你要犒赏我的兵马，好消消我众将帅的火气才是。"柔弱可欺的金帝不敢违抗，即派丞相完颜福为使者，向成吉思汗敬献了永济的女儿歧国公主，还送上了众多的金帛、童男童女，蒙古军凯旋而归。

成吉思汗撤军后，金朝皇帝自知国力衰竭，中都已无力防守，便准备迁都河南汴京，以躲避蒙古军的压迫。恰在此时，又发生了金国阻止蒙古派往南宋的和平使节的事件。成吉思汗以此为借口，再次挥师南进。这一次蒙古军很快便直逼中都并完成了对它的包围。中都附近州县官员和守将纷纷归降，前来救援的援兵被击溃，金军留守中都的主帅抹撚尽忽只得弃城而逃。1215 年 5 月，蒙古军终于攻占中都，驻在恒州的成吉思汗派失吉忽秃忽将中都府藏尽数运走，并派兵驻守中都。

嘉定十年，成吉思汗在漠北图拉河畔，对从军多年的将士论功行赏，同时再次改编部队。深得成吉思汗信任的木华黎被封为国王，并授权由其经略中原。成吉思汗自己则腾出身来，于嘉定十二年，扬鞭催马踏上了万里西征之路。

蒙古西征

成吉思汗对西域的远征行动一开始，地处中亚的花剌子模国便很自然地成了蒙古铁骑攻击的首选目标。花剌子模是中亚古国之一，位于阿母河下游。王号为花剌子模沙（波斯语，意为王）。它摆脱了两辽和墨尔柱帝国的统治后，发展成为一个强大的国家。花剌子模国王摩诃末因此志骄气盛，竟计划向东扩张，征服中国，创建一个世界帝国。不料未及动手，蒙古已开始了攻金行动。摩诃末急欲证实消息并探听蒙古实力，便在嘉定八年底，派出了以巴哈丁·剌只为首的使团前往中都。成吉思汗其时并无征服西域的计划，便在中都住地亲自接见了使团成员，并倡议双方保持和平友好关系，允许商人自由通行，促进贸易往来。为此他还专门颁布了一道法令（札撒）：凡商人至其境者，将保证其安全营业；但凡有贵重物品，需先送到他那里由他选购。

在成吉思汗的倡导下，一时间东西方贸易空前活跃起来。西方商人带来了他们的金锦和布匹；蒙古商队则送去了毛皮和金银，两国互通有无，也大大促进了经济的发展。

但是花剌子模国王却听信使团成员的虚假情报，认为蒙古军队兵劣将弱，自恃强大的狂妄心理更加膨胀起来。

一次，一支随蒙古使团出发的450人的蒙古商队，用骆驼驮载着金银、毛皮、丝绸等，来到了花剌子模国的边境城市讹答剌。讹答剌长官亦难出贪图商队财物，竟诬陷商队为间谍，将他们全部扣押，并写信报告了国王。摩诃末根本不把蒙古人当回事，得报后立即下令将450人全部处死。成吉思汗闻讯，既震惊又愤怒，当即派3个使臣前往花剌子模，当面指责摩诃末背信弃义的暴行，要求交出凶手。摩诃末

严词拒绝，并下令杀死了为首的使臣，其余 2 人则被驱逐出境。而不斩来使则是国家间交往的惯例。摩诃末如此无礼，终于激怒了雄狮般的成吉思汗。他登上高高的山巅，摘下王冠，向神灵祈祷佐助，决心讨伐花剌子模国。

成吉思汗首先派大将哲别做前锋，消灭了盘踞西辽的屈出律，为西征扫除了进军路上的障碍。嘉定十二年，成吉思汗待马群肥壮之后，立即率领蒙古军和金国、西夏新归附的契丹军、汉军、河西军和畏兀儿、哈剌鲁首领的军队，翻越阿尔泰山，踏上了西征之路。当时，成吉思汗的军队总数不足 20 万，但其训练有素，军纪严明，战斗力很强。而花剌子模虽拥有军队 40 万之众，但其组织庞杂，疏于训练，士气低落。蒙古大军压境，摩诃末不免有些惊慌失措。考虑到与母后的矛盾，他采纳了分兵把守城堡的策略，自己则准备退缩到阿母河以南，并随时准备放弃河中。

嘉定十二年秋，成吉思汗的大军经过长途跋涉，抵达讹答剌，立即展开强攻，历经 5 个月苦战，终于攻破城防。守将亦难出自知死罪难免，城破后仍率残部顽强抵抗，直至被俘。蒙古军烧杀抢掠之后又将讹答剌夷为平地。亦难出则被送交成吉思汗。成吉思汗下令在爱财如命的亦难出的眼睛、耳朵里灌满了熔化的银块，将其杀死，为死于非命的商人报了仇。

成吉思汗长子术赤率领的军队则接连攻下了昔格纳黑（今哈萨克斯坦契伊利东南）、小八真（在昔格纳黑西北）、逼临毡。蒙古军所至，守将均望风而逃，虽有市民自动组织抵抗，因无作战经验，很快都为蒙古军攻占。

成吉思汗与幼子拖雷率领人数最多的中军渡忽章河后攻克讷儿等城，于嘉定十三年二月抵不花剌城。不花剌是中亚细亚的大城市，守卫该城的有上万名骑兵。蒙古军进行了连续不断的进攻，城防突破后，守将率一部分人马逃跑，蒙古军穷追不舍，于阿母河附近将其全歼。第二天，不花剌城的僧官、绅士们献城请降。成吉思汗与众将士设宴庆功。

　　嘉定十三年三月，不花剌硝烟未灭，成吉思汗又开始进围河中首府撒麻耳干（意为"肥沃的都市"，摩诃末在吞并河中后以此为都城）。察合台与窝阔台也率军前来会合，并驱降民随军攻城。摩诃末听到蒙古进军河中的消息，慌忙逃离撒麻耳干（今撒马尔罕），退到阿母河以南。撒麻耳干的城防尚未竣工，城中五六万守军竟不敢出城迎战。围城第三日，有一部分城民出城偷袭蒙古军，但又中了埋伏，全部被歼。至第五日，守军和城民便打开城门献城投降了。蒙古军一入城，照例又是拆毁城防，逐出市民，纵兵大掠。成吉思汗则将降军兵将3万余人，赶至一处平野中，全部杀死。他从居民中选出工匠3万人分赐诸子、亲属，又选3万名壮丁随军作战，其余居民则在交纳赎金后放其回城。契丹人耶律阿海被任命为达鲁花赤，镇守该城。

　　另一路由阿剌黑率领的蒙古军队也很快攻下了别纳容忒等城。

　　蒙古军队虽一路攻城略地，但经长时间激战之后也是十分困乏。成吉思汗遂令各部移居水草丰美之地，养精蓄锐，以待再战。一俟秋高马肥，便又立即展开了新的攻势。察合台、窝阔台被命率右翼军夺取玉龙杰赤，术赤则率本部兵马离开驻营地南下会合。成吉思汗与拖雷指挥中军挺进阿母河。

　　花剌子模国王携带少数侍从闻风逃到了可疾云（今伊朗德黑兰省加兹温）。哲别、速不台奉命追击。他们渡过阿母河，直抵巴里黑，城民纳款请降，遂留一将镇守，其余兵将继续向西追赶。为加快进军速度，沿途传檄纳降，除非遇到抵抗，不再主动出击。摩诃末被追得走投无路，只得逃到了里海的一个小岛上。受到惊吓的摩诃末不久又一病不起，大约在嘉定十三年底便死了，继位的是他的儿子札兰丁。

　　受命攻取花剌子模国首都的察合台、窝阔台和术赤的军队进展却并不顺利。领命后他们挥兵直抵花国都城玉龙杰赤（今土库曼库尼亚乌尔根奇）。这座城市横跨阿母河两岸，中有桥梁相连，易守难攻。蒙古军出兵3000人欲夺取桥梁，结果全被守军杀死。首战获胜，守军士气高涨，攻城蒙古军屡攻屡败，连攻数日不能奏效。接报后成吉思汗当即命窝阔台为最高指挥官，统一指挥攻城军队。窝阔台严整

军纪后，重新发起总攻。守军也十分顽强，城破后双方又展开了寸土必争的巷战，激战9天后方才攻克全城。和往常一样，进城后，蒙古军不仅屠杀了除妇女儿童外的全部城民，还将阿母河决堤，水淹玉龙杰赤，将藏于城中的人尽数淹死。一座繁华的都城顿时变成了一片水乡泽国。

成吉思汗和拖雷率领的中军，从那黑沙出发，过铁门关（今乌兹别克沙赫尔夏勃兹南90千米拜松山中的布兹加勒山口）南下。他从诸军中挑选强悍者组成一支精锐部队，由拖雷率领，先渡阿母河去取呼罗珊诸城。他自己则统就大军进攻阿母河北岸要塞忒耳迷（今俄罗斯捷尔梅兹）。忒耳迷军民奋勇抵抗，拒不投降。蒙古军苦战11天，方才攻破城池。恼羞成怒的成吉思汗下令毁其城堡，尽屠其民。之后，他又分兵攻掠了附近诸城寨。

嘉定十四年初，成吉思汗统兵渡河，进抵巴里黑城下。早已闻风丧胆的城民立即推其首领带着昂贵的贡物出城请降，宣誓效忠。但成吉思汗正准备讨伐札兰丁，认为军队后方留下人口众多的城市于己不利，遂以调查人口为名，将无辜市民斩尽杀绝后，又将巴里黑城化为灰烬。

成吉思汗接着又进围塔里寒寨（今阿富汗木尔加布河上游之北）。塔里寒寨军民凭险据守，蒙古军围攻7个月，直到拖雷奉召增援，才

蒙军入侵西夏

将这座山城攻克。城破之后，该城军民又被尽数屠杀。

嘉定十四年十一月二十四日，成吉思汗向札兰丁发起猛攻。激战过后，札兰丁部下将卒大部死伤溃逃，札兰丁数次突围不果，只好脱掉盔甲，跃马入河，仅率4000残兵败将逃至印度。第二年春天，成吉思汗又命八剌等率军20000人深入印度追击札兰丁，但一直未找到踪迹，入夏后蒙古军酷暑难耐，只得暂时退兵。不久后，札兰丁被迫无奈又离开印度逃往波斯。

哲别和速不台把摩诃末赶入里海后，继续率军抄掠波斯各地。嘉定十四年初，攻入掠谷儿只（今格鲁吉亚），败其守军，收兵后又至桃里寺（今伊朗东阿塞拜疆省大不里士），接受城中贵人纳贡、遂往攻篾剌哈（今伊朗东阿塞拜疆省马腊格）。篾剌哈城军民进行了抵抗，城破后便遭到残酷屠杀。接着又南下攻克哈马丹，杀掠之后又纵火焚城。此后又挥师北攻拜勒寒城，城民由于杀死了蒙古派来议和的使者，招致了蒙古军更加猛烈的进攻，失陷后便遭蒙古军屠城。

嘉定十五年春，哲别等攻入谷儿只境内。攻取了其首府沙马哈（今阿塞拜疆舍马台），占领了位于太和岭（高加索山）与里海之间隘口上的打耳班（今达格斯坦捷尔本特）。至嘉定十六年底，始才率军东返，沿亦的勒河（伏尔加河）南下，经由里海、咸海北部与成吉思汗会师。

从嘉定十二年开始西征，成吉思汗率领蒙古铁骑攻城拔寨，夷平了一座座美丽的城市，杀害了数不清的无辜平民。仅嘉定十四年二月，攻击马鲁的拖雷所部，入城后一次屠杀军民就达70多万人。成吉思汗对别人的生命毫不怜惜，自己却一直做着长生的美梦。为求长生之药，在西征途中，成吉思汗就遣侍臣刘仲禄去山东莱州邀请全真教宗师丘处机。长春真人丘处机经过一年多的艰苦跋涉，于嘉定十五年四月到达成吉思汗行营。成吉思汗立即接见，迫不及待地问道："真人从远方来，有什么能使我长生的药吗？"丘处机诚恳相告："有养生之道可延年益寿，但无长生之药以保永生。"成吉思汗很欣赏丘处机的诚实，又先后三次邀其讲道。丘处机利用这个机会，向成吉思汗大量灌输

"长生之道,清心寡欲;一统天下,不嗜杀人;为治之方,敬天爱民"的全真教宗。成吉思汗虽承认丘处机说得有理,但无奈他一生嗜杀成性,已是积习难改了。

嘉定十五年,闻知西夏有变,成吉思汗决意班师东归。他任命花剌子模人剌瓦赤及其子麻速忽治理西域各城,并置达鲁花赤监察。长子术赤则留在了钦察草原。嘉定十六年东归途中,成吉思汗驻夏于忽兰巴失。嘉定十七年夏又在也儿的石河驻夏。

在这期间,成吉思汗为加强对被征服国土的统治,把它们都分封给了诸子:也儿的石河以西,今咸海、里海之北,属于术赤;畏兀儿与河中之间,原西辽故地,属于察合台;从叶迷立(今新额敏)以北,包括今喀拉额齐斯河和阿勒泰山一部分的原乃蛮部地,属于窝阔台。他们与先前分封的成吉思汗诸弟合撒儿、合赤温、斡赤斤、别里古台等"东道诸王"相对,被称为西道诸王。这三个封国即是后来的钦察汗国、察合台汗国和窝阔台汗国。分封诸子,使他们各据封土,为后来因汗位之争产生的派系斗争种下了祸根,并最终导致大蒙古帝国的分裂瓦解。但是,这种分封制在当时形势下,对促进各地的封建化和经济文化的发展,起着积极的作用。

宝庆元年春,成吉思汗终于回到了蒙古大本营,持续了7年之久的远征结束了。

病死军中

宝庆二年,满身征尘的成吉思汗仅仅在大本营度过一个夏天,便又以西夏接纳仇人亦剌合·桑昆、不送质子和拒绝征调的理由,大举兴兵征讨西夏。

这一年，成吉思汗已经 65 岁了，身体已大不如以前，却依然不肯服老，以致在狩猎时落马负伤。大军被迫驻营休息，成吉思汗虽伤痛锥心，却坚决不采纳皇子、大臣们暂时后撤的建议。结果只好决定先派使臣前去西夏谴责其不听征调且出言不逊之罪。由于此时西夏抗蒙派已占上风，恐吓未起作用。成吉思汗只好带病亲征。西夏各地军民虽进行了顽强抵抗，无奈力量悬殊，蒙古军先取西凉府，收降主将力屈。接着又攻至河曲，再取应里等县。夏献宗忧惧交加而死，夏人便立其侄子南平王为主。至十一月，成吉思汗又率蒙古大军进攻灵州，西夏王闻讯速遣嵬名令统率 10 万军队来援，蒙古军渡河迎击，大败西夏军，杀人无数，尸积如山。

灵州一战，西夏军主力被消灭殆尽，战后，成吉思汗到盐州川驻冬，鉴于西夏已无力组织有效抵抗，宝庆三年正月，成吉思汗果断决定，仅留一部分军队攻打中兴，其余部队由他率领南下，进入金国境内。大军一路攻克了临洮府和洮、河、西宁、德顺等州，到四月已进至六盘山地区，遂于六盘山驻夏。六月，又继续向南进兵，一直到了秦州清水县。

宝庆三年七月，年迈体衰的成吉思汗终于经不住长途征战的劳累，从此一病不起了。他自知死期将临，便将三子窝阔台、末子拖雷唤至枕边，叮嘱兄弟之间要和睦相处，并面授征服金国的策略，他说："金的精兵在潼关，南有群山，北临黄河，难以遽然攻破，如果向宋借道，宋与金是世仇，必定会应允，那就可以出兵唐、邓（两州均在河南），直指汴京（今开封）。金危急，必定征召驻守潼关的军队，但那是一支数万人的入队伍，千里行军去救援，人马疲惫，即使赶到也不能作战了。这样我们必能大胜。"他还吩咐，"我死后要秘不发丧，以免被敌人知悉；待西夏国主和居民在指定时刻出城时，立即把他们全部消灭。"

安排妥军国大事，这位一代天骄带着他那惊天地、泣鬼神的丰功伟绩，走到了人生终点，享年 66 岁。

遵照成吉思汗遗嘱，他的尸体被运回蒙古故土，埋葬在斡难、怯

绿连、土拉三河发源的圣山——不儿罕山上。陵墓向北深埋，以万马踏平。后人在鄂尔多斯（伊克昭盟）修建了"八间白室"，放置其遗帐、遗物，以此来缅怀这位一生叱咤风云的民族英雄。

南宋绍定二年，窝阔台继承汗位。元至元三年，元世祖忽必烈追谥成吉思汗为"圣武皇帝"；元至大二年，加谥为"法天启运圣武皇帝"，庙号"太祖"。

第 八 章

乞丐皇帝，治隆唐宋
——朱元璋

朱元璋出身贫苦佃农，家境贫寒，从小就饱尝生活的苦难。他目睹国事日非，预感天下大乱即将到来，他立志勤学，广交朋友，以待时而动。后来，朱元璋参加了郭子兴的红巾军，深得郭子兴赏识。朱元璋英勇善战，招贤纳士，整肃军纪，善用谋略，最终成为明朝的开国皇帝。朱元璋拥有秦始皇的英明与残暴、汉高祖的用人智慧、唐太宗的民本思想、宋太祖的专制集权，有些方面甚至超过前人。

出身贫寒

朱重八这个名字,是按照当时他们兄弟之间的长幼顺序而起的。他的父亲叫朱五四,朱五四有兄弟二人,其兄朱五一生有四子,分别起名为重一、重二、重三、重五;朱元璋有三个哥哥,分别取名为重四、重六、重七,所以,他起名重八,顺理成章。朱重八后来发达以后,曾几次更换雅名,最后选定为:名元璋,字国瑞,这个名字从此载入了史册。为了前后一致,本文此后只称朱元璋。

朱元璋家境贫寒,从小就饱受生活的苦难,7岁就操起皮鞭给地主放牛牧羊。父母亲的美好愿望,并没有使得小元璋受到点滴实惠。然而,他的聪明才智,在小小的年纪里就表现得淋漓尽致。一次,在同食不果腹的小伙伴们山中放牧时,饿得饥肠辘辘,小元璋指挥大家七手八脚地宰杀了自己放养的一头小牛,然后捡些干柴烤起牛肉来。当大家狼吞虎咽将半生不熟的牛肉吃下肚后,才想到由此所引起的严重后果来,知道自己闯了大祸,于是面面相觑,并且互相埋怨、指责起来。小元璋此时表现出了大丈夫的气概,胸脯一拍,很大度地说:"主意是我出的,有什么事由我一人承担,只要大家按照我说的做就行了。"说完,便吩咐大家用沙土掩埋了小牛的皮、骨、血迹等,并把牛尾巴扯下,牢牢地插入石缝中。回去后,对地主谎称水牛钻进了山洞里,夹在了石头缝里边。地主明明知道有诈,却找不到充足的理由驳斥元璋,只好不了了之。自此,小伙伴们对朱元璋既感激又佩服,小元璋自然而然地成为了他们的"领袖",玩起游戏来,总是被推举做"皇帝"。

至正三年,朱元璋17岁那年,淮北遭遇了多年不遇的干旱荒年,

旱灾引起了蝗灾和瘟疫，广大农民在饥饿与瘟疫的双重折磨下，处于水深火热之中，过着朝不保夕的生活，不少人家相继病死，成了绝户。朱元璋一家也难逃厄运，先是64岁的父亲撒手人寰，紧接着不到半个月的时间里，他的长兄、长侄以及母亲也离开了人间。多年的贫寒生活，再加上亲人的离去，此时的朱元璋已经厌倦了这个昏暗的世界，恨不得随亲人而去。然而，这个家庭已经没有人能再抚慰他的伤痛、安稳他的心灵了。朱元璋走投无路，只好剃光了脑袋进了皇觉寺。他穿起了衲衣，做起了小行童。整天除了扫地上香，敲钟击鼓，还要为主持担水劈柴、烧饭洗衣，几乎无所不做。低眉弯腰，劳苦疲乏，还要受师父的责骂、师兄的刁难。他开始羡慕大墙外面的生活，特别是怀念与少年伙伴们一起放牛、一起割草那些无拘无束的日子。但是，为了生存下去，为了混口饭吃，朱元璋也只能忍气吞声。

由于旱情严重，地里的庄稼颗粒无收，靠收租来度日的皇觉寺终于维持不下去了。入寺才50天，经文没念上一卷，各种杂活倒做了不少的小沙弥朱元璋，被主持打发去"云游"，实际上就是流浪各地，向大户人家"化缘"，求乞度日。这样一去就是三年。

几年来的流浪生活，让朱元璋尝尽了人间的辛酸，也看到了各地百姓同样的困苦。到处是衣服褴褛，到处是如土的面色，到处是成群结队的逃难人群。百姓们已不再对腐败的朝廷、官府抱有任何希望，他们只有把满腹的希望寄托于神灵、菩萨的保佑。他发现，一路上，除各大小寺院里虔诚的信男信女之外，百姓们普遍信仰白莲教，并大有积蓄力量、蠢蠢欲动之势。

三年后，朱元璋又回到了皇觉寺。"云游"中，他目睹国事日非，预感到天下大乱的时候就要到了，即立志勤学，广交朋友，以待时而动。他在这里学习了三教九流的许多知识，诵经、打坐、做布施、做道场，外加清除，上香、劈柴、担水、读书、识字。一晃，又过了较为平静的四年时间。

这时的中国，正处于元朝末年社会矛盾空前激化的年代。不堪忍受元朝封建统治者的残酷剥削和压迫的农民们终于在元至正十一年勇敢地行动起来了。白莲教主韩山童乘机聚集数千人，斩白马乌牛，祭告天地，揭竿起义。因起义军头裹红巾，身穿红衣，打着红旗，被称为"红巾军"。接着，彭莹玉、徐寿辉在湖北组织起义，土豪方国珍、盐贩张士诚也先后在浙江和苏北起兵反元。与此同时，郭子兴在濠州起兵响应，袭杀州官，占领了濠州城。至此，农民起义的烈火迅速在大江南北燃烧起来。

虽然身居静门，内心却早已不安分的朱元璋，听到不断传来的农民起义的消息，已是热血沸腾。面对所生活的黑暗社会，他早就有了投奔"红巾军"的念头，只是对"红巾军"内部不甚了解，再加上元军追杀得太紧，怕他们成不了气候，而犹豫不决，持观望态度。正在这时，已在郭子兴的军队里当上了小头目的儿时的穷伙伴汤和，给朱元璋捎来了一封信，邀请他前去投军。此时他仍举棋不定。同屋的师兄偷偷告诉他：汤和来信邀他参军一事已被人知道了，就要去报官领赏。被逼上绝路的朱元璋，终于看清了自己所面临着的危险形势。丢掉幻想，告别了朋友，连夜向濠州城急急奔去。

网罗名士

至正十二年闰三月初一，天刚蒙蒙亮，朱元璋就来到了濠州城下，被守城士兵绑去见了郭子兴。当这个时年25岁、身强力壮、气度不凡的精壮汉子站到面前，立即把郭子兴吸引住了。郭子兴便留他做了帐下亲兵。朱元璋不负郭子兴的重望，更加苦练武艺，听从指挥；并且处事沉稳，计虑周详，仗打得漂亮，且能独当一面，是个难得的人才。由此，郭子兴就把他当作心腹，时常把他叫到内宅议事，信宠有加。

　　此时，郭子兴身边有个养女，她是郭子兴刎颈之交的老友马公的独生女。马公夫妇死后，所留下的小女就由郭氏夫妇收养。马姑娘勤劳贤惠，深得郭氏夫妇的喜爱，二人也把她视为己出。此时，马姑娘已是待嫁的年龄，郭氏夫妇决心把她嫁给一个有出息的人物，以了却自己及死去的老友的心愿。朱元璋的到来，使郭子兴心情舒畅，郭夫人对他也非常喜爱，夫妻二人征得了马姑娘的同意，就择日给他们成了亲。

　　这位马姑娘出生于至顺三年七月十八日，此时刚满21岁，比朱元璋小4岁。她脸上有几颗麻子，说不上十分漂亮，却聪明、端庄、秀气，颇有大家闺秀的风度。自从与朱元璋结婚，夫妻感情一直很好，对朱元璋的事业也很有帮助，后来成为中国历史上非常有名的后妃。

　　出身低微的朱元璋，投军时间不长，能与大帅的养女结亲，自然是身价百倍。人们对他不得不刮目相看，官兵们也不直呼其名了，而尊称他为朱公子。但朱元璋的好运，却惹恼了郭子兴的二位公子。这郭氏二兄弟，心胸狭窄，嫉妒心强，突然出现的朱元璋，眼见着地位一天比一天高，如今又做了郭家的乘龙快婿，与自己称兄道弟，感到心里很不舒畅。于是，兄弟两个三天两头到父亲郭子兴面前搬弄是非，说朱元璋的坏话，说他讨你的好，听从你的指挥，实际上是为了有一天夺你的兵权，等等。起初，郭子兴对此并不以为然，还叱责他们胡说八道。久而久之，不免对朱元璋也起了疑心。终于，有一天，郭子兴把朱元璋关进了禁闭室。郭氏二兄弟见阴谋得逞，又商量着如何将朱元璋置于死地。这时，他们的阴谋被马姑娘察觉，并告知了郭夫人。郭夫人一听，大怒，立即找来郭子兴和两个公子，把他们骂了个狗血喷头，逼着他们说出实情。两个公子眼看瞒不下去，就把他们的所作所为一五一十地道了出来，并认了错。郭子兴听了，非常惭愧，感到非常对不起朱元璋。从此后，郭氏一家对朱元璋更加厚待，朱元璋也通过这件事品尝到了做人的艰难，逐渐成熟起来。

　　不久，队伍里又发生了内讧事件。当初，郭子兴与孙德崖、俞某、鲁某、潘某一起举事，倒也能协同作战，相安无事。当取得胜利后，在立名号、排座次的问题上，却各不相让，相互猜疑。当时，元帅郭子兴与歃血为盟的副帅孙德崖因战事不和而发生了冲突。孙遂设下圈套，将郭子兴骗到家中，想秘密处死他，自立为帅。朱元璋出征归来闻讯后，即带领亲兵追到孙家，拔剑而指："敌人逼近城下，副帅不去杀敌，却要谋杀主帅，这是什么道理？"遂指挥兵士砍断锁链，救出郭子兴。有此救命之恩，郭子兴对朱元璋更加宠爱和厚待了。

通过这个事件，朱元璋对时局有了更加清醒的认识：他们五人（包括郭子兴在内），都不是能成大事的人。为了自己的地位、排名，他们互不服气，互不支持，内耗太多。长此下去，不是自己把自己打败，就是被元军消灭掉。要想成就一番大事业，还是要靠自己。但目前自己手下无兵，如何能树立起自己的威望呢？于是，朱元璋就说服了郭子兴，让他批准自己回家乡招兵。1353年春天，朱元璋回到了久违了的故乡钟离，十几天的工夫，就拉起了一支700多人的队伍。郭子兴喜出望外，当即升任朱元璋为镇抚，并把这700人的精壮部队交给他率领。这是朱元璋独自带领的第一支队伍。

朱元璋手握兵权，再也不愿呆在多事的濠州，他决心独自打下一片天地。经郭子兴的允许，至正十四年正月初一，朱元璋带领着精心挑选出来的24名士兵，离开濠州，向南奔向定远。这些精兵强将是他从700名士兵中挑选出来的，其余的全部留给了郭子兴。这24人是：徐达、汤和、吴良、吴祯、花云、陈德、顾时、费聚、耿再成、耿炳文、唐胜宗、陆仲亨、华云龙、常遇春、郭兴、郭英、胡海、张龙、陈桓、谢成、李新、张赫、张铨、周德兴。他们都曾经是受尽苦难的穷苦庄稼汉，但此次南行，便成了与朱元璋一起打江山的亲信、骨干和时代的风云人物。后来，他们中3人封公、21人封侯（其中，耿再成和花云在开国前战死，公与侯为追封），全部都成了名垂青史的开国功臣。

南下定远后，第一仗是智取驴牌寨，收编了这支3000多人的地方武装，使自己拥有了一支名副其实的武装部队。

这时，定远县同其他混乱地区一样，兵匪如蝗，军寨林立。有的

是游兵团聚,有的是财主结寨自保。收降这些散兵游勇,是壮大势力的途径。朱元璋看准了这一点,凭着自己手中的3000人马,说降了盘踞豁鼻山的秦把头,得部众800人。又乘胜夜袭拥兵数万余众的元朝义兵元帅缪大亨。盘踞横涧山的缪大亨,睡梦中慌忙迎战,因摸不清对方的虚实,士兵伤亡惨重。看到如此形势,他只好率领所剩下的二万多人投降,归顺朱元璋。收编了缪大亨的人马后,队伍得以迅速扩大,朱元璋威名大震,四方归附。

就在朱元璋将要离开横涧山去他处征战时,接到邻近的冯国用、冯国胜兄弟的邀请。朱元璋欣然应邀前往。这冯氏二兄弟,是两个20岁上下的青年。他们靠着祖上留下的一些产业,专好习弄刀剑,攻读兵书,钻研攻防计略,结交天下豪杰,成为远近闻名的文武全才。元末,群雄并起,他们也拉起了队伍,结寨于妙山。当得知朱元璋智取驴牌寨,义说秦把头,夜袭缪大亨,队伍作战勇敢,纪律严明,人心所向,心里很是佩服,便有投靠之意。朱元璋见冯家兄弟举止得体,温文尔雅,知道是读书之人,心里非常高兴,便向他们请教取天下的大计。冯国用回答:"书生有六字相告。"朱元璋急忙请教,冯国用说:"'有德昌,有势强。'建康(今南京)虎踞龙蟠,帝王之都,拔而取之以为根本,成有势之强。然后命将出师,倡仁义,收人心,不贪女子玉帛,则为有德之昌。而后天下可定。"听到这番议论,朱元璋茅塞顿开。自打从军以来,朱元璋接触的都是些无知识的小农,还没有听见过这样清晰明白、高瞻远瞩的谈话,他第一次感到读书人的高明。于是,就将冯氏兄弟留在了身边,作为他的幕中参谋,为他出谋划策。向建康即集庆路发展,成为他追求的目标。眼下第一步,是兵发滁州。

朱元璋在定远的一举一动,还被另外一个读书人密切注视着,他就是与朱元璋的帝位关系密切的李善长。李善长,原名元之,祖籍安徽歙县,生于延祐元年,比朱元璋大14岁。少时曾在家闭门苦读。他喜欢文案书牍、兵家法家著作,善于推测人们的心理活动,预见某些事物的发展与结局。因不满元朝的腐朽,他弃文经商,遂成了定远一带有名的大财主。但他仍然密切注视着形势的变化，等待着大显身手的时机。对韩山童、郭子兴等，他都感到不能成大器，而不轻易出头。眼下，朱元璋的出现，使他看到了希望，仿佛看到了"真龙天子"的幻影。冯氏兄弟的主动投靠，使他下定了决心。他当机立断，把家稍做安排，就急急忙忙去追赶朱元璋的队伍。

至正十四年七月，42岁的李善长在去滁州的途中求见朱元璋，朱元璋大喜，立即请李善长上座叙谈。二人越谈越投机，李善长特别生动详细地叙述了出身微贱的汉高祖刘邦取天下的故事，使朱元璋听得入了迷。你问我答，整整谈了一天，晚饭后，秉烛对座，谈兴更浓，不知不觉中，又迎来了第二天的朝霞。李善长特别指出："主公祖居沛县，正同汉高祖同乡，山川王气，正应在主公身上。"朱元璋强作镇静，缓声说道："照先生看，这四方战乱什么时候可结束？"李善长略作沉吟，回答道："汉高祖虽然出身布衣百姓，然而豁达大度，知人善任，不贪图眼前的富贵享乐，不烧杀抢掠，五年就成就了帝业。今日的时局，与秦末有些相似。只要主公效仿汉高祖，天下很快就会平定的。"李善长的一席长谈，不但鼓起了朱元璋的雄心，而且对他今后的事业产生了深远的影响。在他看来，李善长的到来，就是萧何转世，是来帮助他成就大业的。于是，当即任命李善长做记室（秘书官），一切机密谋议都认真听取他的意见和建议。

文人儒士的韬略，更坚定了朱元璋夺取天下的雄心壮志，也加快了他横扫群雄、统一天下的步伐。

此时，元军正围攻在六合的另一支反元武装。六合守将派人到滁州求援。郭子兴同六合守将有过节，不肯派兵前往。朱元璋深知六合在地理位置上的重要性，若六合被攻破，必危及滁州，于是，便苦口婆心地向郭子兴申明利害关系，终于使郭子兴同意派兵。当时攻六合的元军号称百万，无人敢与之迎战。朱元璋奋勇当先，点齐兵马直指六合。朱元璋设伏打退了一股元军之后，故意将夺得的马匹还给元军。元军以为遇到了红巾军主力，遂引兵撤离。朱元璋勇救六合，计驱元兵，其胆识、智谋皆令诸将折服，同时也显示出了他的杰出军事才能。

至正十五年春，朱元璋率军攻下和州（今安徽和县）后，郭子兴任命他为总兵官，统率和州诸将的兵马。当时和州的诸将成分复杂，多为郭子兴的部下，纪律松弛，为所欲为，很不得人心。朱元璋上任后，并未被他们所看重，每次议事，争抢上席，而把最末的一个座位留给他。朱元璋决心改变这种状况。不久，他创议修建城池，规定每人负责一段，限定三天完工。届时只有朱元璋负责的一段修完。于是，他拿出郭子兴的金牌，厉声说："我这个总兵官是郭元帅任命的，大家理应服从。修建城池已有约在先，大家不能按时完工，万一敌人来犯，我们怎么对付？此事既往不咎，今后再有违抗命令者，一律军法严惩！"众将从此听命于朱元璋，就再也没有违纪现象发生。

同年三月，郭子兴这位起义领袖故去了。此时，韩山童的儿子韩林儿被拥立为小明王，国号宋。小明王任命朱元璋为左副元帅。不久，其两副帅又先后战死，朱元璋遂被升任为大元帅。至此，他的岳丈郭子兴所创建的起义军旧部全部归朱元璋指挥了。

朱元璋成了一军之主后，越来越感到自己所掌管的地盘狭小，兵马太少，难以实现自己的宏图大业。必须打过长江去，才能求得进一步的发展。于是，他特别注意瓦解敌人，壮大自己；同时，又采取措施，鼓舞士气，使他们勇猛作战，一往无前。至正十六年三月，朱元璋亲统水陆大军，进攻集庆（今南京），三天内，攻破城外的陈兆先军营，陈部36000人投降。朱元璋看到这支投降的军队顾虑重重，恐惧万分，心神不定，就从中挑选出500名勇士当自己的亲军，让他们在夜里当自己的守卫，而自己平时的卫士一个不留，全部打发走。朱元璋独自脱下战甲，酣然入梦，一觉到天亮。3万多降兵知道了这件事，大为感动，便赤胆忠心地为朱元璋效力，甘心情愿地跟随朱元璋打天下。

三月十日，朱元璋攻下了集庆。第二天，朱元璋带领徐达等巡视全城，看到它的雄伟、它的富庶和繁华，恍惚如在梦中，那种激动与兴奋简直无法按捺，遂对徐达等人说："金陵枕山带江，真是天造地设的一块宝地，难怪古人称之为长江天堑。况且仓廪实，人民富足，今天终为我有。再加上诸位同心协力相助，还有什么样的功业不能建立！"徐达附和道："元帅建功立业绝非偶然。今天能够得到它，实在是上天所授！"听到这话，朱元璋更是喜欢。

于是，改集庆为应天府。设置大元帅府，朱元璋自任大元帅。从此，朱元璋有了一个为将来打天下而积蓄力量的可以立足的基地。

朱元璋以应天府为根据地，经过了几年的努力，拥有集庆路、太平路、镇江路、广德路等江南地盘、十几万军队，成为江南很有势力的割据政权。此时，他的上游有义军徐寿辉，下游有张士诚，今天的浙江宁波、临海沿海一带有方国珍，其他江南地区仍为元朝所占有。江北则有韩林儿的大部队牵制着元朝主力，做了南方农民军的屏障，使他们得以任意地蚕食元属领地，并在彼此之间展开厮杀与拼搏。此时的朱元璋，已不是早先的小和尚了，已成长为一名驰骋疆场的将帅、一个称雄一方的霸主。

登基称帝

取得了初步的胜利后，如何发展今后的事业，是摆在朱元璋面前的首要问题。至正十七年在攻占了徽州后，朱元璋亲自到了石门山拜访老儒朱升，请教夺取天下的计策。朱升高瞻远瞩地送给他三句话："高筑墙，广积粮，缓称王。"就是说，要扩充兵力，巩固后方；发展生产，储备粮食；不图虚名，暂不称王。朱元璋认为朱升的话很有道理，即提出了一个在两淮、江南地区"积粮训兵，待时而动"的行动计划。

"兴国之本，在于强兵足食。"按照老儒朱升的提示，朱元璋首先抓紧军队建设，提高军队的作战本领，尤其重视军事纪律的训练和整

顿，强调"惠受加于民，法度行于军"。同时，朱元璋大抓农业生产，他设置营田司，任命营田使，负责兴修水利。并且还抽出一部分将士，在战事之余开荒屯田；推行民兵制度，组织农村丁壮，一面练武，一面耕种。这样一来，所生产的粮食不仅能自给自足，还能支援贫苦的百姓，改变了军队历来吃粮靠百姓的惯例，深受农民的欢迎。

为了发展自己的势力，朱元璋还礼贤下士，广揽人才。刘基、叶琛、宋濂、章溢四大名士被礼聘至应天，朱元璋称他们为"四先生"，特筑礼贤馆，供他们居住。

此外，朱元璋为了避免树大招风、较早暴露自己，以防止在自己力量脆弱的时候被吃掉，他在形式上一直对小明王保持臣属关系，用的还是宋政权的龙凤年号，打的还是红巾军的红色战旗，连斗争的口号也不改变。直到朱元璋改称吴王后，发布文告，第一句话仍是"皇帝圣旨，吴王令旨"，表示自己仍是小明王的臣属。朱元璋经过如此数年卧薪尝胆，积蓄力量，开拓疆土，其所辖的根据地终于巩固地建立起来了，在人们不知不觉中拔地崛起一支足以与元军相匹敌的强大军事力量。

朱元璋

随着朱元璋势力的一天比一天强大起来，原先的盟友，为了争得利益，也逐渐变成了对头，变成了朱元璋改朝换代的强大阻力。于是，朱元璋在同元军进行殊死搏斗的同时，不得不对盘踞在周围的敌对势力进行清除。四周的陈友谅、张士诚、方国珍、陈友定部，以陈友谅部的势力最大，他也是朱元璋占领应天后所遇到的第一个劲敌。

至正二十年五月，陈友谅以派人祝贺胜利的名义去江州（今九江）杀死徐寿辉。他估计应天指日可下，野心勃发，就以采石五通庙为行殿，草草即了皇帝位，改国号为汉。随后盛食厉兵，约张士诚夹攻朱元璋。

陈友谅当时的势力相当强大，光战舰就有百余艘，且兵众士广，杀气腾腾。驻守应天城中的朱元璋的文官武将，风闻陈友谅部已顺江而下，旌旗指向应天，都吓得惊慌失措。一时间，众将领议论纷纷，有的主张投降，有的主张放弃应天，也有的主张抵抗，各执一词，乱成一团。唯有谋臣刘基成竹在胸，静坐不语。朱元璋问计于刘基，刘基答道："张士诚目光短浅，胸无大志，只满足于割据一方，没有什么可怕的。陈友谅占据上流，拥有精兵利舰，来势凶猛，是一支不可小视的队伍，我们必须集中力量打败他们。这样，张士诚便不敢出兵，应天城就没有什么忧患了。我们再北向中原，必定可成王业。"朱元璋又问他："如何打败陈友谅呢？"刘基说："陈友谅自恃人多势众、装备精良，骄傲轻敌。诱敌深入，用伏兵截击，定能取胜。"朱元璋觉得刘基的分析非常深刻，入木三分，便采纳了他的意见，于是决定伏兵智取陈友谅。

怎么才能诱使陈友谅迅速东下、进入伏击圈？使朱元璋颇费思量。突然，他想起了一个人，这就是他早年攻打集庆时招降的元水军元帅康茂才。康本是陈友谅的好友，但归顺朱元璋后，深得器重和宠信。他早有报答朱元璋之意，只是没有机会。此时，朱元璋将他找来，如此这般地告知了他这次行动的计划，他非常痛快地接受了任务，遵照朱元璋的指令，康茂才派一个亲信将其亲笔信秘密送给"老友"陈友谅，约陈及早来攻应天，由他做内应，里应外合，一举拿下应天城。陈友谅见信后，大喜，忙问来人："康将军现驻在何处？"来人答称在龙江（应天附近）。陈友谅深信不疑，迫不及待地率主力直奔龙江，没有见到康茂才的踪影，方知受骗中计，急令舟师转移。此时为时已晚，朱元璋的伏兵早把陈友谅部团团围住，插翅难逃。只见朱元璋站在高高的卢龙山上擂鼓助战，顿时杀声四起，水陆并进，把陈友谅苦心经营的精锐部队打得丢盔弃甲，死伤无数，落荒而逃。张士诚见状，果

然未敢轻举妄动。接着，朱元璋又挥师攻下安徽，收复江西等许多州县，扩大、巩固了胜利成果。

三年后，陈友谅倾其全力，统兵 60 万包围洪都（今南昌），以报龙江之仇。朱元璋亲率 20 万大军救援洪都，逼陈友谅退至鄱阳湖。陈军几百艘战舰用铁索联结起来，有十几里长，在兵力上占了显著优势。朱元璋利用敌舰高大、联舟布阵所带来的行驶不灵活的弱点，就决定采取火攻的战术。他派出敢死队，用轻舟装满火药和芦苇，乘机点火，借着风势，冲入敌舰阵。刹那间，火借风势，风助火势，火焰冲天，湖水皆赤。陈部官兵被围困在转移不得的战舰上，冲不上，逃不走，只能眼睁睁地看着被大火吞没。眼看这场战斗是无法再继续打下去了，陈友谅只好带兵突围。他刚冲出湖口，不料又遇伏兵拦截，陈友谅被一支飞箭射穿了头颅，而一命归天。

消灭了势力最强、野心最大的陈友谅后，朱元璋又挥师东进，征讨的大旗直指雄踞东方的自称"吴王"的张士诚。

张士诚本是个盐贩子，其手下也多是一些盐贩子、盐丁、中小地主和部分贫苦农民。他们由于不堪忍受元朝统治者的压迫凌辱，而趁元末大乱时聚众起兵，作战也十分勇敢。但其领导集团却非常腐败，自称"吴王"的张士诚，胸无大志，只图保住一块地盘尽情地享乐。他终日不理政事，与一批地主文人谈古论今，舞文弄墨。其属下的将军大臣也争相修花园，玩古董，养戏班子，整日寻欢作乐，甚至打仗时还带着舞女作伴解闷，完全丧失了战斗力。

对于张士诚，朱元璋不是急于一下子将他消灭掉，而是分三个阶段对其围攻：首先，攻苏北和淮河下游地区；然后，取湖州、杭州；最后，南北夹击，攻破平江。

朱元璋在围攻张士诚的同时，派大将廖永安去滁州假意迎接小明王至应天，从瓜州（今江苏六合东南）渡江时，廖乘机把船弄翻，使小明王溺死江中。这样，又为以后的登基，扫清了一个绊脚石。

与此同时，朱元璋还制服了浙江的方国珍，平定了福建的陈友定，又乘胜南进攻克了广东、广西。在实现了整个南部中国除四川、云南外的统一后，不失时机地调集精锐部队实施北伐，同元朝政权展开了最后的大决战。

元朝政权虽然依靠地主武装，于至正十九年攻陷了宋政权都城汴梁（今开封），后又拔掉了宋最后一个据点安丰（今安徽），把北方红巾军也镇压下去。但它的统治基础，也在各支起义军，特别是北方红巾军的沉重打击下趋于瓦解。此时，它仅仅依靠几支地主武装支撑残局，且内部派系林立，矛盾重重，已是摇摇欲坠、不堪一击了。

至正二十七年十月，朱元璋派徐达、常遇春率25万大军北伐，大军出发前，他亲自制定了一个周密的作战计划："先取山东，拆除大都的屏障；再回师河南，剪掉它的羽翼；夺取潼关，占据它的门槛。如此一来，天下形势为我所掌握，然后进兵大都，元朝势孤援绝，可不战而胜。"

北伐战争按照朱元璋的计划顺利实施了。当年十一月，徐达就率军推进到山东，平定了山东全境；继而兵分两路，又胜利进军河南，所向披靡，元朝将领纷纷归附。至第二年三四月间，北伐军包围元大都的战略已告完成。

元朝最后的一个皇帝——元顺帝眼看援军无望，孤城难守，慌忙带后妃、太子北逃。八月，徐达率领大军攻进大都，统治近百年的元朝政权宣告被推翻。明朝呼之欲出。

虽然朱元璋从骨子里就想登基做皇帝。但却不好自己提出来，好在有一批贴心的下属对他的心思已心领神会了。

早在七月间，在朱元璋兴致勃勃地与熊鼎等文臣研究庆典雅乐时，李善长便率群臣上表，劝朱元璋即皇帝位。朱元璋认为时机尚不成熟，"一统之势未成，四方之途尚梗"，而没有采纳。到了十二月，当战场上南北大局已定时，李善长又率文武百官奉表劝进。朱元璋自谦说：自己"功德浅薄，自愧弗如，还不足以当此造福万民的皇帝重任"，而再一次推辞不就。第二天，李善长再率百官恳请，说道："殿下谦让之德，已经著于四方，感于神明。愿为生民百姓的利益着想，答应群臣的要求。"朱元璋终于同意登基做皇帝了。

强化皇权

　　朱元璋梦寐以求、文臣武将们翘首以待的好日子就要到来了。经过多日的准备，至正二十八年正月，在北伐军胜利攻克山东的凯歌声中，40岁的朱元璋在文武百官的欢呼声中于应天城中的奉天殿内正式登上皇位，改国号为大明，年号为洪武，应天为南京。同时，册封马氏为皇后，长子朱标为太子；任命李善长、徐达为左右丞相，刘基为御史中丞兼太史令。至此，一个出身农家、横笛牛背的牧童，经过奋斗，终于成了我国历史上继刘邦之后的又一位出身布衣的开国君主。

　　凡事冷静，是朱元璋成功的一大秘诀。越是打了胜仗，越是办事顺利，他的头脑也就越清醒，就越是能从中捕捉到可能发生的隐忧隐患。现在衮冕登基，实现了多年的愿望，他自然处在极度的兴奋当中，不过他很快就从激动的情绪中平静下来。即位第二天，他就告诉身边侍臣，说："你们知道，创业之初是怎样的困难，而不知道守成会更加困难。"第三天，在奉天殿内外大宴群臣时，他又专门讲了保持忧患意识的重要性，说："处天下者，当以天下为忧；处一国者，当以一国为忧；处一家者，当以一家为忧。身担天下国家之重，不可片刻忘却警畏。"

　　朱元璋登基以后，每天天不亮就开始批阅奏章，接见大臣，一直忙到深夜。他兢兢业业，一心想着如何巩固统治，使大明的江山、朱家王朝得以万世长存。

　　元末明初，经过近20年的战争，人们转徙流离，或死于饥荒，或亡于战火。到处都是灌莽弥望、一片荒凉的景象。同时，元政权垮台后，蒙古贵族虽退居漠北，但仍然保存有一定的势力，其"引弓之士，不下百万也；归附之部落，不下数千里也"，随时准备卷土重来，严重威胁着明朝边疆的安全。在明王朝内部，伴随着新政权的确立，统治集团之间争权夺利的矛盾与日俱增。这一切，都危及着新王朝的统治。面对严酷的现实，他决心在幅员广阔的大明帝国建立起一套权力高度集中、运转自如、犹臂使指的统治政权。于是，他首先大刀阔斧地开始了改革旧制，建立了高度发展的中央集权制。

洪武初年的官僚机构，基本上还是沿袭了元朝的建置。在实践中，朱元璋逐渐感到，现行的政治体制潜伏着十分严重的危机，特别是中书省。中书省总管天下政事，掌管中书省的丞相统率百官，对政务有专决权力，位居一人之下万人之上，掌握着行政大权，容易造成大权旁落，酿成军权与相权的对立。

地方政权机构也沿袭元制，即设行中书省。元代行中书省统管一省军政、民政、财政大权，便形成了枝强干弱、地方跋扈的局面。实际上，一个行中书省就是一个独立王国。朱元璋曾做过小明王的行中书省丞相。想当初，他表面拥戴小明王，实则不把小明王放在眼里。所以，他对元代设置行中书省的弊端看得最深刻了。

看到了官僚机构设置的弊端，朱元璋就着手大刀阔斧地进行改革。为了缩小矛盾，他首先对地方政权机构进行了改革。他决计把地方政权控制在中央，只许地方奉令唯谨。于是，朱元璋把行中书省改为布政司，设左、右布政使各一人。布政司和行中书省的性质有着根本的不同：行中书省是中书省的分出机构，布政司则是皇室的派出机构。前者是中央分权于地方，后者是地方集权于中央。布政使是中央派住地方的使臣，负责宣传、执行朝廷的政令，秉承朝廷的意旨。同时，地方还设置了掌管军事的都指挥使司和管理司法的提刑按察使司。这三个机构合称"三司"，彼此互不统辖，既各自独立，又相互牵制，都直接听命于朝廷的指挥，达到了朝廷收回大权的目的。

实现了对地方行政机构的改革之后，朱元璋又开始集中精力对中央政府机构，首先是总揽天下政事的中书省的改革。本来中书省在中央各机构中位置最重要，其行政长官左、右丞相又负有统率百官之责，

这样君权与相权、皇帝与丞相之间的矛盾最容易激化。明初的第一任丞相李善长、徐达，因与朱元璋共同打得江山，又遇事必请示朱元璋，得到朱元璋的首肯后才执行，他们之间相处得倒也相安无事。但是，相位传至胡惟庸时就不同了，1373年，定远人胡惟庸被晋升为中书省丞相。他因是朱元璋建国的第一号功臣李善长的女婿，深得朱氏的宠信，于是在朝中结党营私，组成一个淮人官僚集团，且大权独揽，独断专行，对官员升降、生杀之事，他都自作主张，不向朱元璋请示。刘基曾对朱元璋说过："胡惟庸是一头难驯的小犊，将来会愤辕而破犁。"而极力让朱元璋罢免胡惟庸。但是，朱元璋念及与李善长的友谊，又从内心里宠爱胡惟庸，就没有采纳刘基的意见。这样一来，胡惟庸更是有恃无恐，变本加厉地网罗自己的党羽，组织自己的小团体，肆无忌惮地排斥异己，妄图与朱元璋分庭抗礼，称霸天下，终于引起了朱元璋的警觉。洪武十三年，有人告发胡惟庸阴谋叛乱，朱元璋毫不留情地对他进行抄家灭族，并乘机下令废除中书省，声称今后永不再设丞相一职，大臣中如有奏请再立者，处以重刑。同时，提高吏、户、礼、兵、刑、工等六部的地位，由六部分理朝政，各部尚书直接对皇帝负责，奉行皇帝的命令。六部分任而无总揽之权，政务由皇帝亲裁。此时，朱元璋实际上在兼行宰相的职权，封建中央集权发展到了顶峰，他成了历史上权力最大的君主之一。

朱元璋在继废中书、罢丞相之后，对中央监察、审判机构也进行了重新调整。

中央的监察机关明初为御使台，洪武十五年，朱元璋把它改为都察院，下设十三道监察御史。其职权是：纠察百官，辨明冤枉，凡有大臣奸邪、小人构党，擅作威福，扰乱朝政，或贪污舞弊、变乱祖制的，都要随时检举弹劾。这实际上是些"天子耳目风纪之司"，起着为皇帝搏击异己的鹰犬作用。

朱元璋即位时，中央军事机关为大都督府，统领全国所有的卫所军队。他认为大都督府的权力太大，在废除中书省时就把它一分为五，设立左、右、中、前、后五军都督府，分别统领所辖的卫所军队。并规定，都督府只管军籍和军政，而由兵部掌握军令颁发和军官铨选之权。若遇战事，调遣军队和任命将帅将由皇帝决定。只有在皇帝做出决定之后，兵部发出调兵命令，都督府长官才可奉命出为将帅，带领所调集的军队出征。一旦战事结束，将帅即要交还帅印。这样一来，军权也集中到了皇帝手里。

经过一番改革和经营，朱元璋把全国军政大权都集中到了中央，最后统归皇帝一人掌握。他认为这套严密的统治制度，是确保朱家王朝"万世一统"的最好制度，特地编订一部《皇明祖训》，要求他的子孙后代必须世代遵守，不可妄加改变。

这样一来，朱元璋的皇权确实强化了，但皇帝的政务也随之繁重起来了。过去，政务有丞相协助，现在，朱元璋一人独揽大权，事无巨细，一切事情都要他亲自处理。当时，国事待兴，政务十分纷繁，长此下去，或者要误大事，或者要把皇帝的身体累垮。朱元璋便在洪武十五年设置了华盖殿、文华殿、武英殿、文渊殿、东阁等殿阁大学士，以帮助朱元璋阅读奏章，处理起草文书，襄助侍从，以备顾问，无丞相之名，实干丞相之事。昔日的忙乱现象逐渐得了改观，工作效率也大大提升了。

依法治国

还是在大明王朝建立的前夕，朱元璋就将文武百官请到自己身边，给大家出了个题目：元朝为什么会土崩瓦解？不久将诞生的新王朝的当务之急是什么？让大家各抒己见。刘基首先进言："宋元以来，宽纵日久，当使纪纲整肃然后才能实施新政。"朱元璋一边洗耳恭听，一边陷入思索：想当初元朝统一海内，政治不可谓不清明，只是到了后

来，贵戚专权，奸邪得宠，内外勾结，使法度松弛，纪纲日坏，造成国家土崩瓦解。现在是大明创业之初，要改变这种状况，恢复建立封建秩序，必须制定严格的法律，以法治国。

根据朱元璋的命令，李善长于至正二十七年就开始了法律的制定工作。对各级官吏的职权任务以及应当遵守的事项，都做出了详细的规定；对官吏的违法乱纪行为，也制定出了具体的惩处办法。洪武三十年，经朱元璋的授权，终于正式颁布了几经修改、已趋完善的《大明律》。该律法十分具体，执行起来非常方便，尤其是对官吏贪污，处罚得特别重，这也反映出执政之初的朱元璋仍然保留着质朴的农民习气，对贪官污吏尤其深恶痛绝。法律规定：凡犯有贪赃罪的官吏一经查证属实，一律发配到北方荒漠地区充军；官吏贪污获赃白银60两以上者，处以枭首示众、剥皮实草之刑。

后来，朱元璋根据《大明律》的施行情况，又差人编出了《大诰》，共汇编了案例一万多件，要求每户都持有一册，经常翻阅，起到警示作用。朱元璋在《序言》中写道："将残害百姓的事例昭示天下，各级官吏敢有不务公而务私、贪赃酷民的，务必追究到底，严加惩处。"朱元璋对自己主持制定的法律非常满意，除要求各级官吏严格施行外，还要求自己的家人和大臣带头执行，若有违犯，执法即相当严厉，这在中国古代封建帝王中是很少有的。这样的例子很多，在这里仅略举一二：他的女婿、驸马都尉欧阳伦，因违犯法律贩运私盐，且不听小吏的劝阻，朱元璋知道后，立即下令赐死欧阳伦，并发了通敕令，表扬了那位劝阻的小吏；他的义子、亲侄朱文正，因违法乱纪，朱元璋就撤了他的官职；开国功臣汤和的姑父，自以为有强硬的靠山，就隐瞒土地数量，不纳税粮，朱元璋也依法将他处死。

为了大明王朝的长治久安，朱元璋同贪赃枉法者的斗争十分坚决，顶住了一切压力，毫不手软。他除了注意平时依法严查以外，还集中力量处理了几个权力大、根子深、影响坏的贪污案件，一查到底，严查严办，不给他们留有任何幻想，得到全国广大百姓的一致赞同。洪武十八年，御史徐敏、丁举廷告发北京承宣布政使司、提刑按察使司的官吏李彧、赵全德等人，伙同户部次郎郭桓、胡益、王道亨等人贪污舞弊，吞盗官粮。朱元璋听说这件事后，十分愤怒，当即命令司法部门依法严加追查。查到后来，进展缓慢，司法部门也感到很棘手，因为这个案件一直牵连到礼部尚书赵瑁、刑部尚书王惠迪、兵部侍郎王志、工部侍郎麦志得等高级官员和许多布政使司的官员。在追查他们内外勾结，狼狈为奸，盗窃国库的金银财宝，盗卖官仓里的粮食时，又发现他们还贪污了大量的没有入库的税粮和渔盐等项税款，其数量之大，令人震惊。案件查清后，看到如此大案要案，且牵扯到的要犯职位之高、人数之广，司法部门不敢依法执行，只好请示朱元璋。朱元璋当即下令将赵瑁、王惠迪等人弃市，郭桓及六部侍郎以下的官员也统统处死。一时间，与各布政使司有牵连的大小官吏几万人也都被逮捕入狱，严加治罪。各地卷入这个案件的官吏、富豪被抄家、处死者不计其数。一段时间里，彻底打击了贪赃枉法者的气焰，此类案件的发生数量也急剧下降，百姓无不拍手称快。

为了加强对臣民的监视和控制，及早发现有不忠于自己的地方，朱元璋一贯采取彼此提防、加强监视的措施，且收到了良好的效果。早在战争时期，朱元璋曾以多收义子做耳目，达到监视的目的；建国前后，已开始使用太监做眼线。后来，朱元璋设立了负责保卫和侦缉的两个特务系统：一个系统叫检校，一个系统叫锦衣卫。检校"专主察听在京大小衙门官吏不公不法及风闻之事，无不奏闻"。重要的头目有高见贤、夏煜、杨宪、凌说等人。朱元璋把这几个人比作自己养的几条恶狗，使人见人怕。他们都以"伺察搏击"即访人的隐私、打小报告以博取主子的欢心，同时也把自己搞得声名狼藉，后来，连朱元璋也容不下他们了，把他们统统处决。锦衣卫的前身是拱卫司和亲军都尉府，正式建立于洪武十五年，是皇帝的仪仗和贴身的警卫部队，它还专门设立有刑讯机构镇抚司，朱元璋亲自过问的案子都交镇抚司刑讯办理。这样一来，锦衣卫从缉察逮捕到刑讯一应俱全，就构成了严密的特务系统。

这些特务几乎是无孔不入，不管是文官武将的所作所为，都逃不

过他们的鹰眼犬鼻。对京城武将的监视之细微，涉及到了他们的家庭琐事。大将华高、胡大海之妻礼佛敬僧，与外籍僧人有来往，向他们学习西天教法。被他们知道后，就告了上去，朱元璋勃然大怒，命人将两家的妇人和僧人一起投入水中致死。浙江绍兴70多岁的老儒钱宰被征到京城编书，因年老力衰、精神疲倦，一天，不觉吟道："四鼓咚咚起着衣，午门朝见尚嫌迟。何时得遂田园乐，睡到人间饭熟时。"第二天，文华殿赐宴，朱元璋对钱宰说："昨天你作的好诗。可是，我何尝嫌你，'嫌'字何不换成'忧'字？"钱宰吓黄了脸，忙跪下谢罪。大学士宋濂有一次请客喝酒，朱元璋秘密遣人监视，看这个老实谨厚的人是否表里如一。第二天，问宋濂：昨天饮酒了吗？请的什么客，吃的是什么菜？宋濂答毕，朱元璋笑着说："说得对。你真是个老实人。"国子监祭酒宋讷很受朱元璋的信任，一天，朱元璋突然问他："宋祭酒昨天为什么独坐发怒？"宋讷大惊，说道："昨天有诸生走路颠跑而跌倒，摔破了茶具。臣觉得是自己的教育没尽到责任，就独坐着自责。皇上是怎么知道的？"当朱元璋把偷偷监视他的特务画的画像拿给他看时，他连忙跪地叩头谢罪。由此可见，朱元璋所建立的特务组织之严密，特务们的无孔不入。

朱元璋不仅有一套严密的政治统治制度，而且对人们的思想控制也相当严密。也正因为如此，他亲手制造了一桩桩触目惊心的文字狱。

像朱元璋这样家境贫困，自幼失学，成年以后在战争与厮杀中才开始读书学习，而能够操觚成文，马背哼诗，粗通文史，已实在是很不容易的了。但是，比起朝中那些从小就饱读经书的文人墨客，朱元璋所掌握的学识实在是少得可怜。在那个讲门第、讲资格、讲知识的年代，以皇帝之尊也无法弥补他这种心理上的缺陷，他不免感到自惭形秽。这时，他会觉得眼前那些舞文弄墨的文臣，趾高气扬，看不起他。这种高贵与卑贱两种相互矛盾的潜意识的冲击，使朱元璋与贤士大夫之间，形成了相当微妙的关系。他最不高兴人们提他的出身经历；对于臣属的言词文字，他都反复推敲，注意寻找有否挖苦诽谤之处。因为朱元璋做过几年和尚，故与和尚有关的"僧""光""秃"字都是他最忌讳的，甚至连与此有关的谐音字也不能在奏章文字中出现。杭州府学教授徐一夔在其起草的《贺表》里有"光天之下，天生圣人，为世作则"的话。这本来是歌颂朱元璋的，可读罢朱元璋却勃然大怒："这个腐儒竟敢这么侮辱我。'生'者，'僧'也，骂我当和尚；'光'者，'秃'也，说我是个秃子；'则'字音近'贼'字，骂我做过贼。"于是下令将他处死。这样一来，在朝野文人当中造成了一个"开口怕锦衣卫，提笔怕文字狱"的人人自危的恐怖局面。这可以说是当时整治国家机构、进行法律建设取得成效之中的一个不合拍的"音符"。

休养生息

建国之后，朱元璋在对政治制度、法律制度实行大刀阔斧、卓有成效的改革的同时，也着手医治战争创伤，恢复和发展社会经济。

明帝国建立后，朱元璋在经济上所面临的是一副凋敝不堪的景象。元末明初20多年的战乱，使整个中国遍地荆棘，满目疮痍。当时的河北平原，荆榛丛生，积骸成丘，人烟断绝；一向发达的汉中地区，也是一片荒草灌丛，虎豹出入其中；就连唐宋以来的南北交通枢纽、繁华的扬州城也变成了一片废墟。

面对如此萧条的景象，朱元璋即位不久（洪武元年正月十三日），就将御史中丞刘基召到偏殿，询问治理的良策，说道："十几年来，群雄角逐，生灵涂炭。而今天天下开始太平，恐怕要考虑一下百姓休养生息的事情。"刘基略一沉吟，便答道："要对人民采取宽仁的政策。"朱元璋说："笼统讲宽仁不讲实惠，也无益。依我看来，必须使民众的财力增加，减少劳役，休养生息，为国家创造财富，百姓足而

后国富，百姓逸而后国安，未有民困穷而国独富安者。"

农业是封建社会最主要的生产部门。朱元璋在恢复和发展社会经济中，把农业放在了重要的位置。为了稳定经济残破的北方新平定地区，朱元璋下令免除其农民一年到三年的租税，并对贫户饥民输谷赈济。洪武二年三月平定了陕西时，正值关中大饥，朱元璋命令立即调运粮食，每户发粟 3 石，一下子稳定了陕西的局势。因为朱元璋懂得："得民心者得天下。抚恤老幼，天下为人子弟父母者感悦诚服。如果任他们贫困而不周恤，他们还要我这个皇帝有什么用？必然不听我的指挥而叛乱、暴动。"

要发展农业生产，就必须保证农业第一线有足够的劳力资源。于是，就号召百姓归农，垦荒种植。对因战乱而离乡出走者，若返乡复业，给予适当的奖励。奖励之外，还采取了一些强制性措施。朱元璋下令将那些游手好闲、赌博无业的二流子加以逮捕监禁，关进"逍遥牢"，改造一段时间后迫令其归农，有的则迁于边远的地方。对那些有田不耕、任其荒芜的，则全家迁发荒凉边远的地区充军。并把"开荒垦种，劝民归农"作为对地方官考核的重要标准。洪武五年，又发布诏令，解放奴婢，让他们归农垦种。而且明令，除去贵族、官僚之外，一般百姓之家，再也不准买卖收养奴婢。富贵之家的奴婢也应减少到最少数量。若有违者，施行杖刑。

除去就地开垦，还实行移民垦荒。移民垦荒又称民屯。迁出民户的，主要是那些"地狭民多，小民无田以耕"的地区。大规模地组织移民屯垦始于洪武三年，迁徙苏、松、杭、嘉、湖五府 4000 多无地民户到凤阳。其后又大规模迁民 7 次之多，先后有 20 多万人迁徙到他地垦荒种田。移民一般由政府提供路费，发放耕牛、农具、种子，并免除三年赋役。这些外来移民与当地的土著居民分别管理，自成聚落，一般称为某某屯，以与原来土著称为乡、社的村落相区别。

除民屯之外，还有军屯、商屯两种。军屯是由卫所军队来承担的。建国伊始，朝廷就明令："天下卫所，一律屯田。"要求边地的军队三分守城、七分屯耕，内地的军队二分守城、八分屯种。拨给士兵每人

50亩地，并统一发放耕牛、种子和农具。屯种的头几年不纳税，以后每亩只交税一斗，其余作为本卫所的军粮。明代初期有100多万军队，其军粮绝大部分来自军屯。所以，朱元璋曾自豪地说："我养兵百万，不需要百姓支付一粒粮食。"商屯是军屯的补充。明初政府曾实行"中盐法"，要求商人运粮到边境入仓，商人再将盐运回内地贩卖。后来，商人干脆就在边境地区募民屯垦，所获谷物就地入仓，以减省运费。

　　朱元璋奖励屯垦的政策，收到了显著的成效。据不完全统计，到洪武十三年，共垦荒地1.8亿多亩，加上军屯和商屯垦田，垦荒总面积远远超出了原来的熟田面积，十几年间耕地面积增加了一倍多。使残破的经济逐渐走向复苏，满目疮痍的局面初步得到根治。

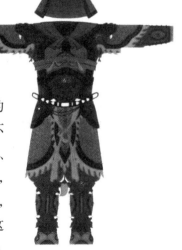

明代将官甲胄

　　但是，随之而来又出现了新的问题。大规模的垦荒，不仅促进了自耕农的成长，也促成了中小地主的再生。垦荒不仅是劳力的投入，更重要的是农具、牲畜、种子的投入。谁更多地掌握这些生产资料，谁就可能占有更多的耕地。国家奖励垦荒，不限制亩数，减免徭役赋税，就便利了这些有余力者占有了更多的土地并占有他人的劳动。"富家隐藏逃户，辟地多而纳粮少，故积有余财而愈富。"使自耕农之间迅速发生了两极分化，新的地主富户又不断地迅速成长起来。

　　当朱元璋了解到这个情况后，针对抢占荒地和出租雇佃的情况，洪武十四年朱元璋下令在全国进行户口普查，洪武二十年又在全国普遍丈量土地，并根据拥有田地的数量，对所交纳的赋税进行了适当的调整，辟地多者，纳粮亦多。限制了贫富之间差别的加大，减轻了普通农民的负担，调动了广大农民的生产积极性。

朱元璋虽然贵为一国之尊，但由于他出身贫苦，少年时代饱经沧桑，青年时又度过了艰苦的军旅生涯，可以说，世间所有的苦，他都饱尝过。因而，他对"成由节俭败由奢"、"节俭则昌，淫逸则亡"这样的古训有着切身的体会。正是因为有过艰难的经历，使他把节俭既看作一种美德，又看作一种治国方策，看作抚慰百姓、安定民生的重要措施。

在此方面，朱元璋总是从我做起，从宫廷内部首先做起，以身垂范。他曾说过："珠玉非宝，节俭是宝。"他的宫室起居、吃用等相对其他帝王来说，相当俭朴。并且一生谨言饬行。他一般不近女乐歌舞，不看戏曲，更没有酣歌夜饮的习惯。他一心扑在国事上，戴着星辰起床，日暮才回后宫。在公事的空闲，多是读读书，或是与文人学士谈论经史文学，丰富自己的知识。

朱元璋对他的嫔妃、太监的要求也很严格。包表笺的包裹绣有金龙，朱元璋命宫人清洗出来，将金粉积少成多，铸成金块。还命宫人将做衣服剩下的绸缎片缝成百衲被面，供平时使用。一天，他回到后宫，见到地上散乱堆放着一些零碎丝绸，便把嫔妃全部召来，给她们算一笔百姓养蚕丝织应役纳赋账目，而后下令，再有这样浪费的，必严加惩处。他命令太监在皇宫墙边种菜，不要建造楼台亭阁；并要太监织造麻鞋、竹藤。为了让皇子们得到锻炼，他规定他们出城稍远，要骑马十分之七，步行十分之三；并让他们深入农家的茅草小屋，看看农民吃、住、用的情况，让他们从小就体察民情。

朱元璋虽然因家境贫困没有上过一天学，但他却喜爱读书，推崇文人。在他的队伍草创初期，便与李善长、冯氏兄弟、范常等读书人结下了不解之缘。而后，江浙文人学士聚集在他麾下，他们于戎马倥偬之中，讲经论史，寻章摘句，联句吟诗。在有了相当的阅读能力之后，朱元璋不仅择经读史，揣摸兵书，学习星占，浏览申、韩法家南面之术，苏、张纵横辩说之词，李、杜诗家吟咏之作。一直到称帝之后，这种学习从未间断。通过学习，使他从识字不多的一介武夫变成了一个文化人。他粗通《四书》《五经》、诸朝基本史实，与文臣讲论，常常引经据典，对许多历史上的著名人物、著名的事件都有独特的见解和评说。这些，为他成为中国历史上卓越的政治家、军事家，打下了良好的基础。

洪武三十一年，一代开国明君、71岁的朱元璋因病长逝，谥高皇帝，庙号太祖。同历史上其他皇帝一样，朱元璋生前就安排好了自己的后事，他生前就在南京钟山南麓的独龙阜建好了他的陵墓——孝陵，死后就安葬在此处。

他一生生育了24子、16公主。遗诏命太孙朱允炆嗣位。

第 九 章

一代明君，仁者风范
——康熙

　　清康熙皇帝爱新觉罗·玄烨是我国封建社会后期一位具有雄才大略和远见卓识的政治家和军事家，也是中国历史上在位时间最长的一位皇帝，他君临天下六十一载，励精图治，勤奋不懈。他一生除鳌拜、平三藩、视察黄河、疏通漕运、任用良将、东收台湾、北定疆界、与蒙古诸王结盟、西征葛尔丹、汲取汉文化，发展民族经济，推行富国强民的政策措施，完成统一中华、振兴中华的大业。康熙的一生充满传奇和辉煌。

康熙登基

顺治十一年三月十八日，爱新觉罗·玄烨生于紫禁城内景仁宫。他的父亲顺治帝是清入关定都北京的第一位皇帝，其母佟佳氏是顺治皇帝的庶妃。佟佳氏属汉军正蓝旗人，她的祖辈、父辈在明清战争中，骁勇善战，屡建战功，其中有不少人被封以高官，以致清初有"佟半朝"之说。顺治帝为缓和民族矛盾，改变在蒙古贵族中选妃的旧俗，开始在汉军中选妃后，佟佳氏被选入宫。但由于顺治帝独宠妃子董鄂氏，佟佳氏备受冷落。由此及彼，顺治帝也极少与玄烨相处。

值得庆幸的是，玄烨的祖母孝庄皇太后对玄烨格外疼爱，一心想将他培养成未来的君主。她派顺治的乳母朴氏为保姆，照顾玄烨起居；派自己的侍女苏麻喇姑，教玄烨读书写字。她还经常亲自对玄烨进行教诲，从各方面培养他良好的习惯和高尚的情操。而玄烨则不负祖母厚望，聪颖好学，谙于骑射，无烟酒嗜好，可谓少小持重。

尽管孝庄皇太后对玄烨用心良苦，但顺治却一心要让宠妃董鄂氏所生之子做太子。谁承想董鄂氏所生之子福薄命浅，出生后 3 个月便夭折了。由此顺治帝改变了对玄烨的态度。

一天，6 岁的玄烨和 7 岁的皇兄福全、3 岁的皇弟常宁一起去向父皇请安。看着三位满脸稚气的皇子，22 岁的顺治十分高兴，向儿子们发问道：你们长大以后，各自有何志向？常宁太小，不能回答，只是胆怯地望着父皇。少年老成的福全首先说：我愿做一个贤士。接着，玄烨则高声说：效法父皇，励精图治。6 岁幼童竟有此举，折射出培养者十分明确的施教方针。顺治非常清楚这是太后的心意，从此便有了由玄烨继位的想法。

顺治十八年正月初七，顺治帝因痘疹去世。由于孝庄皇太后的极力坚持，顺治帝便在弥留之际遗诏令玄烨继位，并命索尼、苏克萨哈、遏必隆、鳌拜四大臣辅政。正月初九，年仅8岁的玄烨在孝庄皇太后的亲自主持下，正式登基坐殿，并改次年为康熙元年。历史由此翻开崭新的一页。

集中帝权

玄烨幼年登基，虽经祖母悉心培养，少小持重，但担负国家的重任还为时过早。好在顺治在遗诏中已命索尼、苏克萨哈、遏必隆和鳌拜辅佐朝政，而且还有祖母鼎力相助。四大臣在顺治帝的灵前曾立下誓言：竭尽忠诚，不谋私利，不结党羽，不受贿赂，忠心仰报皇恩，全力辅佐君主。孝庄皇太后在玄烨登基之初，便向王室宗亲、文武大臣发出谕旨：要报答我儿子顺治皇帝的恩情，就要偕四大臣同心协力共辅幼主，这样才能名垂万世。

辅政之初，四大臣遇事协商，凡遇奏事，一同晋谒皇帝或太后，待太后决策后，再以皇帝或太后的名义发布谕旨。辅政大臣虽无决策权，但他们可以入值、草拟并代幼帝御批，后来鳌拜专权乱政就是利用了这一权力。

鳌拜是镶黄旗人，父辈乃清朝的开国元勋。此人野心勃勃，善于玩弄权术，骄横跋扈，人多惮之。索尼是正黄旗人，四朝元老，德高望重，但这时已年老体弱，力不从心。遏必隆与鳌拜同属一旗，为人怯懦，少有主见，常附鳌拜亦步亦趋。苏克萨哈是正白旗人，虽在四大臣中位仅居索尼之次，且与鳌拜有姻亲关系，但资浅望低，又与索尼有隙，与鳌拜也经常反目，所以常常处于孤立无援的境地。

这样，四大臣共同辅政的局面不久便被打破，大权逐渐旁落到鳌拜手中。他任人唯亲，广置党羽。大学士班布尔善、吏部尚书噶褚哈、工部尚书济世都是他安插在宫廷中的亲信。凡遇政事，他们常常私定对策，然后才上奏皇帝，甚至拦截奏章，阻塞玄烨同臣下的联系，以便其把持朝政。

鉴于四大臣的所作所为，特别是鳌拜的专权行径，孝庄皇太后急于让幼孙举行大婚，以作为玄烨亲政的过渡性措施。康熙四年九月初八，年仅12岁的玄烨遵照祖母慈旨，在紫禁城内坤宁宫，与索尼之孙女赫舍里氏举行大婚典礼。玄烨大婚不久，即开始直接处理政务，其广泛接触满汉大臣的机会进一步增多，这无疑为鳌拜等人的专权，设下了不可逾越的障碍。

随着玄烨亲政步伐的加快，鳌拜专权干政的步伐也随之加快。康熙五年，鳌拜制造圈换土地事件。事情的起因是这样的：早在顺治初年，摄政王多尔衮将镶黄旗应当分得的好地，强行拨给了自己的正白旗，同时另拨他处较差的土地给镶黄旗。这固然是不公之举，但事隔20余年，两旗百姓早已各安生业，鳌拜却旧案重提，在索尼、遏必隆支持下，将正白旗的大部分土地拨给镶黄旗，又圈占大量民田，补给正白旗。玄烨坚决反对，但鳌拜一意孤行，矫旨将反对圈换土地的阁臣、督抚大员朱昌祚、王登联等人处死，而其他反对圈换土地的大臣，有的被降职，有的被治罪，无一幸免。

圈换土地事件在朝内外造成恶劣影响，众多汉族农民因土地被圈占而流离失所，进而加剧了满汉民族矛盾，部分旗人也深受其苦。不少大臣对鳌拜心怀不满，要求玄烨亲政的呼声日渐高涨。康熙六年三月，鳌拜内心极不情愿地与索尼等人上奏：世祖皇帝于14岁亲政，如今主上年龄功德与先皇相同，对天下事务应付裕如，恳请亲政。玄烨往奏太皇太后允准后，遂于同年七月七日在太和殿举行亲政大典。是日,14岁的玄烨端坐太和殿，全体宗室王公及满汉文武，上表行庆贺礼。与此同时，玄烨特宣诏天下，意为"政在养民"。

玄烨亲政后，辅臣们"仍行佐理"，权势依旧。这一年六月，索尼

去世，七月苏克萨哈被杀，鳌拜终于独掌辅政大权，其种种专权行径，进一步恶性发展，如公然抗旨、拦截奏章；一切政事，先在家中议定；随意呵斥部院大臣，打击不肯依附于自己的官员，以致"文武各官，尽出门下"，等等。

对鳌拜种种专权行径，玄烨已忍无可忍。在祖母的支持下，他拟订了清除鳌拜集团的全盘计划，并逐步付诸实施。

万般举措，舆论为先。针对鳌拜把持下朝政紊乱、吏治腐败现象，玄烨令科道等言官"据实指参"，鼓励朝臣各抒己见。玄烨求言，打破了朝中万马齐喑的局面，使大臣们耳目一新，人心振奋，鳌拜则因此坐立不安。

"擒贼先擒王"。为最大限度地减少动荡和不必要的损失，稳妥、

康熙

彻底地解决问题，玄烨做出智擒鳌拜的具体部署。首先，玄烨从各王府中挑选了上百名亲王子弟做自己的侍卫，组成善扑营，由索尼之子索额图统领。其次，玄烨又将鳌拜的部分党羽，先后遣往外地办事，以分散其力量。一切准备就绪后，玄烨才迈出最后、也是最关键的一步。康熙八年五月十六日，鳌拜奉召进宫，旋即被善扑营擒拿，其主要党羽，随后也被陆续逮捕归案。

不久，玄烨公布了鳌拜结党专权的30条罪状。最后念其当年搭救清太宗皇太极有功，赦免了他的死罪。让他在监禁中度完了余生。玄烨还依据罪行轻重惩处了鳌拜党羽，罪大恶极的被处死，其余的则被革职降级。与此同时，玄烨还为遭诬陷的苏纳海等人平反昭雪，让他们的子嗣承袭了他们的爵位

或世职。另外，玄烨还将各级官员大规模进行了调换，并下达《圣谕十六条》，意为刷新朝政，彻底清除鳌拜的恶劣影响。

年仅 16 岁的玄烨在战胜鳌拜集团的斗争中，运筹帷幄，显示出惊人的魄力和才智。从此，他便将朝政牢牢掌握在自己手中，开始充分施展自己的政治才能。

整饬吏治

玄烨深知，"民生安危视吏治"，贪官污吏的勒索和压榨是激起民变的直接原因，因此他十分重视整饬吏治，主要表现在以下诸方面：

第一，玄烨十分注重充实对官吏的各种考核制度，如"京察""大计"等。清入关定都北京之初，沿用明例对文职官员实行"京察""大计"。京察就是考察在京官员及三品以上的地方官；大计则是针对地方州县至府、道、两司官员的考核。但由于种种原因，考核有名无实，致使吏治敝败不堪。鉴于此，玄烨决心严申考核，并整顿"京察""大计"制度。从康熙二十二年玄烨第一次举行"大计"至六十一年 38 年的时间里，玄烨总共举行大计 14 次，举出卓异官 570 人，参纠贪酷官 509 人、不谨官 922 人、罢软官 412 人、年老官 1215 人、有疾官 699 人、才力不及官 736 人，总共纠参、罢斥、更换官员 5000 多人。虽然从前后时期对比看，前期考核效果较显著，而后期考核效果明显趋于减弱。但玄烨本人对此始终十分重视，不断地在各种场合强调要做好对官员的考核。

第二，玄烨特别注重惩治贪官污吏。康熙认为，对那些被纠劾出来的贪官污吏，务须严惩。康熙二十五年二月，他在召见大计进京官员时，郑重表示要"摈斥贪残""重惩贪酷"。有一次，玄烨在与大臣

们讨论审人犯时，指出：别项人犯尚可宽恕，贪官之罪断不可宽。当场他就勾圈了一批贪官正法。康熙二十四年，刑部会审山西巡抚穆尔赛一案，玄烨指示：穆身为封疆大吏，犯贪酷之罪，秽迹显著，不用重典，何以示惩，应立即处死。据统计，从康熙二十年近 25 年的时间里，玄烨惩办因贪赃的总督、巡抚一级的地方大员，就多达 26 人。玄烨如此不徇情面，使各级在任官员，至少在表面上做一些收敛。

第三，玄烨十分重视挑选行为端正、能体会皇帝心意的官员，其中对督抚布使省一级的大员，更是慎而又慎。他说：督抚清廉，下面的属员就会交相效法，皆为良吏。为了考察各地官员的实际政绩，玄烨还常常通过派遣到外地去的钦差大臣，或借外官升迁调动、来京朝觐等机会，向他们打听各地督抚等官的表现。

第四，玄烨尤其注重奖掖廉洁、表彰清官。玄烨认为，为官之人"德胜于才，始称可贵"。这种"德胜于才"的官即为清官。玄烨在位时，他曾多次训谕臣下，要向朝廷多荐举清官。因此，一大批清官得以施展才华。玄烨不仅要臣下荐举清官，自己也亲自表彰清官。据粗略统计，经他亲口称赞的清官就有二三十人之多。如他称赞于成龙为"今时清官第一"；彭鹏"居官清正，不爱民钱"；称道陈瑸"从古清臣亦未有如伊者"。

玄烨整饬吏治，构成了他整个政治生活中的重要组成部分。尽管在很多具体做法上，并没有超出传统的封建统治者所倡导的范围，他所处的地位又使他不能看得更深更远。但是，玄烨整饬吏治所收到的效果则是明显的。从康熙二十年至四十年中，贪风有所抑制，官场也比较清明。

广纳人才

　　玄烨亲政后，否定了辅政四大臣独崇满洲、贬抑汉臣等错误做法，目的在于缓和满汉民族矛盾，消除对清王朝的潜在威胁。他认为，士为四民之首，要争取民心，扭转汉族人民的反清情绪，关键在于笼络汉族知识分子。因此，他采取了种种措施争取和使用知识分子。

　　玄烨南巡时，曾多次拜谒明太祖的陵墓，并亲笔书就"治隆唐宋"的匾额，悬挂在祭殿之上。他还曾提出要查访明室后人，授予官职，让其看守陵墓。后来由于没有查到，便改派清朝官员按时致祭。他还亲自到孔庙祭孔，对孔子的后代广施恩宠，从感情上对汉族士大夫进行笼络。

　　除进行传统的科举考试外，玄烨还于康熙十七年特设"博学鸿词科"，千方百计吸引明代的遗老和各种人才。玄烨要求各级官员将品学兼优之士荐举给朝廷，以便他亲自考察录用。经各地官吏荐举，康熙十八年，有143人参加了体仁阁考试。表面上考试十分严格，但实际上十分迁就。严绳只作了一首诗，潘耒、施闰章的诗不合韵律，结果都被录用。这次考试录用的50人，全都被授予翰林院的官职，奉旨编修明史。高官厚禄和种种特权，使这些人逐渐放弃或动摇了反清立场。但应试的这些人也只是当时汉族学者中的二三流人物，如顾炎武、黄宗羲、李颙等人始终拒绝参加应试。康熙对他们也采取了宽容的态度。关中大儒李颙托病拒绝应试，被人强行抬到西安，李颙便连续六天汤米不进，以示抗议。清朝官员无可奈何，只好又派人将他送回家乡。后来，玄烨巡幸西安，点名要见李颙，李颙仍托病推辞。康熙不仅没有降罪，还亲题了"志操高尚"的匾额赐给他的儿子，以示褒扬。

康熙十三年，清政府借为平定三藩筹饷之名，开始实行捐纳制度。这是玄烨为落第的汉族文人入仕设下的一条便利之路。当时，上至知府、知县，下到监生、生员，都可以捐纳得到。知县额多易得，是最受欢迎的官缺，士人争相认购。三年之内，全国仅知县就捐纳了500多人。

玄烨于康熙十六年设立的南书房，位于乾清宫斜对面。入值南书房的官员不仅陪伴皇帝研究学业，还可代拟谕旨，充当顾问。南书房的官员大多选自汉臣，由于朝夕侍奉皇帝，其中有的人随时有可能被提拔重用。

玄烨对汉族知识分子的怀柔政策是有前提的，这便是要有利于巩固清王朝的统治。一旦汉族士大夫的言行被认定危及了清王朝的利益，就会遭到残酷镇压。这集中表现在康熙一朝所发生的10多次文字狱上，其中最典型的则是康熙五十年至五十二年的戴名世一案。戴名世，安徽桐城人，自幼聪颖好学，喜读史书。晚年他身居故里，整理了记载南明诸王史事的《南山集》一书，不料被人告发为诽谤清廷之书。结果，戴名世被处死，戴氏家族中16岁以上的男子全部被处斩，女子及15岁以下的男子被没为官奴，平时与戴有交往的几百人皆受到牵连。

出于巩固统治的需要，玄烨确实为清王朝笼络了一批人才，而他对汉人的防范也是缜密的。

康熙亲政诏书

重视农业

康熙初年，广大农村满目疮痍，农民温饱不足，国家财政收入入不敷出。于是，康熙采取了一系列措施恢复和发展农业生产。

玄烨即位后，曾先后三次明令禁止圈地，并要求将圈占的土地还给农民，使农民能够在自己的土地上安居乐业。

鼓励垦荒是玄烨所采取的另一项重要措施。明末农民战争期间，许多藩王的土地被农民耕种了。玄烨下令将这些土地分给原耕种的农民，称之为"更名田"，从而大大激发了农民的生产积极性。康熙十二年，为鼓励在更大范围内垦荒，玄烨宣布：各省今后开垦土地，耕种10年后再缴税。同时，用授予官职的办法鼓励地主招民垦荒。这些措施对地主和农民都具有吸引力，从而使东北、四川的大批荒地被开垦出来，土地可耕种的面积大幅度增加。

蠲免地丁钱粮，是玄烨为了恢复生产采取的又一项重要措施。康熙二十六年，玄烨第一次下令免去江宁等7府及陕西全省600多万两白银的钱粮，后来又先后蠲免过其他各省的钱粮，且数额在不断增多。尽管得到蠲免政策实惠最多的是钱多地广的富户，贫苦农民相比之下获利甚微，但是不能否认，蠲免在一定程度上减轻了农民的负担。

清初的赋役制度沿袭明制，随着农业生产的发展和人口的增多，已经不能适应实际情况。康熙五十一年，玄烨对赋役制度进行了重大改革，规定：以康熙五十年的全国丁银数为标准，以后"滋生人丁，永不加赋"。后来，玄烨又在广东试行了"摊丁入亩"的征税方法，即把全省丁税全部归入田赋。"地丁银"的实行和"摊丁入亩"的采用，在一定程度上改变了赋役不均的现象，使四处流浪的农民，重新回到

了土地上来。

治河和漕运都是玄烨十分重视的大事，而漕运的恢复又在于治河的成功，因此，玄烨在兴修水利上倾注了许多心血。玄烨在位期间治理的河流主要是黄河、淮河和运河，尤其注重治理黄河。为根治黄河水患，他任命水利专家靳辅为河道总督，全权负责治河工程。靳辅沿用明人"以堤束水，借水攻沙"的方法，又采用开中河、修堤坡等方法做辅助。一年之后，饱受水患之苦的7个州县的土地便得以重新耕种。后又经过十几年努力。水归故道，漕运畅通。

玄烨采取了一系列重视农业的措施，促进了农业生产的恢复和发展。到康熙末年，耕地面积和人口大幅度增长，国库收入也十分充裕，国库存粮达几千万石。

功过是非

在恢复和发展农业生产的同时，在商业和手工业方面，玄烨提出了"恤商"和"利商便民"的口号。他禁止关津渡口对商人征收名目繁多的杂税，反对官吏克扣勒索商人。他将"不亏行户"定为整饬吏治的标准之一，严厉查处了一批违令的官吏，从而使商业开始恢复和发展起来。

康熙二十三年，玄烨一改清初寸板不许下海的禁令，废止了禁海令。清政府在广东澳门、福建漳州、浙江宁波、江苏云台山四处开设海关，管理往来商船，征收关税。开放海禁30余年，南洋的药材、香料、棉花，西欧的呢绒、自鸣钟、玻璃、仪器源源不断地流入中国，而中国的茶叶、生丝、绸缎、陶瓷也大量运往世界各地。海外贸易的发展，使清政府获得了相当可观的财政收入，促进了东南沿海地区手工业的发展,涌现出来一批如南京、广州、佛山、厦门等新兴的工商业城市,使资本主义的萌芽在这些地区得到发展。

玄烨还逐步放宽了对采矿的限制。康熙二十一年,玄烨诏令:允许私人开矿。不久各地的采矿业便兴旺起来,仅云南一省的铜产量每年就达到400万斤。至康熙末年,云南一省就有铜矿18处,矿工近百万人,广东、广西、四川、贵州等富矿地区采矿业也有了较大规模的发展。

但是,作为封建地主阶级政治代表的玄烨,仅仅把开海、开矿当作经济上的权宜之计,没有也不可能做出更长远的考虑。

当封建经济发展到一定水平,玄烨认为开海、开矿在政治上的危害远远大于经济利益时,他又做出了禁矿、禁海的决定。康熙五十四年(1715),玄烨以矿产采尽、矿工难以遣散及矿工造反为由,禁止任何人再行开矿。这样,刚刚发展起来的矿业重新衰落下去,云南的铜产量下降到每年100万斤。康熙五十五年,玄烨又以防止海盗骚扰为由,一概禁止商船前往南洋各地,只允许去东洋贸易。这样,曾经开启的古老帝国的大门,最终又关闭起来,玄烨的功过不难得知。

学而不倦

玄烨爱好读书,一生好学不倦。他所读之书涉猎的范围极广,从中国的四书五经、词章、历算等传统文化到西方的天文、地理、医学、几何等自然科学知识,无不进行研读,尤其注重研究儒家的经史子集。

康熙八年,年仅16岁的玄烨便开始研讲《周易》《尚书》。次年,他诏谕礼部为他举办专门讲习四书五经的"经筵",开始了对儒家经典的系统研究。玄烨认为,在马上得天下的满洲贵族,不能再在马

上治理天下，不钻研儒家思想，不通晓"帝王之学"，便不能有效地治理国家。因此，无论是严冬酷暑，他都能坚持经筵的学习。对程朱理学，玄烨尤为推崇。康熙五十一年，他下令将朱熹的灵牌入祀孔庙，让其加入"十哲"之列。他视理学为其制定政策、驾驭群臣、教育百姓的理论基础，重用了一批理学名儒。他重用理学家李光地，谕令他编成了《朱子全书》和《性理精义》，鼓吹程朱"存天理灭人欲"和"忠孝节悌"等理学要义。

除了系统研究儒家学说，玄烨对传统中国文化的其他方面也有相当造诣。他能诗善文，写得一手好字，历史知识也很丰富。他的舅父佟国纲出征噶尔丹时战死，撰写祭文的翰林院学士用典不当，而负责审查的翰林院掌院学士也未发现。但玄烨却发现了这一失误，结果两学士受到了重罚。类似的例子在玄烨的一生中比比皆是。

对于自明末始传入中国的西方先进的科学技术，玄烨表现出了极大的关注，对于只要不犯法度而又精通科技的西洋人，都积极加以任用。他任用比利时传教士南怀仁作为自己学习天文和数学的启蒙教师。南怀仁专门为玄烨编写了教材，玄烨从中学到了天文历算的基础知识，了解了当时天文学的最新研究成果，还学会了使用天文仪器。玄烨还曾向法国传教士白晋、张诚学习过几何、代数、三角等课程，进步极快。后来，玄烨组织数学家编写《律历渊源》和《数理精蕴》，为传播西方科学技术作出了贡献。

对西医学玄烨也注意留意学习。他曾令传教士们在皇宫内试制了一些西药，并谕旨将这些药装在用白银制成的旅行药壶里，时常作为御药供自己或赐给臣下服用。有一次，玄烨得了疟疾，御医们都束手无策，幸亏服用了传教士研制的奎宁才转危为安。从此，玄烨对西药更加信服了。他素来信任的曹寅得了疟疾，康熙即派人星夜赶送奎宁。

玄烨对音乐、美术也很感兴趣。根据法国传教士白晋回忆，玄烨曾经学习过西洋乐理，能演奏西洋乐器。他仿效法国科学院，在宫中建立了有画家、雕刻家、制造钟表和天文仪器的工匠等人参加的科学院，还举办过西方美术作品展览。他兴趣高雅，善于识别绘画的不同风格。

玄烨博览群书，学而不倦，在封建帝王中可谓是一位博学多才的佼佼者。遗憾的是，他对西方科学文化知识的学习仅仅是停留在个人的爱好阶段，并没有影响到他治理国家的政策。

勤勉为政

玄烨自 8 岁即位至 69 岁去世，在位长达 61 年之久。在这 60 余年的岁月里，玄烨殚精竭虑、勤勉为政，在封建帝王中非常突出。平时，他有奏必签，即使深夜得到急报，也要披衣起身批复。有时，右手患病不能书写，他便用左手执笔批示，决不请别人代笔。外出狩猎时，他不顾一天的疲劳，晚上叫臣下秉烛读诵奏章，自己再一一批签，常常延续至深夜。因此，玄烨曾经自豪地说："各处奏折所批朱笔谕旨，皆出朕手，无代书之人。"

有感于明代奢侈亡国的教训，玄烨日常生活很注意节约俭省。据史书记载，玄烨在生活上要求极为俭朴，龙袍上必须有补丁，圣履上也要打着包头。满朝文武为了迎合他的心意，纷纷穿起了旧袍旧靴。一时间，京城里出现了不少专卖旧官袍带履的商店，买卖十分兴隆，旧的价钱比新的要贵几倍。玄烨时宫廷费用与明代相比大大减少。据玄烨自己讲：明代一日之费，可抵今一年之用。这话显然相当夸张，但从另一个角度说明玄烨节约俭省的效果还是很显著的。

玄烨为政极重实效，一贯反对浮夸虚饰。他所提出"满招损，谦受益"的名言，是他反对浮夸虚饰的最好写照。在玄烨 60 多年的皇帝生涯中，他的臣下曾先后多次请为他上尊号，结果都被他一一拒绝。他曾对臣下说："无视无听，视乎民生，后人自有公论。若夸耀功德，

取一时虚名，大非朕意，不必敷陈。"他还一再拒收朝臣晋献的生日贺礼，他婉言道：我的诞辰，你们这样晋献，各省督抚也一定会仿效，所以我决定不能接受。在他去世前不久，他最后一次拒绝了群臣为他第二年举行"万寿七旬"贺礼的请求。玄烨作为一个封建皇帝，能够在内政外交都取得重大胜利后保持清醒头脑，拒绝臣属的颂扬，使虚饰浮夸之风无以自立，这是极为难能可贵的。

储君之争

玄烨皇帝虽然大半世雄才大略、勤勉为政，但晚年则保守宽纵，对官吏的贪污行为也不像以前那样严加追究。他曾说："所谓廉吏者，亦非一文不取之谓。若纤毫无所资给，则居官日用及家人胥吏何以为生。"由于玄烨晚年的放纵，因而就使清朝的吏治一日不如一日，引起了人民群众的反抗。

玄烨晚年，统治阶级内部的斗争日趋尖锐，其中尤以建储一事表现最为突出。玄烨作为一个封建帝王，拥有众多嫔妃。众多的嫔妃又给他生养了众多的子女，仅皇子就有 35 个之多。众多的子女本来是皇族兴旺的一大标志，但却成了玄烨为之心力交瘁的一大难题。

康熙十四年，正当三藩之乱风起云涌之际，21 岁的玄烨一改满洲统治者不立储嗣的习惯，采用了汉族统治者的嫡长子皇位继承制度，册立嫡子胤礽为太子。十二月，举行了隆重的立储大典，并颁诏天下。当时胤礽只有 1 岁多，因他是中宫孝诚仁皇后所生，所以玄烨舍长立幼。随着胤礽年龄的增长，玄烨便派太子师傅开始对他精心培养，既系统给他讲述儒家学说，又教他骑射武功。同时，玄烨还经常带他外出巡行，也曾让他处理过一些政务。玄烨的心愿就是将胤礽培养成一个理想的君主。胤礽勤学上进，能文能武，只是从小养成了骄纵任性的性格，特别是他的不忠不孝不仁常常使玄烨大为恼火。

到了康熙四十七年，玄烨在去木兰围场秋猎途中，突然当众宣布废掉时已33岁的太子胤礽。当时诸皇子都已渐渐年长，各自招揽门客，结交权贵，觊觎皇位。早在康熙四十二年，亲附胤礽的元老重臣索额图就因"结党妄行"的罪名被幽禁。玄烨认定胤礽辜负了自己的谆谆教诲和悉心指教，品行不端，与索额图朋比为奸，不废掉他，自己难免不知今日被毒死，还是明天遭杀害，很可能重演隋文帝的故事。说到这里，玄烨老泪纵横，悲愤欲绝。胤礽被废后，玄烨仍然愤懑不已，连续六昼夜不能入睡。

太子胤礽废掉后，事情并没有平静下来，诸皇子争当太子的欲望更加强烈起来，活动相对也加剧了。这时，皇八子胤禩积极活动，授意大臣们推举他为太子，受到玄烨斥责。胤禩急不可耐，唯恐玄烨回心转意，复立胤礽为太子，便设法谋害胤礽。事情败露后，玄烨极为震怒，拔出佩刀想杀死胤禩，幸亏皇五子胤祺在旁边抱住玄烨哀求，这场父子相残的悲剧才总算没有发生。随后，胤禩被革去了贝勒的封号。皇长子胤禔则以巫术诅咒胤礽，结果也被玄烨革去王爵，终身监禁。另有其他几位皇子也都在不同程度上参与了这场争斗，结果都受到了惩处。面对这样一种错综复杂的局面，素称圣明的玄烨也难以决断。他痛心地对皇子们说："等我百年之后，你们必定把我丢在乾清宫内，只顾自己束甲相争去了。"遍读史书的玄烨对历史上残酷的皇位之争自然洞若观火，但手心手背都是肉，诸多皇子中究竟谁堪担当大任，康熙一筹莫展，迟迟拿不出主意。

诸皇子群起反对胤礽的事件，使玄烨突然产生了当初废胤礽是由于听信了某些人的谗言。他对仓促废掉太子，不免后悔起来。康熙四十九年三月，玄烨一方面觉得胤礽有了悔过的表现，另一方而也想断了诸子争立的念头，复立时已35岁的胤礽为太子。事前，玄烨曾当着群臣的面，泪流满面地对胤礽提出忠告、鼓励和殷切希望。胤礽则当众表示要纠正错误，痛改前非，不记仇，不报复。

　　胤礽复立为太子，未能真正解决皇储矛盾，形势反而愈加严峻。胤礽复立后，为保住自己储君的地位，进一步网罗党羽，扩充实力，使皇储矛盾进一步激化。这一切迫使玄烨不得不再度考虑对胤礽的去留问题。经过一段时间的深思熟虑，康熙五十一年九月，玄烨以皇太子"行为乖戾""大失人心"为由，再次宣布废黜皇太子胤礽，并且宣布将其永远禁锢在咸安宫内。

　　年近花甲的玄烨精神体力此时已渐不如从前，按理应对立储之事早做安排。但是，他二废太子后再也不许朝臣议论立储之事。上书请奏此事的大臣屡遭训斥，有的差点被砍了头。时起时伏的皇储之争就像一个深不可测的漩涡，把多少宗室子弟和朝臣卷入其中，给他们带来了种种横祸，即使贵为天子的玄烨也陷于其中不能自拔。他不得不表示：准备在临终前留下传位遗诏，暗立继位人。他晚年最中意的皇子是十四子胤禵，他特地任命胤禵为抚边大将军，派往西北边陲扭转关系重大的西北战局，以让他建立功绩，提高威望，为继承皇位创造条件。

　　康熙六十一年十一月十三日，玄烨病逝，享年69岁，庙号圣祖，安葬于遵化马兰峪，名景陵。

　　玄烨8岁即位，16岁亲政。他北巡51次，六下江南，一生之中不断东巡西察，大部分时间在马上、民间度过，他勤勉为政，外御侵略，内平叛乱，重视农业，整饬吏治，虽非开国皇帝，但却用他的文韬武略亲手勾画了清帝国辽阔的版图，实为帝国繁荣局面的开创者。

第 十 章

十全老人，一代雄主
——乾隆

　　乾隆皇帝姓爱新觉罗，名弘历（1711-1799），是清朝入关后的第四代皇帝，也是我国历史上知名度很高的帝王之一。他继承父祖业绩，励精图治，为清朝统治的巩固和中国社会的进步，为我国多民族国家的发展和形成作出了重要贡献，使清王朝成为当时世界上最强大的国家之一。乾隆皇帝与他祖父康熙皇帝共同创建了名垂史册的"康乾盛世"，是我国历史上一位年龄最大，文治武功兼备的杰出的政治家和军事家。

身世谜团

公元 1735 年 8 月 23 日，大清朝第五代皇帝雍正暴亡。顾命大臣庄亲王胤禄、果亲王胤礼、大学士鄂尔泰、张廷玉四人率群臣齐至乾清宫。在群臣众目睽睽之下，总管太监小心翼翼地从堂前悬挂着的顺治帝手书"正大光明"匾额之后取出一个锦匣。开读雍正生前留下的密诏："宝亲王皇四子弘历，秉性仁慈，居心孝友……今即遭大事，着继朕登位，即皇帝位。"

原来，在雍正帝之前，清朝皇帝并没有传位的定例，所以在太祖努尔哈赤和圣祖康熙帝死后，两次引起皇位之争。雍正帝胤禛吸取这一教训，认为明立太子容易使其陷于骄矜而失德，同时亦难免诸王子夺储位之明争暗斗，引起祸端。所以他决定亲自选择皇太子，生前将诏书写好，封藏于锦匣，放置于乾清宫"正大光明"匾额后，待皇帝千秋万岁后，取出当众宣布。此后遂成定制。

这位皇四子宝亲王弘历，于 9 月 3 日在众臣拥戴下荣登大宝，即位于太和殿，祈告天地、宗庙、社稷、布告天下，以明年为乾隆元年。当时，他年方 25 岁。

弘历生于康熙五十年八月十三日，其母钮祜禄氏，家素贫，后嫁于雍亲王（雍正）为妃。弘历生得高鼻梁、修长身材，从小就很聪慧。6 岁就学，能过目成诵，六七岁即能背诵《爱莲说》。他既学文，又习武，箭法奇精，11 岁到圆明园游玩，康熙见了非常喜爱，命其留在宫中读书。从翰林院庶吉士福敏学习满汉文字，从贝勒胤禧学习射箭，从庄亲王胤禄学习火器。一次，随康熙木兰秋狩（打猎），康熙用枪击中一头熊，熊倒地还没有完全咽气。康熙为了让弘历初次打猎就享受

猎获熊的美名，叫随从带领他前去将熊射杀。谁知刚一走近，熊忽然立起。康熙大惊，忙发枪将熊击毙。而小弘历在马上控辔自若，丝毫没有惊慌。康熙进帐后对诸皇妃评论说："此子命相贵重，将来福量要超过我！"此后愈奇之，爱护他甚于其他皇孙，早晚亲自教训，期望他日后成为国家朝廷的栋梁之材。而弘历自幼受圣祖的耳提面教，自然受到康熙的熏陶渲染，思想和行事竭力效仿他的祖父。直到他晚年，仍把康熙作为自己的立世楷模。

关于弘历的出身，现存各种传说。

一种说法认为弘历是浙江海宁陈阁老的儿子。相传雍正为皇子时，与陈氏关系很好，两家往来密切。皇子妃与陈夫人同日生产，胤禛听后很是高兴，令陈氏将孩子抱来瞧瞧。孩子被抱入王府后，许久才送还。陈氏发现送还的已不是自己的孩子，并且已经易男为女。陈氏大感惊恐，但又不敢声张，只好严守秘密不对外人说。不久雍正即位，对陈家格外施恩。乾隆南巡时，曾四次临幸海宁陈氏家，并将其私人园林隅园改名为安澜园。有人说这是乾隆自疑身世，所以南巡亲加访查。还有人说乾隆自知不是满人，所以在宫中常着汉服，一天他刚换好汉装，召近侍问道："朕像不像汉人。"一位老臣跪对说："对汉人来说，皇上确实像汉人，不过对满人来说，则不像汉人。"乾隆遂不再提及此事。

再有一种说法是说弘历的生父是雍正朝的大臣杨林。是雍正以公主偷换入宫的，而杨林因悲愤交加成为疯子浪迹江湖。弘历即位后，知道了自己的身世，遂多次南下寻找生父。经再三奔波，四处打探，终于在五台山见到已出家的父亲，父子得以团圆。

还有一种说法是说弘历是雍正与皇太后的使唤丫头在承德避暑山庄时的私生子。弘历就出生于一座小草屋中，生后不久，其母就被秘密处死。

以上传说，使乾隆的出生充满神秘传奇色彩。不过多是文人的牵强附会和民间传说的以讹传讹罢了。

由于深受祖父康熙和父亲雍正的喜爱和赏识，雍正在即位的当年，就手书弘历名字，封藏于乾清宫正大光明匾额之后，准备让他将来承继大统。当时，弘历才12岁。雍正五年，17岁的弘历娶妃富察氏（即为后来的孝贤皇后）。十一年，被封为和硕宝亲王，奉命总理军中机要事务，参与国家重大决策。当时，朝廷西征准噶尔的战事还没有结束，又有镇压贵州苗疆反叛的军事行动，弘历亲历政事，参议军事，对他日后登基治理国家也是一个很好的锻炼。

励精图治

乾隆帝弘历，是一个胸怀大志的人。再加上他资质聪颖，自幼在其祖其父的精心培养下习文练武，再加上几年的政事历练，文韬武略大有所成。他继承了其祖的阅人成世和其父的精明果敢，他要有所作为，在文治武功方面超过其先人甚至中国历代帝王。

自清朝入关，经顺治、康熙、雍正三朝近百年的经营和巩固，政治、经济都有较大发展，封建统治进入稳定时期。这也给乾隆治国创造了有利的条件。

首先在政治上，乾隆采取了一系列措施，加强以皇帝为中心的中央集权统治。为了加强他自己对全国事务的管理，于即位第二年就重建了军机处。军机处始为雍正所创建，雍正七年，因西、北两路出师讨伐噶尔丹策零，雍正下令建军需处，供给军需。雍正八年又命张廷玉等三人议军行事宜，并赞襄机务，军需处由是改为军机房。雍正病重时，命胤礼、胤禄、鄂尔泰、张廷玉四人辅政，并任总理大臣。乾隆即位后，准两位年老亲王辞职，重新任命鄂、张及尚书讷亲、海望，侍郎纳延泰、班第为军机大臣，重建了军机处。军机处协助他处理奏折，拟写诏谕，参与科举考试，奉派出京查办事件，提出官吏任免草

案等，有力地加强了乾隆的专制统治。

乾隆十分重视奏折制度，通过各地奏折了解民情，处理政务，处置统治阶级集团内部斗争、贪污不法案件、文字狱和镇压人民反抗。乾隆处理奏折事必躬亲，每天早晨卯时必起，夏天天长，天也才蒙蒙亮，到冬季日短，才五更刚尽，在军机处值班的官员远远就能听见乾隆到来的响声。原来乾隆有个习惯，自寝宫出来，每过一门则命人燃爆竹一响，自远渐近，大家都知是皇帝驾到。到后再燃去蜡烛一寸多长方才天明。军机处每人约四五日才轮换值班一次，已经觉得很辛苦，而乾隆每天如此，除其精力过人外，其勤政的态度也确实令臣下们佩服不已。有时半夜来了紧急军报，不管多晚，乾隆总是亲自赴军机处阅览，催召军机大臣指示军机大事，有时上千言，待文吏将记录的草稿用正楷誊清进呈御览，常常需要几个小时，进来一看，皇上仍然披衣端坐等候。

乾隆还十分重视对官吏的考核。即位初期，他就制定了对京官三

乾隆

年一考察的"京察"制度，目的是澄清吏治、整饬官方，以达到"举一人，使众皆知劝，退一人，使众皆知徵"的效果。原先雍正在位时，政令峻厉，采用高压手段统治，搞得朝廷内外关系紧张。乾隆即位后采用了较宽容的政策，纠正了雍正时的一些冤假错案，并允许大臣提出一些不同的意见。这对其早期笼络人心、树立自己的威信有很大作用。为此也招致一些旧臣的非议，如四川巡抚王士俊就曾上折奏言："近日条陈，惟在翻驳前案。"并扬言："只需将世宗（即雍正）时事翻案，即系好条陈。"乾隆阅后震怒，判王士俊斩监候（后释）。打击了雍正旧臣们的反对意见，显示了年轻皇帝敢于独断专行的决心和能力。

乾隆还下令重修《大清律例》，于乾隆五年修成。分为《名律例》《吏律》《户律》《礼律》《兵律》《刑律》《工律》七篇，律例并行，共1845条。他亲自作序文颁告天下，对百姓约之以规，对不法官吏绳之以法，虽皇亲国戚亦不能幸免。

乾隆元年，山东文登知县王维干因创设非刑、草菅人命，被革职查办。甘肃巡抚许容隐匿灾荒不报，被革职解京。乾隆二年，永定河决堤，卢沟桥及长辛店一带田地被淹，房屋倒塌。乾隆立罢直隶河道总督刘任，追究其玩忽职守之罪。安西镇总兵张嘉翰，被检举克扣军需，判为斩监候。乾隆三年，工部尚书赵宏思因收受贿赂被解职，后被发往台站效力。乾隆五年，四川道御史褚泰收贿银500两，被判为绞监候。乾隆六年，礼部侍郎吴家骐以告假回籍省亲为名，收受下属的"盘费银"，被革职。山西学政官喀尔钦利用科考之便，贿卖童生名额，致使龙颜大怒，被判处斩。

乾隆六年，御史仲永檀参奏兵部尚书兼九门提督鄂善受贿，鄂善反诬仲诬陷大臣。乾隆亲自率亲王及大臣七人审讯此案，查实鄂善得贿银1000两。尽管鄂过去有些功劳，乾隆还是流着泪下谕令鄂自裁。随后提升仲永檀为佥都御史。

乾隆十三年，闽浙总督喀尔吉善，参奏浙江巡抚常安贪贿索财。命大学士高斌、总督顾琮往审，两人回报查无实据。后又命大学士、军机大臣讷亲复审，审出求索财物属实。常安按律绞监候，高斌、顾琮因失察革职留任。

果亲王弘瞻，是乾隆胞弟。后来弘瞻因私开煤窑，占夺民产被告，并查出其贩卖人参（当时属控制物品），干预朝政等言行。乾隆气愤地将其革去王爵，永远停俸。

总之，乾隆前期相对还是比较注意开放言路，并鼓励臣下进谏。即位之初他曾说过："论才德和年纪，朕不如皇考（即雍正），但朕即位半年，诸臣中竟无人指出朕的过失，难道朕所行之事，都能上合天理、下协人情？嗣后大家务必直言无隐。"所以乾隆执政前期，御史在政治生活中比较活跃，监察制度也得到较好的发挥发展。这与其治国

先治吏的思想也有很大关系，除对贪官污吏严惩不贷外，他还制定了"州县官无故赴省参处例"。对那些害怕艰苦，虽移驻州县为官而将家眷留驻城邑并久居省城逗留不归的官员，以擅离职守例进行罚俸、革职等处罚。

由于前期能够励精图治，乾隆在政治上实行了宽严相济的方针，形成了一个较好的政治环境，统治集团内部比较稳定，在其周围集结了一批贤臣良将。

辅政大臣鄂尔泰和张廷玉是雍正时的重臣，曾为开辟苗疆和征战西北立下汗马功劳。乾隆时凡事谨慎，为政清俭，对朝政影响很大。乾隆初即位时比较谨慎节俭，与他们的规劝不无关系。两人死后，按雍正遗诏得配享太庙，这是清朝皇帝对臣子的最高奖赏。特别是张廷玉，为汉人中得此殊荣的唯一大臣。

大学士刘纶、大学士尚书刘统勋，先后入军机处多年，也颇著政声。因刘纶为江苏武进人，刘统勋为山东诸城人，所以当时有"南刘北刘"之称。刘统勋曾巡视治理黄河的工地，看到干活儿的人员车辆很少，询问河吏，回答说是因为喂牲口的草料供给不上，所以无法集中车马施工。过了一个月，问题仍得不到解决。刘于是装扮成普通老百姓到工地附近查访，看到一处停有上百辆装满草料、蔬菜的大车，车夫在车旁临时搭起的地铺上躺着。近前一问，原来是河吏索要贿赂，因这些人穷得拿不出钱，所以被刁难不收，只好在此等待。刘立刻将河吏治罪。一夜工夫，百余辆大车的草料全部收尽。河工逾月完成。

吏部尚书嵇璜，曾任河东河道总督，在任期间恪尽职守，曾奏请修补黄河高堰、修建堤闸等。常巡视河道水情，每当艰险的时候，总是先于属吏探测。一天夜里听说虞城大堤出现险情，急奔大堤，指挥用埽架填土护堤。当时暴雨交加，并夹有冰雹，水浪将埽架打得摇摇欲坠，难以插入水中。随从人员无不失色，劝嵇璜退避一下。嵇站在堤前沿一步不退，大声说："埽去我与俱去！"指挥保住了大堤。

此外，像孙嘉淦、程景伊、裘日修、岳钟琪等人也都是一代贤臣良将。

重农务本

清朝自康熙平定三藩后，人口有 7 千万。到乾隆初年，人口已增至 1 亿 4 千万。至乾隆五十五年统计，人口已达 3 亿。人口剧增，一方面说明当时社会经济的全面发展，一方面也给经济发展带来较大的负担。为了巩固大清王朝的统治，乾隆从即位伊始就坚持推行"务本足国，首重农桑"的经济政策。他要求各地官员要"重农务本"，强调"劝民勤农，为政之本"。并以此作为考察地方官员政绩的主要标准。对一些遭受自然灾害的省及地区，总是减免赋税，与民生息，以维持生产。他在位 60 年间，制定颁布了许多有利于农业生产和经济发展的法令，对一些阻碍生产进步的旧规则随时予以更正。

如广东杂税繁多，像广州有"通桥税"、揭阳有所谓"牛骨税"等，而肇庆府州竟征收各种名目的杂税达 382 项之多。民众苦不堪言。乾隆在即位的第二年就下诏悉数裁除。后来，他又得知云南杂税也不少，随即下令裁除。

同年，乾隆还下旨革除福建澎湖渔船每年向官府交纳"规礼银"的陋习，调动渔民出海捕鱼的积极性。

雍正时，民间买卖田地房屋，例应由买主向官府交税，然后在地契上加盖官印，以证明地契有效。后来改为契纸契根之法，即由布政司将预先盖好印信的契纸发给各州县，用时填写。此法行之即久，一些府吏便乘机索要钱财，费用十数倍于应交税款方才能领到契纸。百姓怨声载道。乾隆刚一即位，就下令革除契纸契根之法。以后民间买卖田地房屋仍自行立契，照则纳税，杜绝了地方官吏借机营私的生财之道。

乾隆二年，他又制定"八旗家奴开户例"，准许八旗贵族家的家奴放出为民，但仍存主仆名分，只准从事农业耕作，不准谋求仕宦。虽然这些奴隶还没有完全解放，政治上仍然不具备与一般百姓平等的权利，但总比奴隶身份提高了一步。当然，乾隆并不一定考虑此例的政治意义，主要是作为一项促进农业生产的措施推出。

而对于可能妨碍粮食生产的一些行业如酿酒、一些作物如烟草的种植则严加控制。按乾隆本意，应禁止种烟、酿酒，并曾于乾隆二年颁旨严禁烧锅（造酒）。但大臣中有不同意见，先是兵部尚书孙嘉淦上疏认为："烧锅之禁，无益于盖藏，而有损于生计。"后又有礼部侍郎方苞劝说：如果南北各省、不论丰歉，一律禁止酿酒、种烟，那么河北宣化种植的苦高粱，陕西出产的枣、柿、葡萄等就会卖不出去。而种烟之地，全部改为种粮食和蔬菜，也不一定适宜。这无异为"夺民之资财而狼藉之，毁民之肌肤而敲扑之，取民之生计而禁锢之"。乾隆采纳了他们的意见，采取了不加禁止但加以限制的政策。其本意还是为了加强农业生产。

乾隆还十分关心农事收成，在他一生写作的大量诗文中，不乏"喜雨""报雪"之句，说明他还是能够关心民间疾苦和农业生产的。他命人把中国古代农书上有关耕种、备荒、灭蝗的记载汇编成《授时通考》一书，供各地使用。此外，他还十分注意农业技术的推广。乾隆八年，他亲自下令将山东省养椿蚕、柞蚕之法移之各省进行试养，希望全国都能推广开来，以收蚕利与民。

乾隆在位期间，他数次普查人口和全国贮粮，两相对照，以更好地修订农业政策。乾隆五十九年，他已是 85 岁。接到各省奏报民数共30746 万余口后，他认为这种"以一人耕种，供十数人食"的"生之者寡，食之者众"的局面与"闾阎生计，诚有关系"。因此"心甚忧之"。

除重农务本之外，乾隆也很注重通商贸易和矿业生产。

雍正时各地乡村集市贸易有所谓"落地税"，凡农具、薪炭、鱼虾、蔬果之类必须要查明上税，方许交易。乾隆刚一即位即全面禁革"落地税"，鼓励人民自由交易，促进经济发展。

当时江浙一带已有百工匠人等手工业，旧制每年都要奉官府役使，有的直接以钱代差，名为"贴费"，实际上是对小手工业者的剥削。乾隆元年发布诏令，严禁官府奉行官差，不准扰累手艺工匠，支持小手工业发展。

乾隆五年，又准大学士赵国麟奏，"凡产煤之处，无关城池龙脉及古昔帝王圣贤陵墓，并无碍堤岸通衢处所，悉听民间自行开采，照例完税。"随后，直隶、山东、山西、湖南、广东、甘肃等省先后招商采煤。

有一位朝臣上疏反对在昌平开采硫黄矿，说是断了京城"王气"。乾隆怒斥其"迂谬、荒诞"，说京城外西山、北山自元明以来就采煤及开石，从未闻有碍风水，岂开采硫磺就有碍地脉？命将这人交刑部严加议处。

重视民众生活和生产。执政后期，他又下令准许汉人娶蒙古妇女为妻，提倡内地百姓移民边疆垦荒，由官府筹措路费，借给口粮，并代办农具、种子。如乾隆七年，曾发满洲居民已有妻室的一千户移民往拉林、阿勒楚喀垦植。每户由官府建房三间，给地三顷，并配备耕牛和农具，发给种子，建成了八区庄屯。乾隆四十二年，劝谕甘肃贫民往乌鲁木齐地区垦荒，由官府发给路费，筹借口粮、种子、农具，分批到各地段安插。

乾隆还批准当时居住在中国西北部的准噶尔部族与汉人通市贸易，后来又逐步放宽对蚕丝的出洋限制，准许外国商人到中国买卖丝绸。他还下令废除了禁止云南、贵州一带苗汉民通婚的禁令，认为这样有利于各民族杂居地区社会的稳定和发展。

乾隆在位期间十分重视水利建设，他制定了《江南水利岁修章程》，规定江南督、抚及河道总督和各地河务官员等，趁农闲时机，招募民疏通河道，兴修水利，保证了每年水利设施的顺利修建。

黄河是一条害河，清代时常决口，淹没良田，冲毁房屋，使大批灾民流离失所，无以生计。乾隆注重黄河治理，派得力大臣督工，修堤筑坝，投入了大量的人力物力，耗费巨额工费。如工部尚书裘日修，

自乾隆二十二年至二十三年间出治河工，他遍巡山东、河南、安徽三省的河道，清淤筑堤，使水患初步得到控制。乾隆为嘉奖他，特赐其继母郝氏和生母王氏两块匾额，以示她们教子有方。这在封建年代是少有的殊荣。另外像稽曾筠、稽璜父子等也都是治河名臣。

乾隆四十二年，他又令河道总督高晋勘测绘图，自江苏陶庄至周家庄开掘引河，使黄河改道，避免了旧河道黄河倒灌之灾。四十八年，又由河南兰考至商丘沿黄河筑新堤 170 余里。他还派大学士阿桂的儿子、乾清宫侍卫阿弥达前往青海考察黄河源头，命大学士纪昀等根据考察结果编著了《河源纪略》共 36 卷，书中绘图列表，考古证今，并杂录沿河风俗、物产、古迹、轶闻等，为治理黄河提供依据。

此外，乾隆对不事生产的僧道等加以限制，反对人们浪费许多财力建寺进香。雍正帝死后第三天，乾隆就将他供养在西苑的游方道士张太虚等驱逐出宫，赶回原籍。即位当月，又传诏禁止各地不经批准修建寺庙、道观、神祠，并对寺庙所属的斋田进行清查造册。雍正后期，佛教和道教盛行，全国各地兴建寺庙无数，多数占有斋地，甚至雇长工耕种，或租给贫民。由于僧道大都不劳而获，许多人都愿出家，大大超过朝廷规定的名额。乾隆四年清查，僧道无度牒者共 34 万人。这些私自剃度的人对农村劳动人口是一个很大的流失。有些人甚至假出家，娶妻生子、拥有私田的也不在少数。乾隆力矫此弊，下令清查庙田斋地，清退无牒僧道，让其还俗，这对经济发展和社会风气都是很有益的。

当时直隶、山东、山西、河南等地的百姓有"进香"的习俗，百姓不远千里，聚集省会，"成行结队，树帜扬幡，鸣金击鼓，黄冠缁衣，前后导引"到外省名山宝刹进香还愿。乾隆认为这是很愚昧的事，并且很浪费，因此在乾隆四年下旨禁止越省进香，并要各省官员晓喻教化，徐徐申明禁止。

由于乾隆采取了"重农务本"的经济政策和许多开明措施，使大清朝在康熙、雍正的基础上，国力日增，达到顶峰，形成了所谓"康乾盛世"。

广拓疆土

乾隆晚年，曾御制《十全武功记》，以满、汉、蒙、藏四种文字建碑勒文。记略："十功者，平准噶尔为二，定回部为一，扫金川为二，靖台湾为一，降缅甸、安南各一，即今二次受廓尔喀降，合为十。"

在他在位的 60 年间，多次对边疆异族和属国用武，南征北讨，成了他政治生涯中极为重要的内容。这十功代表了他的一生功绩。

乾隆二十年，清朝政局稳定，国力强盛，兵强马壮，库存银三千余万两，仓储粮可用 20 年。正是施兵威于远方之时，乾隆命班第为定北将军，永常为定西将军，分兵两路，由蒙古和新疆进攻盘踞在西北边疆的准噶尔部族。

准噶尔部原是元朝蒙古遗族，盘踞新疆、蒙古一带。康熙、雍正时多次进剿，终无结果。使清朝有西顾之忧。到乾隆十年后，其部落首领噶尔丹策零死后，发生内乱，有些部落投降清军。乾隆认为形势有利，以叛附的阿睦尔撒纳为副将，分兵二路攻击准噶尔部。准部因内乱已久，人心思治，所以清军数千里征战，所到之处各部落纷纷投降。清军顺利进入伊犁。准部头领达瓦齐毫无准备，还在帐中饮酒，闻听清军到了，急忙率百余骑投奔南疆乌什城。城主霍吉思奉牛酒迎接，乘其醉卧时把他擒获，押送清军大营。后解往北京，乾隆恩威并施，将其训斥一番后赦免了他，并将其留在北京。准噶尔部被初次平定。

乾隆平定准噶尔部后，为了削弱其内部力量，将准部分为四部，分设台吉（首领），并封阿睦尔撒纳为双亲王，驻守伊犁。但阿氏并不满足，自恃功高，妄图做四部总台吉。他不穿清朝官服，不用清朝官

印，以总台吉自居，行文各部准备叛乱。乾隆接到密报后，命他到避暑山庄来晋见，想将其擒住。他行至途中，设计逃回伊犁，调集人马进行叛乱。当时清兵已撤，仅留将军班第、尚书鄂容安率屯兵500人，因措手不及被围。将军永常拥兵数千屯乌鲁木齐，却因惧战退却，导致班第兵败被杀。

阿睦尔撒纳叛乱后，乾隆又以策楞为定西将军，再次出兵准噶尔。这时阿睦尔撒纳称总台吉后，内部不服又发生内讧，策楞击败阿部收复伊犁。阿氏利用假投降骗过策楞，逃往哈萨克。乾隆二十二年，乾隆命衮札布为左副将军，出北路，兆惠为右副将军，出西路，大军直入，阿睦尔撒纳逃往俄国，后在俄国病死。历时近百年的准噶尔叛乱始平息。

这时又发生了回疆大小和卓木兄弟叛乱。回疆又称回部，为唐代回纥后裔。散居在天山南，常被准噶尔部侵凌。清军进占伊犁，让大小和卓木率兵出天山南北路协助。后小和卓木参与阿睦尔撒纳之乱，阿氏败后他又宣布独立，尊其兄为图尔汗，招集天山南北回户数十万，只剩库车、拜城、阿克苏三城不从，而归附清军。小和卓木探知库车等附清后，发兵袭击破城。清朝副都统阿敏前往招抚，但被杀害。

乾隆二十三年，乾隆宣示大小和卓木罪状，命雅尔哈善为靖逆将军，率兵出征。以8千人围攻驻守库车城的小和卓木。围城三月，小和卓木突围而逃，清军仅攻下一座空城。乾隆闻报大怒，将雅尔哈善斩首。令兆惠由伊犁出兵南疆，当时清军大兵尚未集中，兆惠令副将富德后续，自率4千人马先发，在叶尔羌与和卓木接战，兆惠身先士卒，四面冲杀，两次更换战马，面部和腿上两处负伤，终因寡不敌众，被和卓木军一万人围在营中。双方相持近三个月，富德率清军大队到，两军会合，和卓军大败。大小和卓木分别逃往喀什和叶尔羌居守。兆惠与富德各率1万5千人攻打两城，这时和卓木兄弟众叛亲离，弃城逃往巴达克山中。回民纷纷迎接清军到来，大小和卓木的"巴图尔汗国"遂告灭亡。

至此天山南北尽归大清版图，北接俄罗斯界，南接乌斯藏（西藏）

及青海，东西七千里，南北三千里，新辟疆界约二万里。自此这块新辟的疆土就被称为新疆。

大小金川位于四川大渡河上游。在丹巴县以北为大金川，以东为小金川。其地丛山林立，河涧汹涌，地形险要。

乾隆十二年，大金川土司莎罗奔并吞小金川，又袭杀屯驻的清军，公开叛乱。乾隆命四川总督张广泗讨伐。莎罗奔负隅顽抗，清军连连失利。于是乾隆派大学士讷亲为经略，前去监军，并起用老将岳钟琪、傅尔丹等人。

岳钟琪为雍正时名将，善于用兵，治军严厉。每次登坛发令，手下将士都紧张不已。临阵时与士兵同甘共苦，士卒甘为效命。一次，他经过傅尔丹大帐，看见帐内挂满刀戟。傅得意地说："这是我平素所习练的兵器，故悬挂在此激励众人"。岳出门后对人说："为大将军者，不恃谋而恃勇，离灭亡也就不远了。"后傅尔丹果败。

岳钟琪到川西军中，与张广泗议定进攻之策。讷亲到后予以否定，严命三日之内攻下噶尔崖（今金川县南），结果损兵折将。讷亲自知失误，从此不敢私自下令。而张广泗意气用事，有意推诿。由于将帅失和，空耗许多粮饷，军事上毫无进展。乾隆大怒，将二人押解回京审问，两人仍互相推诿责任。乾隆以"忘恩负国"将张广泗斩首，又派人拿讷亲祖父的遗剑送给讷亲，令其自裁。另派傅恒为经略，与岳钟琪合力进剿。傅恒乃皇后富察氏的哥哥，以做事严密谨慎深得乾隆器重，官拜大学士兼军机大臣。莎罗奔自知不敌，向清朝投降。大小金川遂告平定。

乾隆三十一年，大金川再次叛乱，四川总督阿尔泰多次征讨不能平息。三十七年，乾隆令温福为经略，督师讨伐。温福刚愎自用，饮酒误事，被攻破营寨身亡。后又命阿桂为平西将军，统精兵围剿。至乾隆四十一年，攻克噶尔崖，莎罗奔等出降。阿桂京师献俘，乾隆午门受虏。改大小金川为县治，这场征讨五年，耗银 7 千万两，死伤 3 万余人的平乱战争最终结束，开辟疆土仅 400 里。

乾隆三十年，缅王孟驳侵扰云南，云贵总督刘藻连吃败仗。乾隆

三十二年，以杨应距代替刘藻带兵出关，因孤军深入受挫。后又以明瑞代杨，分兵三路入缅。明瑞率军连克蛮结16寨，后在木邦被围战死。乾隆遂调傅恒、阿桂往征缅甸。乾隆三十四年，傅恒、阿桂两军在新街合师，沿江而下，直捣老官屯。缅王孟驳乞降，臣服清朝，乾隆规定其十年一贡，撤兵许和。

乾隆五十三年，安南（越南）发生内乱，国王黎维祁向中国求救。乾隆闻报，派孙士毅（两广总督）出兵安南。此时阮文惠已在顺化称王，听说中国兵来，伪装投降。孙士毅麻痹大意吃了败仗。乾隆闻报大怒，立命福康安取代孙率兵再进。乾隆五十四年，阮文惠遣使求和，并入贡中国。乾隆因连年用兵，劳师费财，于是就准其入贡，封阮为安南国王。第二年，阮备下贡品亲入京朝觐，为乾隆八十大寿祝贺。后来，安南数次派兵协助清军剿捕海盗。

乾隆五十一年，台湾官府镇压"天地会"，激起民变。天地会首领林爽文以"安居心，保家业"为号召，率众起义，台湾全岛悬天地会旗响应。起义军迅速发展至10余万人，攻台湾省府不克，后在彰化县建立农民政权。乾隆急调福康安为将军，统兵十余万人赴台镇压。起义军与官兵相持一年多，最后失败。林爽文被俘，被押解京城遭凌迟处死。乾隆平定台湾，镇压了天地会农民起义。

乾隆五十三年，尼泊尔一带的廓尔喀族乘班禅兄弟相争之际入侵后藏，理藩院侍郎巴忠不顾达赖反对，私自与廓尔喀议和，以每年供其银元宝300个为代价，换得其退出西藏，并向朝廷报捷，说是廓尔喀乞降，还煞有介事地让其入贡受封。乾隆被瞒过，还真以为廓尔喀已被降服。

第二年，廓尔喀以清负约为名（清朝原不知有岁银之约）再次入侵西藏，大掠日喀则，西藏人民大惊失色，达赖、班禅飞章告急，巴忠闻变投水自尽。乾隆派嘉勇公福康安统军入藏，讨伐廓尔喀。福康安入藏后整兵反击，连战连捷，于乾隆五十七年尽复西藏失地。后又深入尼泊尔境内数百里，逼近廓尔喀首都加德满都。廓尔喀乞降。乾隆颁布《钦定西藏章程》，规定驻藏大臣地位与达赖、班禅相等，并制定了"金瓶掣签"制。

传说明代甘肃西宁卫人宗喀巴，入大雪山修行得道，创立一派，当时称"黄教"。宗死后其弟子达赖、班禅分成两支。因其教禁止娶妻生子，所以采用活佛转世的继承法，由其死的那一日出生的孩童为转世灵童。到乾隆时期，已是七世转生。常因指定转世灵童发生纠纷，引发战乱。乾隆遂设一金瓶，内装象牙签数枚，将符合条件的孩童姓名各写一签，放入瓶内，焚香诵经七日，由驻藏大臣会同大喇嘛当众抽签决定灵童。所以称为金瓶掣签法。其瓶称作金奔巴瓶，供在西藏大昭寺。

到乾隆晚年，大清版图北至外兴安岭、恰克图，西至巴尔克什湖和葱岭，南及南沙、西沙群岛，东至台湾，国土的辽阔和国势的强盛，都达到了前所未有的程度。这与乾隆的武功业绩是分不开的。

所以，志得意满的乾隆亲撰《十全武功记》，并自称为"十全老人"。当然，他也没有忘记跟随他建功立业的将军谋臣。他建立了紫光阁，将有功之臣的画像供于阁中，供人瞻仰。前后共三批135人，以溥恒、阿桂、福康安为首。

乾隆南巡

"袅袅东风拂面春，乘春銮辂举时巡。江南至矣犹江北，我地同子总我民。"乾隆十六年二月，江苏淮安，天气晴朗，春日融融，千里黄河在此入海，无数百姓身着盛装，正聚集在黄河南岸，恭候皇帝第一次南巡。御舟上乾隆踌躇满志，接受着万民的呼拥。

乾隆晚年在《南巡记》中写道："朕临御五十年，凡举二大事，一曰西师，一曰南巡。"西师指平定准噶尔和大小和卓木，开辟新疆

省。南巡即指六下江南。因当年康熙在位曾六下江南巡视，所以乾隆也要"法祖省方"，遵照祖父的做法，巡访民情。

乾隆十六年第一次南巡后，又分别在二十二年、二十七年、三十年、四十五年、四十九年进行南巡。前四次南巡都打着奉太后巡幸的旗号，后二次太后已死。南巡名义上是巡视河工，同时也达到游玩散心的目的，并能了解江南的民风民俗，加强对东南各省的统治。

历次南巡一般都是正月十五前后从北京出发，由陆路经直隶、山东到江苏清口渡黄河，然后乘舟沿运河南下，经扬州、镇江、常州、苏州进入浙江。再由嘉兴、石门抵杭州。回銮时，绕道江宁（南京），祭明孝陵，于四月底五月初返京。

南巡由北京到杭州，往返水陆行程共5800余里。陆路御道中心路宽一丈六尺，御道两旁宽各七尺，要求坚实、平整，不得随意弯曲。御道经过处，许多良田被毁、坟墓被掘。凡是石桥都要用黄土垫铺。乾隆经过，都要泼水清尘。每到一处，备有专人介绍地理、历史沿革及风土人情。每隔几十里设尖营，供乾隆休息打尖。进入水路，换乘御舟。乾隆御舟为安福舻和翔凤艇。随从后妃外，还带一整套政务班子，加侍卫等共约2500余人，随从船只数百艘。御用拉纤兵丁3600人，分作六班。所经支港河汊、桥头村口都设兵守卫，禁止民舟出入。御舟停靠码头陈铺棕毯，设大营五十丈供皇帝歇宿。皇太后大营设在船上。南巡规模宏大，声势震天，提前一年就指定以亲王为首的筹划班子，勘测道路，制定停留地点。所过之处地方官都要修桥铺路，治理河渠，建筑行宫，安排迎銮。同时还要通缉捕盗，清理刑狱，以粉饰太平。

南巡中，皇家生活与宫中无大差别。每日早晚照例鸣鼓奏乐，茶房所用乳牛70余头，膳房用牛300头、羊1000头，均从北京提前运至。每天还从京师或地方运来泉水和冰块。乾隆饮食极为讲究，什么直隶玉泉山、济南珍珠泉、镇江金山泉、杭州虎跑泉等泉水，他都能分出高下。

清朝还规定，凡巡幸所经30里内，地方官都要身着朝服来接驾，并派专员到各地演习迎送仪式，民妇士绅都要跪伏行礼。因乾隆奉母出巡，以孝子自居，所以地方官特别罗致一些老年人，身穿黄绢外褂，手捧高香跪迎接驾。据说乾隆游寄畅园时，接驾的九位老人长者九十，小的也年过花甲，加起来共600余岁。

乾隆喜谈佛学，但江南高僧较少。督抚们就让一些略知佛法的文人学者剃头假扮僧人迎驾，以博取乾隆欢心。可怜这些人在伴驾时一个个都心中打鼓，唯恐万岁爷一高兴，钦赐一个什么名号，从此就要蒙受"天恩"，在青灯古佛下了此一生了。

南巡内容，首先是祀典。一是各种神庙祭祀，像泰山岱岳神、黄河河神、钱塘海神，以及江神、淮神、关帝等。二是著名帝陵和孔庙。如江宁的明孝陵（朱元璋墓）、会稽的禹陵，乾隆都亲自致祭。孔子在清代被尊为"至圣先师"，所以回銮时乾隆也亲赴孔庙行礼。三是历

乾隆宸乾玺与玺文

代名臣祠庙和坟墓，一般是派专人致祭。如周公、岳飞、韩世忠、范仲淹、于谦等。祀典，无非是显示皇帝顺天应人，提倡忠孝之意。

另一项内容是阅武，即检阅军队。乾隆中后期，随着政治腐败的抬头，阶级矛盾加剧，下层人民的反抗有所加强。东南地区会党活动频繁，像天地会、小刀会等都十分活跃。乾隆在治理国家上，不但希望文治超过汉唐，而且希望武功也能远胜历代。所以南巡阅武是有一定针对性的。参加阅武的兵丁一般有二三千人，项目有骑射、阵式、技艺等内容，水师主要是阵式、泅水、爬桅等。乾隆对水师不感兴趣，常不让地方官准备。后来实践证明他犯了一个历史性的错误，半个世纪后英国舰队正是凭借其海上实力打开了中国的大门。

乾隆自称："南巡之事莫大于河工。"炫耀自夸之情溢于言表。因康熙南巡主要是巡视河务，且颇有政绩，史书称"黄河顺轨，安澜十年"。而乾隆六下江南，治理黄河已居次要地位。不过，他前五次都视察了河工。一个封建统治者以九五之尊，亲自阅视河工，是值得称道的。

乾隆巡视地点主要在洪泽湖东岸清口、高家堰一带，这里是黄、淮交汇区。另外，偶尔也到徐州视察。他亲自筹定洪泽湖水志，督建了五座大坝，并在高家堰加筑石堤，使其成为淮安、扬州一带屏障。二次南巡时，他看到东南水灾严重，命裘日修到鲁、豫、苏三省深入各州县勘察水情，来一次统筹治理。三次南巡中他命人确定清口水志，在水涨之时按志启闭闸门，保证了下游百姓的安全。他还几次下令修筑徐州石堤，最终形成徐州河岸高 17 层、长达 90 里的壮观工程。

南巡中，他还四次视察海宁海塘，亲自试验打设石桩，最后决定先建"柴塘"（以木材为桩）聚集泥土，坚硬后再建石塘，应该说这是一个很有远见的措施，经过二十年的努力，终于建成长达数百里的石塘，对保护杭州、嘉兴一带的安全起到了"一劳永逸"的作用。

值得一提的是，乾隆在南巡期间，并没有荒废政务。除处理河工外，他还指挥着当时进行的平定边疆战事，同时他还借南巡地方官晋见时，考察他们的德能，作日后用人的依据。这是乾隆不同于一般昏君巡幸的过人之处。

既是巡游，自然少不了玩乐。一路上春光无限，使得乾隆这位风流天子心旷神怡，江南秀丽的湖光山色，又使他流连忘返。置身于如画江山之中，乾隆不禁诗兴大发，一路上吟诗作赋，乐不思归。

南巡御制诗，大多是描写园林风光和巡幸生活的，从中可见南巡的主要活动内容。如苏州狮子林，专为南巡所建，中有狮子峰、含晖岭、问梅阁、玉鉴池等十余处名景，乾隆游后有诗云："一树一峰入画意，几湾几曲远尘心。"感到非常满意。扬州九峰园，奇石很多。其中有九个很像苍颜白发老人。乾隆非常喜欢，竟下令挑两个最好的不远千里运回北京。海宁陈阁老与雍正是世交，皇太后自然少不了要去看看，所以乾隆南巡曾四次驻跸其家。陈家内花园原名隅园，乾隆住后改为安澜园。因陈世倌已告老在家，所以乾隆赠诗："老成忆告能无惜，皇祖朝臣有几人？"颇令一些老臣感激涕零。

扬州平山堂行宫，原来无梅。为了得到皇帝的欢心，当地富豪竟捐资移来万株梅树。天宁寺行宫已有房屋500余间，可当地富豪仍觉不够气派，又在它后面建了重宁寺行宫。乾隆有诗赞曰："天宁寺后建重宁，众志殷勤未可停。"鼓励各地继续殷勤效忠。

江南名胜古迹众多，历代文人墨客乃至帝王如康熙者，都留下过诗词歌赋。乾隆一般都要作诗唱和。此外，对地方官员有时也要赐诗，以示嘉励。乾隆还为名山古刹、新祠旧庙题写大批匾联，如虎丘佛殿的"须弥春满"、西湖行宫的"镜治澄怀"、明陵的"开基定制"、海宁海胜庙的"保障东南"等，大都保留至今，留下了这位风流天子、文治皇帝的墨宝。

由于南巡劳师动众，耗费民财，所以从一开始，就出现各种劝谏和反对事件。

第一次南巡时，民间广为流传一封假冒工部尚书孙嘉淦的奏稿。孙以谏净之臣名闻朝野。雍正时他还只是一名小官，却上书劝雍正"亲骨肉、罢西兵、停捐纳"，雍正看后，始则大怒，继则大笑，说："朕亦不能不服其胆。"乾隆朝时，他上书奏稿指责乾隆南巡有"五不可解十大过"。由于打着孙嘉淦旗号，在社会上影响很大，流传17个省，为此乾隆在全国搜捕一年多，抓人千余名。

第四次南巡，乾隆以观养蚕为名想到湖州游玩。大学士程景伊坚决反对，说现在蚕时已过，皇上看不到了。乾隆不听，命绍兴知府赵某沿河试航。赵是一位关心民间疾苦的清官，暗中投木石塞住河道，使御舟无法通过。后赵被革职回籍，当地百姓哭送百余里。

一次在苏州灵岩寺，见一棵梅树正在盛开。内里博尔奔察忽拔剑欲斫，乾隆惊问原因，博氏奏道："臣恨其不生于圆明园中，以致皇上劳累。"实际是在讽谏乾隆游山玩水。

禅让皇位

乾隆六十年九月初三，乾隆在勤政殿召见皇子皇孙及王公大臣，宣布皇十五子嘉亲王颙琰为皇太子，预定明年归政，自己称太上皇。首辅大臣和珅等极力劝阻，无奈乾隆决心已定，说："朕即位之初曾立下誓愿，如能在位60年，将传位于嗣子，不敢上同皇祖（康熙）在位61年之数。现初愿已偿，不敢再生奢望。"

嘉庆元年正月初一，在太和殿举行了禅位大典。嘉庆帝登基，尊乾隆为太上皇帝。

乾隆在位60年，禅位时已85岁，这是历代皇帝所仅有。乾隆前期，由于他能励精图治，使大清朝在政治、经济、军事各方面都达到顶峰，实现了"康乾盛世"。中后期，由于他沉湎于"文治武功"的颂扬声中，逐渐豪奢放纵于山水之间，吏治也开始腐败。他的首辅大臣，乾隆十四年前是鄂尔泰、张廷玉，他们为政谨慎，又系前朝老臣，对乾隆有一定的规约作用。后来是讷亲和傅恒，讷亲才疏学浅，又很专横，不久即被杀头。傅恒军功卓著，政治上本事不大，他还是国舅，生活上奢靡。乾隆三十五年后，于敏中、和珅执政。于学识渊博，但政治道德低劣，惯于结党营私。和珅则是个大贪官，他自乾隆四十四年任首辅大臣后，深得乾隆宠信。

和珅出身于满洲正红旗，19岁袭职任銮驾仪卫尉。一次乾隆外出，仓促间找不到黄龙伞盖，就生气地问："是谁之过？"和珅应声答道："岂非典守者之过邪？"原来这两句都出自《论语》。乾隆见答话人眉目清秀，而且口齿伶俐，并且还上过满洲官学，于是就提升他为侍卫总管。和珅能言会道，办事又很会"体察圣心""奏对颇能称旨"，很受乾隆赏识，所以他很快就平步青云，进了军机处。乾隆还把十公主嫁给和珅的儿子，从此他更有恃无恐。在朝中大权独揽，排斥异己，收受贿赂，贪赃枉法。其家人奴仆也都横行乡里，一时朝野切齿，弹劾和珅的奏折不断，但乾隆都视而不见。

御史曹锡宝不敢正面触及和珅，仅弹劾其家人刘全衣服、车马、住宅违制。和珅连夜通知刘全将超制部分拆毁。结果乾隆派人去查看，什么问题也没有，曹反被革职。

正是由于乾隆后期宠信的几个权臣的胡作非为，朝政日趋腐败，民变屡起。乾隆三十九年，山东爆发王伦农民起义；四十六年，陕甘回民起义；五十一年，台湾林爽文起义；五十九年，湘贵苗民起义；到嘉庆元年，川、陕、甘、楚、豫五省白莲教起义，历时九年方被扑灭。从根本上动摇了清朝封建统治，宣告"盛世"结束，迅速走向"嘉庆中衰"。

嘉庆四年正月初三，太上皇乾隆去世。享年89岁。葬于裕陵，谥纯皇帝，庙号高宗。

乾隆死后才五天，嘉庆帝就将和珅革职查办，抄没家财，宣布20大罪状，后令其在狱中自尽。和珅被抄没的家产有：房屋2000余间，田8000余顷，银号42家，当铺75家，古玩铺15家，金银珠宝无数。共计合白银8~10亿两，相当于清政府10余年的财政收入（当时每年财政收入7千万两白银），所以民谣说："和珅跌倒，嘉庆吃饱。"乾隆后期政治，可见一斑。